魏衍华

1982年生，山东菏泽人。历史学博士，山东省泰山学者青年专家，山东省理论人才“百人工程”学者。现为孔子研究院副研究员，孔子研究院论语学研究中心副主任、秘书长，《论语学研究》主编，主要从事孔子与中国文化、中国传统史学的研究。在《史学史研究》《现代哲学》《暨南学报》《孔子研究》《理论学刊》《鹅湖》《孔子学刊》《燕山大学学报》等刊物发表学术论文30余篇，出版《原始儒学：早期中国的大成智慧——孔子思想与先秦社会互动研究》《孟子与〈孟子〉》《悌德诠解》《悌德与中国文化》等多部学术著作。

尼山儒学文库
第一辑
总主编：杨朝明

阙里论学：经典·思想·社会

魏衍华 主编

山东友谊出版社
·济南·

图书在版编目（CIP）数据

阙里论学：经典·思想·社会 / 魏衍华主编 . -- 济南：山东友谊出版社，2022.01

（尼山儒学文库 / 杨朝明总主编 . 第一辑）

ISBN 978-7-5516-2387-2

Ⅰ . ①阙… Ⅱ . ①魏… Ⅲ . ①儒学－文集 Ⅳ . ① B222.05-53

中国版本图书馆 CIP 数据核字 (2021) 第 200590 号

阙里论学：经典 · 思想 · 社会

QUELI LUNXUE：JINGDIAN · SIXIANG · SHEHUI

责任编辑：张亚欣
装帧设计：刘一凡

主管单位：山东出版传媒股份有限公司
出版发行：山东友谊出版社
地址：济南市英雄山路 189 号　邮政编码：250002
电话：出版管理部（0531）82098756
发行综合部（0531）82705187
网址：www.sdyouyi.com.cn
印　　刷：济南乾丰云印刷科技有限公司

开本： 710mm×1000mm　1/16
印张： 14.25　**字数：** 200 千字
版次： 2022 年 1 月第 1 版　**印次：** 2022 年 1 月第 1 次印刷
定价： 55.00 元

编 委 会

总 序

2013年11月26日，习近平总书记在考察孔子研究院时指出：世界儒学传播，中国要保持充分话语权；要“大力弘扬中国传统文化”，搞好“四个讲清楚”，要引导人们更加全面客观地认识历史的中国、当代的中国，使我国在东亚文化圈中居于主动。

多年来，孔子研究院牢记总书记嘱托，依托山东省泰山学者工程、济宁市尼山学者工程，全面开展儒学人才高地建设，重点引进了一批国内外著名儒学研究高端人才。他们齐聚孔子故里，围绕儒家思想的研究与阐发，深入思考“两创”时代课题，回应时代的重大关切；他们举办“春秋讲坛”、高端儒学会讲等学术活动，与新时代儒学研究发展同步；他们参加亚洲文明对话大会、尼山世界文明论坛、世界儒学大会等国内外重要学术会议，或登台演讲，或提交论文，在不同的舞台上发出了中华文化的时代强音，握牢了儒学研究领域的话语权；他们立足“原点”，开展儒学研究，提出了许多富有创新意义的学术观点，取得了一批具有时代高度的标志性成果，展现了当代儒学研究的前沿风貌。

尼山是儒学的发源地，也是中国传统文化的重要发祥地。就像孔子“元功济古，至道纳来”那样，尼山作为孔子出生地，同样具有极其重要的象征意义。她虽然“奇不过三山，高不过五岳”，但令人仰止。可以说，尼山是“一座震古烁今的文明之山”，是“一座弥高弥新的思想之山”，是“一座栖息心灵的精神之山”，是“一座弦歌不辍的教化之山”，是“一座光耀四海的智慧之山”。2019 年 8 月，山东省整合力量，正式成立尼山世界儒学中心，确立了打造世界儒学研究高地、儒学人才集聚和培养高地、儒学普及推广高地、儒学国际交流传播高地的发展目标，新时代世界儒学的发展将从尼山再出发。

为认真解答“四个讲清楚”的重大历史与现实课题，深入做好“两个结合”文章，全面加强儒学思想文化研究，及时有效地回顾、总结、前瞻，我们将孔子研究院部分特聘专家近年来具有代表性的学术论文、研究报告、访谈演讲文稿、著作摘录等予以汇总，结集为《尼山儒学文库》（第一辑）。这些专家中，有山东省特聘儒学大家、泰山学者特聘专家、泰山学者青年专家，也有济宁市尼山学者，整体上以中国学者为主，旁涉美国、韩国学者，可以说具有很强的代表性。

《尼山儒学文库》注重思想性、学术性、时代性、普及性的统一，强调学者的学术观点和学术贡献，既有宏观的儒学元典研究，也有微观的专题思考，有助于读者了解当代儒学研究领域代表性学者之所思所想，把握新时代儒学研究的发展方向，进而反躬自省，浸润于中华优秀传统文化之中。我们希望读者在品读本套书的过程中，能够体悟经典、了解儒家文明，感触中华文化的独特魅力。

是为序。

杨朝明

2021 年 8 月 16 日

前　言

2016年7月8日下午，在干春松教授的协助下，我参加了泰山学者青年专家答辩会，同年10月26日山东省人民政府办公厅公布了泰山学者青年专家名单，我非常荣幸地入选孔子研究院聘任的首批泰山学者青年专家，真诚地感谢各级领导、各位同事给予的关照。我能够获得这样的荣誉，并非因为自己特别优秀，也并非因为自己有高于省内同行的学术能力，而很大程度上是由诸多外在因素促成的：一是政策的倾斜。根据《关于加强儒学人才高地建设的意见》，在评审时我有了比省内同行更大的政策优势。二是孔子研究院领导的青睐和同事的厚爱，使我在省内外的激烈竞争中获得了有力支持。三是评审专家的关爱。在填报未来五年的工作计划时，年轻气盛的我当时写下了许多宏阔的想法，或许是这些想法打动了评委与专家。

应该说，这份能打动评审专家的工作计划书，既成为我的优势，也给我带来无形的压力。这些计划主要分为学术研究和队伍培养两个方面。学术研究主要围绕孔子儒学与先秦社会、中华伦理范畴等两个领域展开，拟出版《原始儒学：早期中国的大成智慧》《孔子学说与战国社会研究》《悌德与中国文化》以及《圣德与中国文化》等四部著作，预计100万字。队伍培养主要是通过项目研究组建自己的学术团队，带领一批年轻人成长。然而，五年来，尽管学术团队成员已经有10人，但其所取得的成果和成长的情况，与原来预期的有不小的差距，仍需要进一步努力，仍需要和院内外的青年学者们共同成长。

在五年聘期即将结束的时候，按照孔子研究院领导的设想，我需要围绕五年工作期间所取得的科研成果，凝练出一部本人最具代表性的学术论著，内容可以是在期刊上发表的理论文章，可以是各类学术会议上的演讲稿，也可以是已出版论著的内容摘编。应该说，我已经发表或出版的学术成果虽然质量上离院领导的期望还有不小的差距，但就数量而言要摘编出一本20万字左右的著作也并非不可能完成的事情。然而，正式选编的时候，我才发现近五年发表的高水平学术成果实在是少之又少，而且还主要集中在《原始儒学：早期中国的大成智慧——孔子思想与先秦社会互动研究》和《论语学研究》《孔子学刊》等已出版的著作之中，这就要面临学术成果重复出版的尴尬。如何顺利完成院领导交给的任务，同时化解重复出版的难题，成为我很长一段时间内都在思考的大事。

经过反复思考，我最终决定试着将学术成果整理与凝练的取舍范围扩大，把前些年发表在《史学史研究》《理论学刊》等核心期刊中的五篇论文收录进去，当然也做了部分修改和调整，同时在征得孔子研究院人才办领导的同意之后，把我学术团队成员的两篇论文——魏忠强博士的《孟子以史论〈书〉研究》、吴信英博士的《先秦儒家礼学"内向化"的三次转向》也收录其中。这样，这部小书才得以成形。这是对我之前学术成果的总结，也算是我和我的团队带给学术界的一部不怎么成熟、不怎么成系统的著作，希望能够求教于前辈和朋友们。

早期儒家经典是原始儒学的基石，是早期儒家智慧的结晶，是此后中国传统文化能够绵延不绝的源头活水，也是传统中国社会治理的思想宝库。司马迁认为孔子整理六艺的目的是承载其心目中的先王之道。"六艺"就是指《诗经》《尚书》《仪礼》《乐经》《周易》和《春秋》等六部经典，"先王之道"可以解释为尧舜之道、三王之道、周孔之道、孔孟之道，而《中庸》中的"文武之政，布在方策"一语，理应是二者关系最具代表性的表述。李学勤先生曾说："中国传统文化是有一个主流的，不是没有主流的。我们要把握中国传统文化，要看出哪些是主要的，哪些是次要的，要区分清楚。这个主流是儒学；儒学中最核心的部分则是经学。"所以，洞察中华文化精髓、解读古圣先王智慧，务必要从解读、诠释早期儒家经典开始。

以“六经”为代表的早期儒家典籍，既是中华上古三代文明的思想宝库，也是孔子儒家思想最重要的载体，用夸张一点的话说就是“无六经则无中国文化”。这一说法或许会引起不少的误会，会给自己带来不小的麻烦，但我提出此论断的初衷，是强调“六经”的重要性和特殊性，强调“六经”与中华传统文化的关系。其实，无论是春秋战国时期的原始儒家，抑或是汉唐时期的经学家、宋明时期的理学家，还是近代以来的新儒家，皆将“六经”作为他们思想的载体，甚至以“六经注我”的模式阐释自己的思想。虽然我们无法否认历史上曾有过死读“六经”的“书虫”，但主流学者仍然将“六经”作为个人思想的根基，进而实现学术上的推陈出新。所以，仿效先贤研读儒家经典、寻求圣贤智慧，成为身处孔孟故里、洙泗之滨的“阙里人”的学术坚守与信仰。

这里的坚守与信仰，就是《中庸》中说的“祖述尧舜，宪章文武”。离开了这样的坚守与信仰，即便著述等身，这样的学者也不能被称为真正的“儒者”。当然，按照我们的理解，真正的儒者既需要有坚定的信仰，还要有洞察时变、把握中庸之道的智慧。所谓洞察“时变”、把握“中庸”，并非要做社会的“乡愿”和“润滑剂”，更多的是要有切实感悟时代的敏锐性，要有准确把握时代核心问题的洞察力，进而能从中华经典中，从孔子儒家智慧中，寻求到解决时代问题的中国答案。基于这样的理解，我们的看法是，儒学与社会是一种双向互动的关系。所谓的双向互动，是说孔子儒学来源于社会，是它之前两千五百余年学术的集大成者，这是儒学的“动”；与此同时，儒学服务于社会，历代圣贤根据时变的要求，从孔子儒学中汲取解决社会问题的智慧，为儒学的发展提供新的动力，这是社会的“动”。

基于对儒家经典、圣哲思想与社会治理之间关系的理解，我们把十几篇学术文章分为早期经典文献研究、古圣先贤思想研究以及儒学与社会治理研究三个板块成书。当然，从文章涉及的内容来看，这样分类可能并不十分恰当，也只能算是当下情景中的一次初步尝试，我们会根据专家学者的意见进一步调整与完善，使其体例和内容都能渐臻成熟。

目 录

儒学与社会治理研究

早期经典文献研究

“《诗》亡然后《春秋》作”发微

两千多年前战国时期的孟子提出了“王者之迹熄而《诗》亡，《诗》亡然后《春秋》作”的命题，如果说诸侯“不睦”及其相互之间的征伐是“天子衰微”在社会领域的表征，那么，孟子此语则可以被视为当时思想文化领域转变的重要特征。对此，朱本源先生从中西史学对比的角度给予了高度赞誉，他说：“孟子的‘《诗》亡然后《春秋》作’的命题是关于中国历史学的起源和性质的原理，它是对历史思维本身的一种思维。……它属于历史哲学中的历史认识论领域。第一次在西方阐明‘诗’先于‘史’的原理的，是西方历史哲学奠基人维科，此论见之于他的《新科学》（1725年问世）中。这比起孟子来，已经迟了两千多年了。”[①] 从发展进程来看，中国学术同其他民族学术一样都经历了由“诗学”到“史学”的演变过程，而孔子所作的《春秋》在中国学术史上应具有里程碑式的意义。然而，“王者之迹熄”“《诗》亡”与“《春秋》作”之间有着怎样的关系？欲回答这一问题，我们就有必要对《春秋》的成书背景、材料来源及其自身的性质有一个正确的理解与把握。

① 朱本源：《“〈诗〉亡然后〈春秋〉作”论》，《史学理论研究》，1992年第2期。

一、“王者之迹熄”：春秋时期王道准则的丧失

“王者之迹熄”是“《诗》亡然后《春秋》作”的时代背景，也是理解孟子原意的根本。当前学者多从史学、文学、哲学等方面进行阐释，并产生了巨大的分歧。这些认识也多抛开了此语的时代背景，离孟子的本意越来越远，更遑论把握其真精神。我们试从《诗》之本义出发，结合时代背景，对孟子此语的内涵进行重新阐释。

将“王者之迹”释为“遒人之迹”是学术界的主流观点。《周礼》规定，小宰“正岁，帅治官之属，而观治象之法，徇以木铎，曰：‘不用法者，国有常刑。’”[①]《尚书·胤征》及《左传·襄公十四年》则将其落实为“遒人”，其任务就是，每年孟春，“以木铎徇于路，官师相规，工执艺事以谏，其或不恭，邦有常刑”。此外，“遒人”还有上传职责。如有学者说：“盖春秋以前天子诸侯有大臣及谏官，遇事可谏；至于在下位者以至百工等，唯正月遒人徇路，始得有进言机会。”[②]因此，“遒人”在王命运作中起着上传下达的作用。

最早将“遒人之迹”与“《诗》亡”联系起来的文献是《汉书》。班固说：“孟春之月，群居者将散，行人振木铎徇于路，以采诗，献之大师，比其音律，以闻于天子。”[③]又，“故古有采诗之官，王者所以观风俗，知得失，自考正也”[④]。所以有学者说：“根据古代文献，说周代设有采诗的专官，官名叫做‘酉人’或‘行人’，到民间去采诗。”[⑤]《礼记·王制》也说：“天子五年一巡守。……命大师陈诗，以观民风。”这得到了出土文献的佐证，上博简《诗论》中说：

① 杨天宇：《周礼译注》，上海：上海古籍出版社2004年版，第40页。

② 杨伯峻：《春秋左传注》，北京：中华书局2009年第3版，第1018页。

③《汉书·食货志》，北京：中华书局1962年版，第1123页。

④《汉书·艺文志》，北京：中华书局1962年版，第1708页。

⑤ 程俊英：《诗经译注》，上海：上海古籍出版社2004年版，前言第1页。

"邦风其纳物也，溥观人俗焉，大敛材焉。其言文，其声善。"[①] 在孔子看来，"邦风"在反映民风、民俗上有着重要的作用。"遒人"所采之《诗》便是周王了解民情的重要渠道，也是王道政治能否实现的标尺。

如此解释似乎也符合历史实际，但在《诗》的来源上却仍有无法回避的问题：一方面，《诗经》中的"风"并非全由"遒人"采集而来，如《尚书·金縢》中说："公乃为诗贻王，名之曰《鸱鸮》，王亦未敢诮公。"另一方面，《诗经》中的"雅""颂"更非来自"遒人"的采风。以"颂"为例，有人说："颂为《诗》之一体，考其起源，它依附于巫术、祭祀等神圣仪式，是中国早期诗歌的一个重要来源。"[②] 这一说法代表了学者对颂诗来源的一种假设，并成为学界的主流看法。而周公作为周礼的奠基者，他赋予《诗》神圣内涵——用来祭天、祭祖。如有学者说："《诗》是周代礼乐制度的组成部分，是推行宗法礼乐精神的物质载体，集中体现了周代社会的礼乐精神。……《诗》作为周人明教化、宣扬经邦济世的思想工具，正是周代统治者编《诗》的初衷所在。"[③] 因此，《诗》能否在祭天、祭祖等仪式中正常运用，已成为衡量王道政治能否实现的重要标尺。

在孔孟看来，春秋战国之时，三代圣王所崇尚的礼乐真精神，即"王道"准则，也已无法推行。如汉代赵岐《孟子注》说："太平道衰，王迹止熄，颂声不作，故《诗》亡。"孙奭《孟子注疏》说："孟子言自周之王者风化之迹熄灭而《诗》亡，歌咏于是乎衰亡。""太平道衰"及"王者风化之迹熄灭"对重新解释"王者之迹熄"有不少启示。而先秦典籍中的"迹"字也有"准则"之意。如《诗经·小雅·沔水》中的"念彼不迹，载起载行"，《尚书·武成》中的"至于大王，肇基王迹"，等等。因此，将"迹"字理解为"准则"应符合孟子的原意。总之，在孟子看来，"王者之迹熄"并非仅仅指"遒

① 马承源：《上海博物馆藏战国楚竹书（一）》，上海：上海古籍出版社2001年版，第129页。

② 韩高年：《颂为"仪式叙述"说》，《甘肃社会科学》，2002年第5期。

③ 王妍：《经学以前的〈诗经〉》，北京：东方出版社2007年版，第30—32页。

人”之迹的消失，更主要的是指春秋战国之时王道准则的消失。

二、“《诗》亡”：世人对礼乐本质的无知

孟子未对“《诗》亡”作进一步解释，这就给后世学者留下了广阔的诠释空间。孔子之时《诗》的状况究竟如何？“《诗》亡”究竟应如何理解？从司马迁的话中，我们或可窥得端倪，他说：“孔子之时，周室微而礼乐废，《诗》《书》缺。”又说：“古者《诗》三千余篇，及至孔子，去其重，取可施于礼义，上采契后稷，中述殷周之盛，至幽厉之缺，始于衽席……三百五篇孔子皆弦歌之，以求合《韶》《武》《雅》《颂》之音。礼乐自此可得而述，以备王道，成六艺。”[①] 孔子之时有些《诗》的确亡佚了，他整理《诗》的真正意图，是将那些最能体现周礼的《诗》选编出来，以展现西周礼乐精髓的大略，达到得“礼乐”、“备王道”的目的。

尽管春秋时期还有士大夫对“礼之本”加以宣扬，如郑国子产说“夫礼，天之经也，地之义也，民之行也”，齐国晏子说“礼之可以为国也久矣，与天地并”，但这都无法阻挡“礼崩乐坏”的趋势。[②] 士大夫“八佾舞于庭”“以《雍》彻”等行为都体现出其对“礼之本”的无知，由此引发了孔子“是可忍也，孰不可忍也”及“‘相维辟公，天子穆穆’，奚取于三家之堂”的感慨。[③]

事实上，此时的诸侯、士大夫不但不懂得“礼之本”，甚至连具体礼仪也不懂。如《左传·昭公七年》中说：“三月，公如楚。郑伯劳于师之梁。孟僖子为介，不能相仪。及楚，不能答郊劳。”这对于“礼仪之邦”的鲁国来说是莫大的讽刺。因此，孟僖子在弥留之际发出“礼，人之干也。无礼，无以立”的感慨，并说：“我若获没，必属说与何忌于夫子，使事之，而学

① 《史记·孔子世家》，北京：中华书局1982年第2版，第1935、1936页。

② 杨伯峻：《春秋左传注》，北京：中华书局2009年第3版，第1457、1480页。

③ 《论语·八佾》，《四书章句集注》，北京：中华书局1983年版，第61页。

礼焉，以定其位。”[①] 鲁国国君亦是如此，如《左传·定公十五年》中说：

> 十五年春，邾隐公来朝。子贡观焉。邾子执玉高，其容仰；公受玉卑，其容俯。子贡曰："以礼观之，二君者，皆有死亡焉。夫礼，死生存亡之体也，将左右、周旋，进退、俯仰，于是乎取之；朝、祀、丧、戎，于是乎观之。今正月相朝，而皆不度，心已亡矣。嘉事不体，何以能久？高、仰，骄也；卑、俯，替也。骄近乱，替近疾，君为主，其先亡乎！"[②]

孟僖子及定公在执行礼乐制度时的言行，均体现着周礼断裂，"礼崩乐坏"几乎到了无法挽回的地步。礼的表层——礼仪即将消亡时，"载之空言"的"《诗》之本"也就很少有人能理解了，孔子感到无限孤独与苦闷。因此，每当有弟子能理解"《诗》之本"时，他就会表现出"有朋自远方来"般的兴奋与喜悦。如当子贡理解"《诗》之本"时，孔子说："赐也，始可与言《诗》已矣！告诸往而知来者。"[③] 当子夏领悟"《诗》之本"时，孔子说："起予者商也，始可与言《诗》已矣！"[④] 孔子一生都在体验着诗、礼带给自己的快乐，他不仅从小就"陈俎豆，设礼容"，而且在列国周游时也不断感悟着上古留下的礼乐文明，如在齐闻《韶》，"三月不知肉味"，"不图为乐之至于斯"[⑤]，表明吸引他的并非《韶》乐，而是《韶》乐所蕴含的"礼之本"。在他看来，诗不但"可以兴，可以观，可以群，可以怨。迩之事父，远之事君。多识于鸟兽草木之名"[⑥]，而且也有"温柔敦厚"的教化作用。为揭示"《诗》之本"，他必须对《诗》进行整理，以纠正时人对礼的僭越行为。虽然他一

---

① 杨伯峻：《春秋左传注》，北京：中华书局 2009 年第 3 版，第 1287、1295—1296 页。

② 杨伯峻：《春秋左传注》，北京：中华书局 2009 年第 3 版，第 1600—1601 页。

③《论语·学而》，《四书章句集注》，北京：中华书局 1983 年版，第 53 页。

④《论语·八佾》，《四书章句集注》，北京：中华书局 1983 年版，第 63 页。

⑤《论语·述而》，《四书章句集注》，北京：中华书局 1983 年版，第 96 页。

⑥《论语·阳货》，《四书章句集注》，北京：中华书局 1983 年版，第 178 页。

直不厌其烦地强调《诗》所蕴含之“义”，但并未引起社会足够的关注，“《诗》亡”的内涵也应在于此。

总之，孟子所言“《诗》亡”的含义至少有两方面：一是古《诗》在孔子之时有所亡佚，他才从“古者《诗》三千余篇”中选出可“施于礼义者”三百余篇；二是“《诗》亡”并非真的没有诗，作为“王道”载体的《诗》尚在，所亡的只是能体会诗义、施行王道之人。

三、“《春秋》作”：孔子“正名”学说的载体

自孟子提出“孔子作《春秋》”的命题，孔子与《春秋》之关系的问题就成为历代学者关注的焦点。有的学者认为孔子因“鲁史记旧闻”作《春秋》，并寄寓“纲纪天人，推明大道”的理想；有的则认为孔子与《春秋》没有关系。后一种观点逐渐不为多数学者所信服，正如有学者说：“以上言论，虽然言之有据，但‘其证据都经不起推敲，难于靠它们推翻大量的文献记载，来否定孔子对《春秋》的著作权’。”[①] 由此，孔子与《春秋》的关系又回到“作《春秋》”层面，而问题的关键是孟子何以说“《诗》亡然后《春秋》作”，何以说“其事则齐桓、晋文，其文则史”，孔子何以说“其义则丘窃取之矣”。只有将这些问题放在孔子当世，我们才能发现孔子与《春秋》关系的真相。

首先，诸侯士大夫对《诗》义的无知是孔子作《春秋》的时代背景。《左传》的作者已意识到这一点，如《左传·隐公三年》中说：“君子曰：‘信不由中，质无益也。明恕而行，要之以礼，虽无有质，谁能间之？……《风》有《采蘩》《采蘋》，《雅》有《行苇》《泂酌》，昭忠信也。’”《左传·昭公十年》中说：“周公其不享鲁祭乎！周公享义，鲁无义。《诗》曰：‘德音孔昭，视民不佻。’佻之谓甚矣，而壹用之，将谁福哉？”[②] 可见，周礼的本质是明德、明恕、忠信。

---

① 周远斌：《儒家伦理与〈春秋〉叙事》，济南：齐鲁书社2008年版，第25—26页。

② 杨伯峻：《春秋左传注》，北京：中华书局2009年第3版，第27、1318页。

孔子也说："为政以德，譬如北辰，居其所而众星共之。"[①] 又说："言忠信，行笃敬，虽蛮貊之邦行矣；言不忠信，行不笃敬，虽州里行乎哉？"[②] 因此，曾子将夫子之道定为"忠恕"也属可信。孔子一生都在追求王道，并尝试用十四年列国之行的努力拯救岌岌可危的春秋之世。然而，用韵语写成的《玄鸟》《长发》《生民》《公刘》等史诗对酣战的诸侯不会有根本的影响。"温柔敦厚"的《诗》教也变成了空言说教，"干七十余君莫能用"即是其最好的注脚。晚年的孔子领悟到其中的道理，所以他才说："我欲载之空言，不如见之于行事之深切著明也。"[③] 这也应是孟子"《诗》亡然后《春秋》作"的理论依据。

其次，对"作"的理解是探究孔子与《春秋》关系的关键。先秦典籍中"作"多被释成"为""生"，如段玉裁说："作，起也……为也……生也。其义别而略同，别者所因之文不同，同者其字义一也。"[④] 司马迁所言"乃因史记作《春秋》"[⑤] 以及"西观周室，论史记旧闻，兴于鲁而次《春秋》"[⑥] 都反映了孔子"作"的程度。正如钱穆先生说："孔子《春秋》既不是完全照着鲁国史官旧史没有更动，则试问他又如何般来改动旧史？此刻我们找不到鲁国《春秋》之存本，此问题就无法讲。孟子说'其文则史'，只是说大体上孔子《春秋》是依据鲁国旧史的。……但所修者主要是其辞，非其事，由事来定辞，由辞来见事，辞与事本该合一不可分，所以说：'属事比辞，春秋教也。'"[⑦] 因此，孔子的《春秋》也只是借鲁史记旧闻之"旧瓶"装

① 《论语·为政》，《四书章句集注》，北京：中华书局1983年版，第53页。

② 《论语·卫灵公》，《四书章句集注》，北京：中华书局1983年版，第162页。

③ 《史记·太史公自序》，北京：中华书局1982年第2版，第3297页。

④ 〔汉〕许慎撰，〔清〕段玉裁注：《说文解字注》，杭州：浙江古籍出版社2006年第2版，第374页。

⑤ 《史记·孔子世家》，北京：中华书局1982年第2版，第1943页。

⑥ 《史记·十二诸侯年表》，北京：中华书局1982年第2版，第509页。

⑦ 钱穆：《中国史学名著》，北京：生活·读书·新知三联书店2005年第2版，第22页。

上孔子之“义”的“新酒”，孟子所言“其事则齐桓、晋文，其文则史”的含义也由此得到合理的解释。“义”之史学观念使《春秋》成为中国第一部真正的史书，也为孔子赢得了“中国史学之父”[①]的桂冠。

再次，“其文则史”已表明孔子之《春秋》在文辞上与鲁《春秋》并无太大差别，但孔子何以将《春秋》视为其最得意之作[②]，这就必须深入探讨孔子所窃之“义”的内涵。学者们抛弃了《春秋》为“断烂朝报”的观点，开始注意其内在价值，如有学者说：“据孔子之言，也可以说，还没有哪一部古书像《春秋》那样对孔学研究更重要。治史而鄙视研经，论孔而忽略《春秋》，都是不应该的。”[③]如果在“世衰道微，邪说暴行有作，臣弑其君者有之，子弑其父者有之”的背景下探讨孔子之“义”，那么，孔子鞭策诸侯意识到自己违礼并自觉回到“君君、臣臣、父父、子子”之有序状态的目的就会更明确。如《论语·子路》中记载子路请教“卫君待子而为政，子将奚先”时，孔子明确地回答“必也正名”[④]。因此，孔子在作《春秋》时，已将自己的政治理念、史学观念融入旧史料之中，司马迁称《春秋》为“礼义之大宗”，其实已触及孔子“作《春秋》”的原意。

总之，虽然当前学界对孟子“王者之迹熄而《诗》亡，《诗》亡然后《春秋》作”之说的看法还存在很大分歧，如有学者称其为“中国历史学起源与性质的最早论述”[⑤]，有人则主张这是诗歌创作之衰竭：“《春秋》之起并无‘《诗》亡’背景，而‘诗亡’也就是诗歌创作的衰竭，于当时却是一种客观事实。”[⑥]

---

① 朱本源：《孔子史学观念的现代诠释》，《史学理论研究》，1994年第3期。

② 孔子说：“知我者其惟《春秋》乎！罪我者其惟《春秋》乎！”见于《孟子·滕文公下》，《四书章句集注》，北京：中华书局1983年版，第272页。

③ 张汉东：《孔子作〈春秋〉考》，《齐鲁学刊》，1988年第4期。

④《论语·子路》，《四书章句集注》，北京：中华书局1983年版，第141—142页。

⑤ 马银琴：《孟子“〈诗〉亡然后〈春秋〉作”重诂》，《上海师范大学学报》（哲学社会科学版），2002年第3期。

⑥ 杨兴华：《孟子“诗亡”之论新解》，《学术论坛》，2007年第8期。

然而，孟子此语却既非谈历史学的起源，更非谈诗歌创作的衰竭，而是在说《诗》所蕴含之“义”在“王者之迹熄”下的无人理解。正因孟子已体悟到孔子思想的核心，所以这在研究孔子学术乃至我国早期史学观念上都有至关重要的作用。它既有助于我们理解中国古代学术“王者之迹熄”—“《诗》亡”—“《春秋》作”的发展链条，也使人更加真实地感受到春秋时期“礼崩乐坏”的史实，更有助于我们理解孔子所窃取之“义”。尽管孔子并不想做一个史学家，但他所作的《春秋》使中国学术同世界其他民族之学术一样走上了由“诗学”向“史学”转变的道路，也为中国传统史学的发展范式奠定了基础。

（原载于《理论学刊》2010 年第 4 期）

《春秋》“天子之事”发微

孟子说：“《春秋》，天子之事也。”[①] 孟子的这一说法在深层次上涉及的是中国先秦时期学术由史官到史家、由“史记旧闻”到史学记述转型的核心问题。历代学者在注解此语时，多抛开《春秋》与“史记旧闻”、史官与“天子之事”之间的关系，将其简单地注释为“因鲁史记，设素王之法”[②]、“天子的职权”[③] 等，这实际上都未触及问题的本质。胡安国曾将所谓“天子之事”的大要归结为“惇典、庸礼、命德、讨罪”[④]，这应该是更接近于孟子本意的。然而，在孔子之前，上古三代时期的“天子之事”是怎样运作的？孔子作《春秋》一事是如何与传统的“天子之事”联结在一起的？它在从“史记旧闻”到传统史学的转型中又起到了怎样的作用？欲对这些问题做出近真的回答，我们就有必要将其放在春秋时期“天下无道”“礼坏乐崩”“陪臣执国命”的时代背景下去考察，进而分析“史记旧闻”的性质及其在传统史学形成过程中的作用。

一、“史记旧闻”：史官所记“天子之事”

自孟子提出“孔子作《春秋》”之说以后，孔子与《春秋》之间的关系

① 《孟子·滕文公下》，《四书章句集注》，北京：中华书局 1983 年版，第 272 页。
② 《十三经注疏·孟子注疏》(标点本)，北京：北京大学出版社 1999 年版，第 178 页。
③ 杨伯峻：《孟子译注》（简体字本），北京：中华书局 2008 年版，第 117 页。
④ 〔宋〕朱熹：《四书章句集注》，北京：中华书局 1983 年版，第 272 页。

就引起了学者的广泛关注。有的学者认为孔子因“鲁史记旧闻”而作《春秋》，并寄寓“纲纪天人，推明大道”的理想；有的学者则认为孔子与《春秋》没有关系。随着学术研究的深入，“孔子作《春秋》”的观点得到了越来越多的肯定。有学者总结说，在否定“孔子作《春秋》”的观点中，有些言论看起来言之有据，但“其证据都经不起推敲，难于靠它们推翻大量的文献记载，来否定孔子对《春秋》的著作权”[①]。那么，在这样的前提下，我们更为关注的是，“孔子作《春秋》”所用“史记旧闻”由何而来？它们与周代史官所记录的史料之间有着怎样的关系？我们认为，要回答这些问题，有必要对三代时期尤其是西周以来史官的建置及其职责有所了解。

从材料来源上讲，司马迁曾说：孔子“西观周室，论史记旧闻，兴于鲁而次《春秋》”[②]。此处所谓“史记旧闻”，很可能就是类似于《周礼》中记载的大史所掌管的文书。尽管学术界对《周礼》所记载的大史、小史、内史、外史、御史等是否为周初的王官的说法还存在很大的分歧，但通过传世文献与西周铭文的比对研究，学者们也逐渐认识到《周礼》在研究周代官职中的重要作用。[③]在西周铭文中，大史的职责是“负责记事和制作册命”[④]，这也可以与《周礼·春官宗伯》中所载大史的职责相印证。据《周礼》，大史“掌

① 周远斌：《儒家伦理与〈春秋〉叙事》，济南：齐鲁书社2008年版，第25—26页。

②《史记·十二诸侯年表》，北京：中华书局1982年第2版，第509页。

③ 如李学勤先生认为它“是研究西周制度的必要依据”；吴荣曾先生则将其视为“探索古史的一条重要津梁”；张亚初、刘雨二先生将《周礼》相关内容与近年来出土的与西周官制有关的铭文进行对比研究，发现“西周金文中的官职也有许多与《周礼》所记相合”，所以他们说：“有如此众多的相似之处，无论如何不能说是偶然的巧合，只能证实《周礼》一书在成书时一定是参照了西周时的职官实况。”进而认为：“《周礼》的作者一定是一位十分熟悉西周典章制度的宿儒。”因此，虽然《周礼》未必是西周时期的典籍，但它有关史官职责的记载在很大程度上则是周代史官真实状况的反映。参见李学勤：《李学勤集——追溯、考据、古文明·自序》，哈尔滨：黑龙江教育出版社1989年版；葛志毅：《周代分封制度研究·序》，哈尔滨：黑龙江人民出版社1992年版；张亚初、刘雨：《西周金文官制研究》，北京：中华书局1986年版，第140—144页。

④ 卫文选：《中国历代官制简表》，太原：山西人民出版社1987年版，第5页。

建邦之六典，以逆邦国之治；掌法以逆官府之治；掌则以逆都鄙之治”。其中所说的“法”“则”应该就是周代史官记录时事时共同遵循的“书法”原则。至少在春秋时期，这一“书法”原则仍为各国史官所坚守。如《左传·庄公二十三年》记曹刿说：“君举必书。书而不法，后嗣何观？”[①]又如《左传·宣公二年》记董狐将“赵穿杀灵公”书为“赵盾弑其君”，并“示于朝”。之所以如此，其原因应是“子为正卿，亡不越竟，反不讨贼”。在春秋乱世，董狐能坚守周王之“法”而“不隐”，赵盾能“为法受恶”而不怒，是难能可贵的。也正因如此，孔子才赞许董狐为“古之良史”、赵盾为“古之良大夫”。[②]

据《左传》等典籍的记载，除赵国外，至少卫、鲁、周、齐、郑等国也都有“大史”。一方面，他们掌管先王之政典，如《左传·昭公二年》记，韩宣子“观书于大史氏，见《易》《象》与《鲁春秋》”；另一方面，他们还是那些“史记旧闻”的记录者，如《左传·襄公二十五年》记：齐“大史书曰：‘崔杼弑其君。’”又如《左传·昭公元年》载：“公孙黑强与于盟，使大史书其名，且曰‘七子’。”当然，与董狐的幸运相比，齐大史则几乎招致灭门之灾。然而，春秋史官都可谓恪尽职守，面对不义行为，他们凛然面对，如南史氏“闻大史尽死，执简以往”。[③]正因这些史官不畏强权，周礼所确立的史法原则才能在此时仍得到贯彻执行，在墨子所说的“百国《春秋》”[④]中，都应当有不同程度的表现。尽管此类“实录”，当时还有《乘》《梼杌》《春秋》等名称上的差异，但在文辞上都应是对“齐桓、晋文”之类时事的记述。

从早期典籍透露出的信息看，各国史官誓死坚守“书法”原则而记录“史记旧闻”，一个重要原因在于他们的记述很可能就是“国中子弟”了解是非的重要载体，也就是说，人们需要清楚了解关于社稷安危与政治统治的“中、

① 杨伯峻：《春秋左传注》，北京：中华书局2009年第3版，第226页。

② 杨伯峻：《春秋左传注》，北京：中华书局2009年第3版，第662—663页。

③ 杨伯峻：《春秋左传注》，北京：中华书局2009年第3版，第1226、1215、1099页。

④ 《隋书·李德林传》，北京：中华书局1973年版，第1197页。

失之事”，并为师氏“教国子弟”提供素材。《周礼·地官司徒·师氏》记载说：“师氏掌以美诏王，以三德教国子：一曰至德以为道本，二曰敏德以为行本，三曰孝德以知逆恶。教三行：一曰孝行以亲父母，二曰友行以尊贤良，三曰顺行以事师长。居虎门之左，司王朝。掌国中、失之事，以教国子弟。凡国之贵游子弟学焉。”师氏教“德”教“行”，教育子弟是非曲直，使之明确“中”“失”。所谓“中”，就是正确、合宜、恰当，符合社会和谐、稳定、发展的要求；所谓“失”，就是不恰当、不合宜。这里所谓的“中”，与后来早期儒家所积极倡言的“中道”显然具有深厚的渊源关系，这不由令人想到“清华战国简”《保训》篇中周文王格外强调的“中”[①]。

周代的教化传统源远流长，此后，早期儒家又继承了周代以来的教化传统，十分注重对社会人心的教化。从某种意义上讲，儒学就是关于社会人心的教化之学。孔子曾说：“入其国，其教可知也。其为人也……属辞比事，《春秋》教也。……属辞比事而不乱，则深于《春秋》者也。”[②]在孔子的心目中，《春秋》与《诗》《书》《礼》《乐》《易》等典籍一样，都具有重要的社会教化功能。实际上，《春秋》“劝善”“惩恶”的功能一直被有识之士强调，如《左传·成公十四年》记“君子曰”：“《春秋》之称，微而显，志而晦，婉而成章，尽而不污，惩恶而劝善。”[③]《国语·晋语》记司马侯向悼公陈“德义”时也说：“诸侯之为，日在君侧，以其善行，以其恶戒，可谓德义矣。”春秋时期的晋国大夫叔向（羊舌肸）“习于《春秋》”，就被视为此类贤能之士的代表。

总之，虽然春秋时期各诸侯国的大史是否为初封时周王派遣的史官尚不清楚，但从相关文献的记载看，周王室大史所掌管的“法”与“则”，仍为

① 清华大学出土文献研究与保护中心：《清华大学藏战国竹简〈保训〉释文》，《文物》，2009年第6期。

② 《礼记·经解》，杨天宇：《礼记译注》，上海：上海古籍出版社2004年版，第650页。

③ 杨伯峻：《春秋左传注》，北京：中华书局2009年第3版，第870页。

当时史官共同遵守的“书法”原则。以近现代科学史学的眼光审视，此类“史记旧闻”可能并非全为实录，但在当时“法”“则”的框架范围下，它们还是可以被称为“实录”的。此类文献在客观上可代行“天子之事”，同时也承载着史官的血泪。

二、“天下无道”：“天子之事”的混乱

春秋以来，王室衰微，“礼坏乐崩”，“天下无道”。这种“周室微而礼乐废，《诗》《书》缺”[①]的情形，孟子称之为“王者之迹熄”。而春秋时期的“礼坏乐崩”是相对于西周初年“天下有道”的局面而言的。在儒家心目中，周公“制礼作乐”，奠定了周王朝以礼治为核心的统治方略。周公所制的礼乐内容极其丰富，“礼包括官制、刑法、仪式等内容，乐是舞乐。乐辅助礼，配合礼，共同体现德治思想，成为中国古代文明传统”[②]。自平王东迁后，旧的社会秩序已被打破，新的秩序尚未确立，过去由周天子所行使的特权则逐渐为诸侯国君、大夫甚至是陪臣所接管。而“天子之事”的混乱，也是“天下无道”在政治领域的表征。

在孔子看来，“礼乐征伐”应当“自天子出”，可以说，这正是衡量天下是否“有道”的标准。如唐代学者刘知几的《史通·世家》中说：“自有王者，便置诸侯，列以五等，疏为万国。当周之东迁，王室大坏，于是礼乐征伐自诸侯出。”宋代的朱熹也说：“先王之制，诸侯不得变礼乐，专征伐。”[③]先秦时期的战争常常是天子授命于诸侯而为，如殷大丁四年，“周王季命为殷牧师”[④]，负责征伐制止北方戎族的侵犯；商纣赐“弓矢斧

---

① 《史记·孔子世家》，北京：中华书局1982年第2版，第1935页。

② 梁涛、刘宝才：《中国学术思想编年·先秦卷》，西安：陕西师范大学出版社2004年版，第25页。

③〔宋〕朱熹：《四书章句集注》，北京：中华书局1983年版，第171页。

④ 方诗铭、王修龄：《古本竹书纪年辑证》，上海：上海古籍出版社1981年版，第228页。

钺”于姬昌[①]，姬昌由此拥有代商王征伐的特权。从原则上讲，只有天子的“礼乐征伐”才具有合法性，才能被称为“正义”。但是，到了春秋时期，随着周王室的衰微，“礼乐征伐”之权实际让位于诸侯之“伯”，所谓春秋“五霸”即是其中的代表，齐桓公能“不以兵车”而“九合诸侯”[②]、晋襄公因“晋文公之季年，诸侯朝晋，卫成公不朝”而“告于诸侯而伐卫”[③]、楚庄王“伐陆浑之戎”而“问鼎之大小、轻重”[④]等等，在孔子看来，这正是所谓“天下无道”的表现，所以孟子说“《春秋》无义战”[⑤]。

春秋时期，“天子之事”的混乱还体现在诸侯、士大夫对礼制的僭越上。周初对礼乐制度有着严格的限定，如庙堂舞乐的使用、名山大川的祭祀等方面。《论语·八佾》中就记载鲁“三桓”无视周礼而僭越，孔子对此提出强烈批评。如季孙氏“八佾舞于庭”，孔子说：“是可忍也，孰不可忍也？”在“三家者以《雍》彻”时，孔子说：“‘相维辟公，天子穆穆’，奚取于三家之堂？”季孙“旅于泰山”，孔子感慨说：“呜呼！曾谓泰山不如林放乎？”[⑥]其实，不仅鲁国君臣僭越礼制，整个社会也多是如此。如《左传·成公十二年》云：“晋郤至如楚聘，且莅盟。楚子享之，子反相，为地室而县焉。郤至将登，金奏作于下，惊而走出。”[⑦]按照礼制，金奏应是指《九夏》之《肆夏》，是天子享元侯的乐曲之一，因不敢担当，所以郤至才“惊而走出”。可见，在旧的礼制被打破、新的礼制尚未建立之际，昔日的天子之礼不仅人人可以使用，而且甚至有的诸侯还径自称王。

此外，朝聘制度作为周礼的重要组成部分，也逐渐被打破。按照规定：

①《史记·周本纪》，北京：中华书局1982年第2版，第116页。
②《论语·宪问》，《四书章句集注》，北京：中华书局1983年版，第153页。
③ 杨伯峻：《春秋左传注》，北京：中华书局2009年第3版，第512页。
④ 杨伯峻：《春秋左传注》，北京：中华书局2009年第3版，第669页。
⑤《孟子·尽心下》，《四书章句集注》，北京：中华书局1983年版，第364页。
⑥《论语·八佾》，《四书章句集注》，北京：中华书局1983年版，第61—62页。
⑦ 杨伯峻：《春秋左传注》，北京：中华书局2009年第3版，第857页。

"诸侯之于天子也，比年一小聘，三年一大聘，五年一朝。"[①] 对不遵守朝聘制度者，周礼则有明确的惩罚："一不朝，则贬其爵；再不朝，则削其地；三不朝，则六师移之。"[②] 然而，此时强势诸侯不仅不朝觐周王，而且有时诸侯会盟也召周王参加。如《史记·晋世家》云："晋侯会诸侯于温，欲率之朝周。力未能，恐其有畔者，乃使人言周襄王狩于河阳。"[③] 又如齐桓公召集葵丘之盟，周王也派宰孔参加，这无疑是周王室对齐侯霸主地位的认可。当然，周王室的衰微也与其经济实力下降有关，如《左传·隐公三年》记载，周平王死，王室因财政拮据而无力安葬，派武氏子"求赙"于鲁；隐公六年，又因京师发生饥荒，周王室遣使向鲁国"告饥"，由鲁"为之请籴于宋、卫、齐、郑"；桓公十五年，周王室再次派人向鲁"求车"。[④] 可见，在周王室失去对诸侯的控制权之后，随着朝聘制度的解体，旧有的秩序也就名存实亡了。

"天下无道"所造成的"天子之事"的混乱，不仅与当时诸侯、士大夫的僭越有关，而且也与周王室的实力有关。周天子控制社会局势的能力降低，在一定程度上纵容了诸侯、士大夫对礼制的僭越，加重了"礼坏乐崩"的局面；而诸侯、士大夫对周礼的僭越又加深了"天下无道"之现象。在周王、诸侯、士大夫、陪臣等不同阶层的博弈中酝酿着新的社会秩序，像孔子这样的"士人"也在思考维护社会秩序的"惇典、庸礼、命德、讨罪"等"天子之事"。

三、孔子作《春秋》：接续史官"天子之事"

春秋中期以后，周王室已经名存实亡，它不仅对臣弑其君、子弑其父等

① 杨天宇：《礼记译注》，上海：上海古籍出版社 2004 年版，第 146 页。

②《孟子·告子下》，《四书章句集注》，北京：中华书局 1983 年版，第 343—344 页。

③《史记·晋世家》，北京：中华书局 1982 年第 2 版，第 1668 页。

④ 杨伯峻：《春秋左传注》，北京：中华书局 2009 年第 3 版，第 29、51、141 页。

违礼行为无力征讨，而且也使记录国家“中、失之事”的史官在履行职责时失去了制度保障。因此，不仅“世典周史”的司马氏在惠、襄之间“去周适晋”[①]，而且能用史笔维护周初史法的史官的生命安全也遭到严重威胁。《左传·襄公二十五年》记：“大史书曰：‘崔杼弑其君。’崔子杀之，其弟嗣书，而死者二人。”[②]尽管崔杼最后不得不妥协，但毕竟使齐国史官相继付出了生命的代价。在传世文献中，尽管史官被杀的记载并不多，但“周室微而礼乐废，《诗》《书》缺”的现状，应与当时史官直书传统的丧失有关。在感叹“天下无道”，“病没世而名不称”之后，孔子为阐述其救世主张，以布衣之身接续史官之职而“作《春秋》”。[③]

孔子作《春秋》，所用材料是“史记旧闻”，而被后世学者称颂的《春秋》之“义”，乃是孔子“窃取”的。孔子说：“知我者其惟《春秋》乎！罪我者其惟《春秋》乎！”[④]孔子将《春秋》视为代表自己思想的著作。表面上看，孔子所作《春秋》并无多少创新，形式为旧有，材料乃“旧闻”，但是，其中却倾注了孔子的心血，饱含着孔子对社会发展规范的期待，蕴含着孔子对天下苍生的眷念。赵岐说：“孔子惧王道遂灭，故作《春秋》。……知我者，谓我正王纲也。罪我者，谓时人见弹贬者。言孔子以《春秋》拨乱也。”[⑤]宋代的胡安国也说过：“知孔子者，谓此书之作，遏人欲于横流，存天理于既灭，为后世虑，至深远也。罪孔子者，以谓无其位而托二百四十二年南面之权，使乱臣贼子禁其欲而不得肆，则戚矣。”[⑥]这个说法应该是正确的，因为孔子说由《春秋》而“知我”，与他在此书中灌注的“王道”理想密切相关。同时，在孔子看来，作《春秋》应是周代史官的职责，他既非史官而作，

①《史记·太史公自序》，北京：中华书局1982年第2版，第3285页。

② 杨伯峻：《春秋左传注》，北京：中华书局2009年第3版，第1099页。

③《史记·孔子世家》，北京：中华书局1982年第2版，第1935、1943页。

④《孟子·滕文公下》，《四书章句集注》，北京：中华书局1983年版，第272页。

⑤ 焦循撰，沈文倬点校：《孟子正义》，北京：中华书局1987年版，第452页。

⑥〔宋〕朱熹：《四书章句集注》，北京：中华书局1983年版，第272页。

应是有违背周礼之嫌的，这或许也是他说“罪我者其惟《春秋》”的重要原因之一。

孔子作《春秋》，继承了此前天子史官之学的传统，在中国史学发展史上具有重要的意义，孔子完全可以由此而被称为中国的“史学之父”[①]。中国传统史学以儒学为灵魂，就在于其具有“寓褒贬，别善恶”的人文教化价值。在这一方面，孔子作《春秋》对后世影响既深且巨，显然具有开创性的意义。如钱穆先生曾说：“孔子则是根据此项材料（鲁《春秋》）来作《春秋》。当然并不是全部抄撮，在孔子自有一个编纂的体例，和取舍的标准，及其特殊的写法。”又说：“当知史官分布，乃是周代一制度，而孔子作《春秋》，则是私家一著述。由政治转归了学术，遂开此下中国之史学。”[②]因此，尽管孔子编纂《春秋》，注入其中的“义”乃是“窃取”而来，但将周代礼乐制度的功用概括为“正名”并使之成为编纂鲁“史记旧闻”的指导理念，却是孔子作《春秋》的独到之处。因此，司马迁将《春秋》称为“礼义之大宗”，冯友兰先生也说：“孔子能将《春秋》中及其他古史官之种种书法归纳为正名二字，此实即将《春秋》加以理论化也。”[③]

总之，在周代王官所确立的书法原则的指导下，史官所记的“史记旧闻”不仅是邦国“中、失之事”的真实记录，而且还承载着史书“寓褒贬，别善恶”等王道观念。这种王道观念就是孔子等早期儒家所推尊的仁人爱物之道，就是天下“大顺”、社会合理运行的治理之道，即孟子所说的“天子之事”。在周代，自平王东迁后，王室就开始衰微，以往的礼制秩序不断遭到僭越，“礼乐征伐自诸侯出”，“陪臣执国命”，从而“明王不兴”，“天下无道”。随着这种混乱程度的日益加深，史官之学也逐渐退出历史舞台。在这样的背景下，孔子以布衣之身而作《春秋》一书，将其“正名”观念贯穿于鲁国旧

---

① 朱本源：《孔子史学观念的现代诠释》，《史学理论研究》，1994 年第 3 期。

② 钱穆：《中国史学名著》，北京：生活·读书·新知三联书店 2005 年版，第 20 页。

③ 冯友兰：《中国哲学史》（上），北京：生活·读书·新知三联书店 2009 年版，第 79 页。

史之中，形成新的“春秋”。孔子不仅接续周代史官代行“天子之事”，使得史官向史家转型，而且也使得“史记旧闻”向史学转型，奠定了中国传统史学的基本范式。

（原载《史学史研究》2010年第1期，略有改动。）

《春秋》“礼义之大宗”解

《史记·太史公自序》说：“《春秋》者，礼义之大宗也。”清代学者皮锡瑞解释说：“太史公述所闻于董生者，微言、大义兼而有之，以礼说《春秋》，尤为人所未发。……学者知《春秋》近于法家，不知《春秋》通于礼家。”[①]陆跃升解释说：“《春秋》应是让人们绳之以礼的礼学经典。”[②]黄寿祺解释说：“太史公此论，盖本之董仲舒，其推重《春秋》，可谓至矣！诚以《春秋》乃夫子正名之书。”[③]《春秋》作为礼学之书早已引起学界的关注，然而，学者们的阐释似乎还并未真正将《春秋》与“礼义之大宗”的关系解释清楚，最接近于司马迁本意的可能是韩兆琦的“《春秋》是讲述礼义的根本大典”[④]之说。可惜韩先生并未对此语做进一步的解释。所以，《春秋》为何被称为“讲述礼义的根本大典”？它与《诗》《书》《礼》《乐》《易》等传统经典之教有着怎样的区别和联系？要阐释清楚这一问题，我们就有必要重新回到先秦两汉时期的社会背景之中，对《春秋》一书的性质及

① 皮锡瑞：《经学通论》，吴仰湘编《皮锡瑞全集》（第6册），北京：中华书局2015年版，第498页。

② 陆跃升：《〈春秋〉乃“礼义之大宗”》，载《社会科学论坛》（学术研究卷），2009年第6期。

③ 黄寿祺著，黄高宪校注：《群经要略》，上海：华东师范大学出版社2000年版，第137页。

④ 韩兆琦：《史记笺证》，南昌：江西人民出版社2016年版，第6362页。

其在中华传统礼学中的地位进行细致研究。

一、《鲁春秋》：周礼的重要载体

《左传·昭公二年》记载："晋侯使韩宣子来聘，且告为政，而来见，礼也。观书于大史氏，见《易》《象》与《鲁春秋》，曰：'周礼尽在鲁矣，吾乃今知周公之德与周之所以王也。'"[①] 这段文献至少包含两层意思：一是晋平公在即位后，派大夫韩宣子到鲁国聘问，并且通告他继承晋国国君之位一事；二是韩宣子在鲁国大史处观阅鲁之藏书，见到《易》《象》和《鲁春秋》等典籍。历代学者对前者基本上没有疑问，因为这本就是春秋时期诸侯之间正常的聘问之礼，其中贯穿着周公"制礼作乐"的精神。然而，使后世学者感到有些困惑的是，在观阅《鲁春秋》之后，韩宣子为何发出"周礼尽在鲁矣"之感叹呢?

这里需要引起人们特别注意的是《鲁春秋》的性质问题，也就是它是否与"周礼"有关，是否蕴含着"周公之德"。韩宣子在大史氏处所观的《鲁春秋》，是孔子"作《春秋》"之前的鲁国旧史，类似于司马迁说的"史记旧闻"。按照《汉书·艺文志》中的说法："古之王者世有史官，君举必书，所以慎言行，昭法式也。左史记言，右史记事，事为《春秋》，言为《尚书》，帝王靡不同之。"[②] 古代的天子与诸侯为使他们的言行合乎法式，专门设置史官记录、监督其言行，促使其慎言慎行。传世本《尚书》和《春秋》即史官所记录的部分文献资料。应该说，从史官被设置之日起，他们就被赋予了特定的职责。据《周礼·春官宗伯》记载，周王室曾设置了大史、小史、内史、外史和御史等官职，使其各司其职，共同维护史官制度的良性运转。由史官记录而整理成的《尚书》和《春秋》等典籍自然也就成为后世"慎言行，昭法式"的经典文献。

① 杨伯峻：《春秋左传注》，北京：中华书局 2009 年第 3 版，第 1226—1227 页。

②《汉书·艺文志》，北京：中华书局 1962 年版，第 1715 页。

近来，人们对《周礼》成书问题的看法存在很大的分歧。时至今日，仍有不少学者质疑《周礼》中所载职官设置的真实性。然而，在周王朝建立之初，特别是周公"制礼作乐"时一定会制作出一套相对完整的史官体系，负责记录、整理和掌管国家运行中有价值、有意义的历史文献资料。这些资料既对周天子、诸侯国君的"慎言行，昭法式"产生影响，也为当时的学校教育储备素材。据《周礼·地官司徒》记载，师氏"居虎门之左，司王朝。掌国中、失之事，以教国子弟"。郑玄注："教之者，使识旧事也；中，中礼者也；失，失礼者也；故书中为得。杜子春云：'当为得，记君得失，若《春秋》是也。'"[①] 后世学者差不多皆接受了郑玄的观点，认为"师氏"的主要职责是借助历史中正反两方面的典型案例，对国家的王公弟子进行教育，使他们能够把握中道。

当然，由于"文献不足征"的缘故，西周时期周王室史官体系运行的详细情况我们已不得而知，很难对它进行细致的考察。所幸的是，春秋时期的文献资料则有不少关于诸侯史官的记载，可以作为人们进一步分析周代史官职责和记事根本原则的重要依据。据《左传·宣公二年》记载，晋灵公不行君道，因为记恨赵盾的屡次进谏而欲将他杀死，但均无果。后来晋灵公被大臣赵穿杀害于桃园。此时出逃的赵盾由于"未出山而复"，大史董狐书曰"赵盾弑其君"，并"以示于朝"。赵盾曰："不然。"董狐对曰："子为正卿，亡不越竟，反不讨贼，非子而谁？"而赵盾最终也接受了董狐的记载。孔子评价说："董狐，古之良史也，书法不隐。赵宣子，古之良大夫也，为法受恶。惜也，越竟乃免。"[②] 孔子之所以给予董狐、赵盾如此高的评价，是因为他们皆遵守了周公所制礼法的真精神。

晋国的"古之良史"董狐应该是幸运的，因为他遇到的是"古之良大夫"赵盾。与董狐的幸运不同，齐国的大史遇到的却是残暴的执政大夫崔杼，他

① 阮元校刻：《十三经注疏·周礼注疏》（清嘉庆刊本），北京：中华书局 2009 年版，第 1574—1575 页。

② 杨伯峻：《春秋左传注》，北京：中华书局 2009 年第 3 版，第 662—663 页。

们由于秉笔直书而遭受了近乎灭门之灾。《春秋·襄公二十五年》记载："夏五月乙亥，齐崔杼弑其君光。"《左传·襄公二十五年》对此进行了较为详细的解释，事情的起因是齐庄公与棠姜多次淫乱于崔杼家中，后为崔杼的家臣所杀。而齐国大史按照周代史官的书法与职责，仍然郑重地书云："崔杼弑其君。"大史被崔杼杀死之后，"其弟嗣书，而死者二人"，"其弟又书"，崔杼最终"乃舍之"。"南史氏闻大史尽死，执简以往。闻既书矣，乃还。"① 无论是齐国的大史兄弟，还是南史，他们的职责就是遵守周礼的书法原则，将发生的"国中、失之事"如实地记录下来。为完成这一神圣使命，他们甚至可以牺牲自己的生命。

从传世文献的记载来看，各诸侯国都应有自己的史官和史记之书。虽然各国史书的名称有所差异，如《孟子·离娄下》中有"晋之《乘》，楚之《梼杌》，鲁之《春秋》"的说法，而《春秋》应该是比较通行的称谓，如《墨子·明鬼下》中有"周之春秋""燕之春秋""宋之春秋""齐之春秋"的记载，《隋书·李德林传》还有"墨子又云，吾见百国《春秋》"② 之说。如此众多的史书，有没有统一的编写体例，或者说有没有统一的"书法"？由于没有文本流传于后世，所以后人很难窥见春秋时期各国《春秋》的真实面貌。但从《左传》所记晋国大史董狐、齐国大史和南史等人的坚守来看，当时史官应该有其职责，有其特定的"书法"。这种"书法"可能与今天所谓的"客观史学"有着不小的差距。

春秋时期史官的"书法"并非个人的喜好，而应该是一种通行的标准。这种标准或许在西周初年周公设置史官时就已经被确立了，否则韩宣子不会见到《鲁春秋》之后发出"吾乃今知周公之德与周之所以王也"的感叹。《春秋》蕴含着周公之德，还可以从《国语·晋语七》所记晋悼公与司马侯的对话中得到印证：

① 杨伯峻：《春秋左传注》，北京：中华书局2009年第3版，第1094、1099页。

②《隋书·李德林传》，北京：中华书局1973年版，第1197页。

悼公与司马侯升台而望，曰：“乐夫！”对曰：“临下之乐则乐矣，德义之乐则未也。”公曰：“何谓德义？”对曰：“诸侯之为，日在君侧，以其善行，以其恶戒，可谓德义矣。”公曰：“孰能？”对曰：“羊舌肸习于春秋。”乃召叔向使傅大子彪。

司马侯把“德义”概括为“日在君侧，以其善行，以其恶戒”，而羊舌肸则是精通春秋之人。徐元诰注解说：“肸，叔向之名。春秋，纪人事之善恶而目以天时，谓之春秋，周史之法也。时孔子未作《春秋》。”[①]既然这里的“德义”的说法是在孔子作《春秋》之前出现的，它很可能就是西周时期的史官之法，自然也就与“周公之德”有密切的关系。

由于《鲁春秋》文本没有流传于后世，它的原貌究竟如何，其中蕴含着怎样的“周公之德”，诸如此类的问题现在都已经不得而知。但是，从韩宣子观《鲁春秋》后发出的慨叹、《周礼》所记“师氏”掌握“中、失之事，以教国子弟”的记载、春秋时期各国史官“秉笔直书”的精神以及晋国司马侯对“德义”的评价等，人们似乎能够真切地感受到墨子所见“百国《春秋》”中蕴含着的特定“书法”。正如《左传·文公十八年》记鲁国大臣季文子所云：“先君周公制《周礼》曰：‘则以观德，德以处事，事以度功，功以食民。’”这里的“先君”指的是“周公”，这里的“《周礼》”指的是周公制定的礼乐制度。杨伯峻在解释“则”“礼”与“德”之间的关系时说：“六年《传》云‘导之礼则’，此‘则’字亦礼则之义。以礼则观人之德。”[②]传世本《周礼》尽管不一定就是周公所作，但其中一定蕴含着周公制周礼时的基本精神。这种精神就是周公所确立的“德义”。《鲁春秋》作为周公封国所记录的“中、失之事”，自然蕴含着较为纯正的“周礼”精神，所以韩宣子才会有“周礼尽在鲁矣”的慨叹。

---

① 徐元诰撰，王树民、沈长云点校：《国语集解》，北京：中华书局2002年版，第415页。

② 杨伯峻：《春秋左传注》，北京：中华书局2009年第3版，第633—634页。

二、《春秋》：礼义之书

《孟子·滕文公下》记孟子说：“世衰道微，邪说暴行有作，臣弑其君者有之，子弑其父者有之，孔子惧，作《春秋》。《春秋》，天子之事也。”赵岐注解说：“世衰道微，周衰之时也。孔子惧王道遂灭，故作《春秋》。因鲁史记，设素王之法，谓天子之事也。”[①] 此段文字说明了孔子作《春秋》的时代背景，也就是周王室在东迁之后，周公之道开始衰微，各诸侯国逐渐不再恪守固有礼乐秩序，形成了“礼乐征伐自诸侯出”“自大夫出”“陪臣执国命”（《论语·季氏》）的乱象，甚至出现“臣弑其君”“子弑其父”的悲剧。如何扭转春秋末期社会“礼坏乐崩”的局面，重建新的礼乐秩序，就成为摆在孔子儒家面前最亟须解决的难题之一。

在“臣弑其君”“子弑其父”的春秋末期的乱局中，由周公在西周初年所设置的史官自然不再能有效地执行其记录“中、失之事”的职责。尽管还有晋国大史董狐、齐国大史和南史等人在竭尽全力地履行其历史使命，但在崔杼之流的乱臣贼子面前，他们就连生命都无法保障，这种记录也就很难再继续维持下去，即便记录下来其实际功效也显得微乎其微。从此种意义上讲，春秋末期传统史官体系的功能急剧衰落，甚至全面崩溃，《春秋》从本质上说也已经名存实亡了。换句话说，就是原有的能“耸善而抑恶”“昭明德而废幽昏”（《国语·楚语上》）的《春秋》文本也只能存放于各国的大史处，存放于“诸侯各国的国家档案里”[②]。这样也才能解释得通韩宣子在鲁国大史处见《鲁春秋》等典籍之后何以发出“周礼尽在鲁矣”的感慨。

从《论语》《左传》等传世文献中记载的鲁国君臣的言行来看，此时史书中所蕴含的周礼已经起不到原有的作用。幸运的是，它被完整地保存于鲁国大史处，存放于鲁国的国家档案馆里，这为孔子作《春秋》提供了最基本、

① 焦循撰，沈文倬点校：《孟子正义》，北京：中华书局1987年版，第452页。

② 沈玉成、刘宁：《春秋左传学史稿》，南京：江苏古籍出版社1992年版，第17页。

最原始的历史素材。《孟子·离娄下》中记孟子论孔子作《春秋》的情形时说："其事则齐桓、晋文，其文则史。孔子曰：'其义则丘窃取之矣。'"朱熹注解说："春秋之时，五霸迭兴，而桓文为盛。……盖言断之在己，所谓笔则笔、削则削，游、夏不能赞一辞者也。尹氏曰：'言孔子作《春秋》，亦以史之文载当时之事也，而其义则定天下之邪正，为百王之大法。'"[①] 孔子作《春秋》所用之"文"为鲁国"史记旧闻"中的"齐桓、晋文"之类的文字，其"义"则是从《鲁春秋》中"窃取"而来的，这也就是《论语·述而》开篇所说的"述而不作"。

按照传统的理解，"作"是创作、制作之义，是天子之事；"述"是"传述旧闻"之义，是贤者之事。孔子自谦其《春秋》只是传述圣王之义而已，即《春秋》之"文"出自《鲁春秋》，是"上至隐公，下讫哀公十四年"二百四十二年之中鲁国的"史记旧闻"；"义"是西周王朝史官的"书法"，更深层次是指周公"制礼作乐"时确立的礼制之"义"。赵伯雄先生曾评价说："对于作为史册的《春秋》中所包含的义，孔子是'窃取之'的，也就是说，孔子对鲁史《春秋》中的义进行了最大限度的挖掘和阐发，当然同时很可能也加进了孔子自己的义。"[②] 应该说，这样的理解是符合早期《春秋》学客观实际的，孔子新成的《春秋》似乎就是人们常说的"旧瓶装新酒"。"旧瓶"是指文字选编自《鲁春秋》，而且书名仍定为"春秋"；"新酒"是指孔子用"窃取之义"重新编纂成的《春秋》，这里的"义"就是鲁国史官编写《鲁春秋》时所坚守的"书法"。

既然如此，孔子所作的《春秋》理应与传统史官编写"中、失之事"的"春秋"类典籍不存在本质上的区别，都是周公"制礼作乐"时确定的"礼之义"的重要载体。这里关键的问题是，孔子所作《春秋》的贡献或者说他作《春秋》的初衷究竟应当如何评价？《史记·太史公自序》中有一段非常完整而清晰

---

① ［宋］朱熹：《四书章句集注》，北京：中华书局1983年版，第295页。

② 赵伯雄：《春秋学史》，济南：山东教育出版社2014年版，第8页。

的诠释：

> 余闻董生曰："周道衰废，孔子为鲁司寇，诸侯害之，大夫壅之。孔子知言之不用，道之不行也，是非二百四十二年之中，以为天下仪表，贬天子，退诸侯，讨大夫，以达王事而已矣。"子曰："我欲载之空言，不如见之于行事之深切著明也。"夫《春秋》，上明三王之道，下辨人事之纪，别嫌疑，明是非，定犹豫，善善恶恶，贤贤贱不肖，存亡国，继绝世，补敝起废，王道之大者也。

孔子对春秋末期社会中"言之不用，道之不行"的现状有着清醒的认识。正如唐代学者司马贞《史记索隐》的注解中说："孔子言我徒欲立空言，设褒贬，则不如附见于当时所因之事。人臣有僭侈篡逆，因就此笔削以褒贬，深切著明而书之，以为将来之诫者也。"[①] 孔子借助《鲁春秋》所记二百四十二年之间的历史，将周礼的根本精神注入其中，使人们"上明三王之道，下辨人事之纪"，从培养诸侯士大夫群体的敬畏之心开始，以重建新的社会秩序和礼仪规范，进而培植"大道之行"的思想沃土。

毫无疑问，存放于鲁国大史处的《鲁春秋》是周公之德的重要载体，是周礼之"文"与"义"的综合体。然而，《鲁春秋》在现实中发挥的作用却不尽如人意：一方面《鲁春秋》仅作为鲁国的国家档案存放于大史处，非该国史官或者世胄很难尽见之；另一方面春秋末期鲁国君臣津津乐道的只是"周礼"之"仪"，并非周礼之"义"。据《左传·昭公五年》记载："公如晋，自郊劳至于赠贿，无失礼。"晋侯由此得出鲁昭公"善于礼"的结论，但女叔齐却认为鲁公遵循的只是"仪"，并非"知礼"。女叔齐还列举出鲁昭公一系列过失进行论证，说："礼，所以守其国，行其政令，无失其民者也。今政令在家，不能取也；有子家羁，弗能用也；奸大国之盟，陵虐小国；利

① 《史记·太史公自序》，北京：中华书局 1982 年第 2 版，第 3297—3298 页。

人之难，不知其私……”最后他总结说：“礼之本末将于此乎在，而屑屑焉习仪以亟。言善于礼，不亦远乎？”[①] 从礼之仪和礼之义的差别的角度对鲁国国君进行批评，应该说，女叔齐已经领悟到了周礼的本质内涵。

其实，不仅鲁昭公不知礼义，而且在他之后即位的鲁定公亦是如此。据《左传·定公十五年》记载：

> 春，邾隐公来朝。子贡观焉。邾子执玉高，其容仰；公受玉卑，其容俯。子贡曰："以礼观之，二君者，皆有死亡焉。夫礼，死生存亡之体也，将左右、周旋，进退、俯仰，于是乎取之；朝、祀、丧、戎，于是乎观之。今正月相朝，而皆不度，心已亡矣。嘉事不体，何以能久？高、仰，骄也；卑、俯，替也。骄近乱，替近疾，君为主，其先亡乎！"[②]

可见，被时人盛誉为“周礼尽在”的鲁国，其国君其实已经不能完全领悟周公“制礼作乐”时确定的礼之“义”。鲁国的国君已是如此，更不用说春秋末期其他国家的君臣了。可以想见，存放于各国史官处的《春秋》对社会所起的作用已经是微乎其微了。

面对礼坏乐崩的春秋乱世，孔子真可谓“洞若观火”，他深刻认识到当时周礼近乎崩溃的状况。孔子对鲁国君臣的违礼行为曾给予非常严厉的批判，传世本《论语·八佾》篇有不少相关的记载。如孔子批评季孙氏说：“八佾舞于庭，是可忍也，孰不可忍也？”他批评“三家者以《雍》彻”，说：“‘相维辟公，天子穆穆’，奚取于三家之堂？”他还曾发出感叹说：“夷狄之有君，不如诸夏之亡也。”[③] 尽管如此，鲁国君臣依然置若罔闻，依然我行我素，孔子逐渐认识到此类批评的效果并不理想。所以，探索新的路径、寻求新的载体，就成为孔子晚年思考的核心问题之一。孔子最终选择用历史说话、用

---

① 杨伯峻：《春秋左传注》，北京：中华书局2009年第3版，第1266页。

② 杨伯峻：《春秋左传注》，北京：中华书局2009年第3版，第1600—1601页。

③〔宋〕朱熹：《四书章句集注》，北京：中华书局1983年版，第61—62页。

事实说话，也就是他说的“我欲载之空言，不如见之于行事之深切著明也”。这里的“见之于行事”，就是把《鲁春秋》中的“齐桓、晋文之事”根据设定的体例进行“笔削”“措辞”，并将从先王那里窃取的周礼之“义”注入其中，最后形成一本深含着周公之礼的微言大义进而使“乱臣贼子惧”的新《春秋》。从这样的意义上说，孔子新作的《春秋》自然就是一部承载着周礼之“义”的经典之作。

三、《春秋》：礼义之大宗

司马迁继承董仲舒首重《春秋》的经学传统，明确提出《春秋》为“礼义之大宗”的观点。这里的“《春秋》”是指孔子所作的《春秋》，也就是流行于汉代官府与学者之中的《春秋》经。汉武帝接受董仲舒“推明孔氏，抑黜百家”[①]的建议，使孔子儒学逐渐重新成为当时社会的显学。按照西汉时期学者的理解，《春秋》为孔子本人所作，自然也就有了与其他几部经典不同的身份和地位。司马迁说：“是故《礼》以节人，《乐》以发和，《书》以道事，《诗》以达意，《易》以道化，《春秋》以道义。”很显然，《春秋》的独特之处就是“道义”，也就是阐述“义”。用太史公的话说就是“《春秋》文成数万，其指数千”[②]。《中庸》中说，“义者，宜也”，朱熹将“宜”解释为“分别事理，各有所宜也”[③]。所以，《春秋》就是通过“齐桓、晋文之事”向人们传达周礼的本义，阐释做人做事的根本道理。

在汉代学者看来，春秋末期的诸侯士大夫不懂得周礼的本义，模糊了做人做事的边界，最终酿成“弑君三十六，亡国五十二，诸侯奔走不得保其社稷者不可胜数”的悲剧，从根本上说是因为“皆失其本”。所以，司马迁接着说：“故有国者不可以不知《春秋》，前有谗而弗见，后有贼而不知。为

①《汉书·董仲舒传》，北京：中华书局1962年版，第2525页。

②《史记·太史公自序》，北京：中华书局1962年版，第3297页。

③［宋］朱熹：《四书章句集注》，北京：中华书局1983年版，第28页。

人臣者不可以不知《春秋》，守经事而不知其宜，遭变事而不知其权。为人君父而不通于《春秋》之义者，必蒙首恶之名。为人臣子而不通于《春秋》之义者，必陷篡弑之诛，死罪之名。”这里涉及四类人：有国者、为人臣者、为人君父者、为人臣子者。在司马迁看来，这些人必须精通《春秋》之义，否则就会产生“君不君，臣不臣，父不父，子不子”的局面，进而出现四个方面的“大过”：“君不君则犯，臣不臣则诛，父不父则无道，子不子则不孝。”[①] 这些现象无疑是造成天下无道、社会混乱的根源。

与其他儒家经典相比，《春秋》的特点是“辨是非”，是“长于治人”，是“拨乱世反之正”。因此，人们逐渐认识到它能从根本上解决“天下无道”之问题的价值。其实，孔子早就意识到“正名”对社会治理的重要性。如当子路向他请教“卫君待子而为政，子将奚先”的问题时，孔子就脱口而出“必也正名乎”（《论语·子路》）；如齐景公向他请教如何“为政”时，他给出的建议是“君君，臣臣，父父，子子”（《论语·颜渊》）。后世学者对孔子这一思想的理解基本一致，都认为诸侯国君应行君德——惠，臣应行臣礼——忠，父应为父法——慈，子应行子道——孝。朱熹解释此语时说：“此人道之大经，政事之根本也。是时景公失政，而大夫陈氏厚施于国。景公又多内嬖，而不立太子。其君臣父子之间，皆失其道，故夫子告之以此。”[②] 应该说，司马迁的说法与孔子思想是一脉相承的，皆是在强调“正名”与国家治理之间的微妙关系，而《春秋》则是这一思想的最重要的载体。

按照《礼记·经解》的说法，《诗》《书》《礼》《乐》《易》《春秋》等六部经典是一体的，并各自承担着不同的教化功用。孔子说：“入其国，其教可知也：其为人也，温柔、敦厚，《诗》教也。疏通、知远，《书》教也。广博、易良，《乐》教也。洁静、精微，《易》教也。恭俭、庄敬，《礼》教也。属辞、比事，《春秋》教也。”正因如此，缺失了其中任何一种经典

---

①《史记·太史公自序》，北京：中华书局1962年版，第3297—3298页。

②〔宋〕朱熹：《四书章句集注》，北京：中华书局1983年版，第136页。

的教化，社会都会出现不同程度的缺憾："《诗》之失愚，《书》之失诬，《乐》之失奢，《易》之失贼，《礼》之失烦，《春秋》之失乱。"这里的"愚"是"蔽于温柔、敦厚而不知通变"，"诬"是"蔽于疏通、知远而不知阙疑"，"奢"是"蔽于广博、易良而不知所反"，"贼"是"蔽于洁静、精微而入于隐怪"，"烦"是"蔽于恭俭、庄敬而失其所安"。与其他五经之教缺失相比，《春秋》的"蔽于属辞、比事而妄为褒贬"之"乱"，应是传统中国社会人心狂乱、国家失序的根源。[①]

《春秋》之所以被司马迁称为"礼义之大宗"，还应该与其既有"大义"又有"微言"有关。这里所谓的"大义"是指"诛讨乱贼以戒后世"，所谓的"微言"是指"改立法制以致太平"。[②]北宋学者胡安国的看法应该还是比较中肯的，他在《春秋传序》中说："《春秋》……公好恶则发乎《诗》之情，酌古今则贯乎《书》之事，兴常典则体乎《礼》之经，本忠恕则导乎《乐》之和，著权制则尽乎《易》之变。百王之法度，万世之准绳，皆在此书。"[③]胡安国的说法承接于早期儒家而来，如在《春秋》作成之后，孔子就曾说"知我者其惟《春秋》乎！罪我者其惟《春秋》乎"。虽然人们对"六经"的认识还存在分歧，但《春秋》在其中的地位尤为特殊，则是汉代以来学者们的一种共识。

《春秋》之所以被司马迁称为"礼义之大宗"，还是相对流行于官府和学者之间的《周礼》《仪礼》《礼记》等经典而言的。张祥龙先生将"礼"大体分为有形的礼、不那么有形的礼和几乎无形的礼三部分：一是有形的"礼"，是指"狭义的'制'"，也就是"可以对象化的、特别有形的礼，'三

① 孙希旦撰，沈啸寰、王星贤点校：《礼记集解》，北京：中华书局1989年版，第1254—1255页。

② 皮锡瑞：《经学通论》，吴仰湘编《皮锡瑞全集》（第6册），北京：中华书局2015年版，第491页。

③ 永瑢、纪昀等编纂：《文渊阁四库全书》（影印本）第151册《春秋传序》，上海：上海古籍出版社2003年版，第5页。

礼’——《周礼》《仪礼》《礼记》——里面有这方面大量的记载”；二是“不那么有形的，或者说半有形半无形”的具体的“礼节”，它是“可以大致随时调整的、处于践行之中”；三是蕴含在礼节之中的“几乎无形的‘礼义’（礼的含义）”。概括地说，就是“《周礼》主要对着‘礼制’，《仪礼》主要是‘礼节’，《礼记》着重讨论礼所要实现出的‘礼义’”。[①] 如果说“三礼”包含的“有形”的礼制、礼节背后蕴含的是“无形”的“礼义”，那么蕴含着“三王之道”的《春秋》则是“礼义”更根本的载体。当然，这里的“礼制”“礼节”和“礼义”是密不可分的，它们皆属于承载中华传统礼乐文明的精神之器。

按照太史公的说法：“夫礼禁未然之前，法施已然之后；法之所为用者易见，而礼之所为禁者难知。”他将《春秋》经视为“禁未然之前”的“礼书”，意思是说《春秋》在现实社会中要取得显性的效果是非常难的。皮锡瑞给出了较为明确的解释，说：“《春秋》拨乱反正，道在别嫌明微。学者知《春秋》近于法家，不知《春秋》通于礼家；知《春秋》之法可以治已然之乱臣贼子，不知《春秋》之礼足以禁未然之乱臣贼子。自汉以后，有用《春秋》之法，如诛意、如无将，而引经义以断狱者矣，未有用《春秋》之礼，别嫌疑、明是非，而明经义以拨乱者也。”[②] 由于人们将《春秋》视为“断狱者”之书，所以其“禁未然之前”的功能逐渐被淡化，甚至汉代时期有学者已提出其“迂而不之用矣”的观点。司马迁的《春秋》“礼义之大宗”这一著名论断，自然也只能深藏于《史记·太史公自序》之中了。

应该说，司马迁的“法之所为用者易见，而礼之所为禁者难知”一语，早就对人们给出了明确的暗示。换句话说，在现实社会中，要突显《春秋》作为中华传统“礼教”之“大宗”的地位，进而发挥其“禁未然之前”的功能，

---

① 张祥龙：《先秦儒家哲学九讲：从〈春秋〉到荀子》，桂林：广西师范大学出版社 2010 年版，第 74 页。

② 皮锡瑞：《经学通论》，吴仰湘编《皮锡瑞全集》（第 6 册），北京：中华书局 2015 年版，第 498 页。

无疑是一件极为困难的事情。尽管如此，司马迁仍然赓续董仲舒等汉代公羊学家推崇《春秋》经的学术传统，在诸经中首重孔子所作的《春秋》，并将其视为“礼义之大宗”。从司马迁有关《春秋》的阐述中，人们似乎能够深刻地感受到其对《春秋》学功能的期待，他同时也给后世留下了非常深刻的启示：一方面促使人们重新反思《春秋》与《诗》《书》《礼》《乐》《易》等“五经”的关系，重新认识《春秋》在传统中国社会“礼制”中的特殊地位；另一方面促使人们对《鲁春秋》和孔子所作《春秋》的性质进行再认识，也就是说《春秋》从西周初年就已经是周公之德和周公之礼的重要载体，进而成为传统中国社会“明辨是非”“拨乱反正”的重要理论根基。

（原载于《孔子研究》2021 年第 2 期）

《孟子》“述仲尼之意”解

《史记·孟子荀卿列传》中说：“天下方务于合从连衡，以攻伐为贤，而孟轲乃述唐、虞、三代之德，是以所如者不合。退而与万章之徒序《诗》《书》，述仲尼之意，作《孟子》七篇。”[①] 东汉末年的学者赵岐则说《孟子》是“孟子退自齐、梁，述尧、舜之道而著作焉，此大贤拟圣而作者也”。学者认为，这里的“拟圣”就是“述仲尼之意”。[②] 无论是司马迁还是赵岐，他们都认为当孟子意识到他的学说已经无法为各诸侯国所采纳时，便回到家乡，回到《诗》《书》之中，回到儒家经典之中，仿效孔子整理先王典籍，后作成《孟子》七篇。然而，就《孟子》的性质而言，“述唐、虞、三代之德”和“述仲尼之意”，二者有没有差别呢？要厘清这一问题，我们就有必要回到孟子生活的时代，回到“《孟子》七篇”的文本，并结合历代学者的疏解，对孟子其人和《孟子》其书进行细致的梳理与阐释。

一、孟子：“受业子思之门人”

孔子去世之后，孔子儒学发生了严重的分化，最主要的有八派，即“有

① 《史记·孟子荀卿列传》，北京：中华书局 1982 年第 2 版，第 2343 页。

② 焦循撰，沈文倬点校：《孟子正义·孟子题辞》，北京：中华书局 1987 年版，第 13 页。

子张之儒，有子思之儒，有颜氏之儒，有孟氏之儒，有漆雕氏之儒，有仲良氏之儒，有孙氏之儒，有乐正氏之儒”。正如韩非子所说，这些孔门后学虽然各自“取舍相反不同”，但“皆自谓真孔”，“皆自谓真尧、舜”。由于尧、舜、孔子等圣贤皆“不可复生”，所以裁定谁为“真孔”就变得异常困难，甚至导致战国时期孔子儒学的式微和“既绌”的局面。[①] 尽管如此，司马迁给予战国时期的孟子、荀子极高的评价，认为二人“咸遵夫子之业而润色之，以学显于当世”[②]。在司马迁看来，孟子、荀子皆得到孔子之真传，并且使孔子儒学在战国时期重新进入“显学”的行列。

司马迁是如何判定孟子之学为孔子儒学正宗的呢？他的依据何在？在其简短的“孟子传”中，司马迁给出了明确的答案：“孟轲，驺人也。受业子思之门人。”[③] 后世学者对孟子的师承问题有不同的意见，如汉代赵岐在《孟子题辞》中说：“孟子生有淑质，夙丧其父，幼被慈母三迁之教。长师孔子之孙子思，治儒术之道，通《五经》，尤长于《诗》《书》。”[④] 汉代时期的其他典籍中也多将孟子视为子思的弟子。[⑤] 然而，唐代司马贞作《史记索引》时对孟子受业于子思的说法提出了质疑，他说：“王劭以‘人’为衍字，则以轲亲受业孔伋之门也。今言‘门人’者，乃受业于子思之弟子也。”[⑥] 此后，孟子受业于子思之门人的说法逐渐得到学术界的普遍认可。

既然如此，孟子儒学是否优于同时代儒学的其他分支呢？问题的关键是“子思之儒”是否得到了孔子学术的真传。在孟子师徒看来，后世心目中孔

---

①〔清〕王先慎撰，钟哲点校：《韩非子集解》，北京：中华书局1998年版，第456—457页。

②《史记·儒林列传》，北京：中华书局1982年第2版，第3116页。

③《史记·孟子荀卿列传》，北京：中华书局1982年第2版，第2343页。

④ 焦循撰，沈文倬点校：《孟子正义·孟子题辞》，北京：中华书局1987年版，第7页。

⑤ 例如《列女传》云：“孟子旦夕勤学不息，师事子思，遂成天下之名儒。”《汉书·艺文志》云：“《孟子》十一篇，名轲，邹人，子思弟子，有列传。”《风俗通·穷通》云：“孟子受业于子思，既通。”

⑥《史记·孟子荀卿列传》，北京：中华书局1982年第2版，第2344页。

门贤哲的学问与孔子学术是有出入的，《孟子·公孙丑上》中记前人评价子夏、子游、子张等人“皆有圣人之一体”，评价冉牛、闵子、颜渊等人“则具体而微”。朱熹解释说：“一体，犹一肢也。具体而微，谓有其全体，但未广大耳。”[①] 与以上具有“圣德”的孔子弟子相比，自幼生活在孔子之侧的其裔孙子思所接受的教育、所理解的孔子学说或许更为直接一些，更为正统一些。《孔丛子·记问》开篇就记载了一则二人对话的场景。

> 夫子闲居，喟然而叹。子思再拜请曰：“意子孙不修，将忝祖乎？羡尧、舜之道，恨不及乎？”夫子曰：“尔孺子，安知吾志？”子思对曰：“伋于进善，亟闻夫子之教：其父析薪，其子弗克负荷，是谓不肖。伋每思之，所以大恐而不解也。”夫子忻然笑曰：“然乎，吾无忧矣。世不废业，其克昌乎！”

北宋时期的学者宋咸注解说：“以子思知大恐析薪之忧，故所以无忧。”日本学者冢田虎说：“悦其每思不能负荷焉，则不废祖业，而其道将盛也。”[②] 从祖孙二人的对话内容和学者的解释来看，孔子对子思的表现是相当满意的。

应该说，天资聪慧的“述圣”子思，自幼就接触到了孔子学说的真谛，这也是他先天的优势。当然，子思能得到孔子学说的真传，而且在孔子去世后还能成为其代言人，应与他掌握了大量的孔子遗言有关。据传世文献记载，孔门弟子在将老师葬于“鲁城北泗上”之后，并没有马上离去，而是在孔子故居、孔子冢为其守三年“心丧”。在这三年中，除岁时祭祀夫子之外，整理老师的遗言或许是弟子们对老师的一种最好的怀念。正如杨朝明先生说：“弟子后学住进孔子原来的居堂中，除了按时举行礼仪，他们还将各自整理

①〔宋〕朱熹：《四书章句集注》，北京：中华书局 1983 年版，第 233—234 页。
② 傅亚庶：《孔丛子校释》，北京：中华书局 2011 年版，第 95、98 页。

保存的孔子的‘讲课记录’汇聚到一起。我们可以想象，随着孔子的逝世，弟子后学失去了恩师，也失去了自己精神的寄托，因此，他们便聚汇孔子言论，集中孔子学说，最终在孔子裔孙子思的主持下，共同编辑了《孔子家语》。”[①]由于子思曾主持编纂孔子的遗言，他自然掌握最多、最全的孔子的言论，再加上其裔孙的身份，他能成为孔子代言人也是顺理成章的事情。

由于子思承担了整理与编纂孔子弟子“课堂记录”的工作，所以他的学说既有孔子言传身教的影响，也有孔门弟子特别是孔门高足曾子教育的因素，因此他被称为战国初期孔子儒学的“集大成”者。如孙希国先生评价说：“在儒家的道统说中，子思上承孔子、曾子；而《史记·孟子荀卿列传》载‘孟子学于子思之门人’，因而子思又下启孟子，在儒学史上占有重要的地位。……简帛《五行》篇与《孟子》都有‘集大成’之语。简帛《五行》篇谓：‘君子集大成’；《孟子·万章下》谓：‘孔子之谓集大成。集大成也者，金声而玉振之也。’很显然，子思也是这样一个‘集大成’者。子思的学术形成受到多方面的影响，但其中孔子和曾子无疑起到了主导作用。”[②]通过这样的学术传承，子思将孟子与曾子、孔子的学术衔接在一起，并为宋明时期的理学家们揭示出来。

从此种意义上说，孟子曾跟随子思的哪位学生学习就显得不再那么重要，重要的是孟子曾从“子思之儒”那里学到了什么，或者受到了怎样的影响。杨泽波先生评价说：“《孟子》所引曾子言行主要集中在道德方面，比如孝的问题、气节问题等等，所引子思言行主要集中在尊士方面，这些在孟子思想中都有明显的轨迹可寻，孟子的志于仁义、孟子的宏大志向、孟子的浩然之气、孟子的独立自尊等等为后人推崇备至的人格精神，都可以在曾子、子思的言行中找到其原型。这足以说明曾子、子思对孟子思想是有很强的影响力的。”[③]从《孟子》文本所征引孔门后学言语的频率来看，曾子、子思分

① 杨朝明、宋立林：《孔子家语通解·代前言》，济南：齐鲁书社2009年版，第4页。

② 孙希国：《子思学派新探》，《古代文明》，2011年第3期。

③ 杨泽波：《孟子评传》，南京：南京大学出版社1998年版，第28—29页。

别出现 22 次和 16 次，远远超过子夏、子游、子贡、颜回和子路等孔门其他核心弟子；从征引的内容看，与曾子、子思相关的言行都与孟子思想密切相关。这足以说明在中国儒学史上的确存在着孔子—曾子—子思—孟子这样一脉相承的学术共同体。

最早把子思和孟子捆绑在一起的儒者是战国末期的大儒荀子。荀子在其《非十二子》一文中对二人提出了严厉的批评，说："略法先王而不知其统，犹然而材剧志大，闻见杂博。案往旧造说，谓之五行，甚僻违而无类，幽隐而无说，闭约而无解。案饰其辞而祗敬之曰：此真先君子之言也。子思唱之，孟轲和之，世俗之沟犹瞀儒，嚾嚾然不知其所非也，遂受而传之，以为仲尼、子游为兹厚于后世，是则子思、孟轲之罪。"① 既然是子思主唱，孟轲主和，那么"思孟学派"这一用于表述其学术团体的名称似乎也就呼之欲出了。正如孔德立先生说："作为学派，人们把子思与孟子联系到一起，显然是看到了二人学术传承上的种种联系，其中既有师承系统上的关系，更有思想内容上的联系。"② 自从荀子将二人捆绑在一起之后，学术界有关孟子、子思之间有学术传承的认识就基本达成了一致。

当然，孟子之所以能够在战国时期的众多儒者中脱颖而出，除有可能因其师承于子思之儒外，更重要的是因为孟子熟读与精通"六经"，即《诗》《书》《礼》《乐》《易》《春秋》。孔子对这些经典进行了整理与加工，注入了他的"王道"理想，即司马迁说的"以备王道，成六艺"③。在子思之门人的引导下，志于孔子之道、先王之道的孟子潜心研修"六经"，成为继孔子之后的儒学大师。正是由于孟子读懂了"六经"，所以他读懂了孔子，进而也读懂了悠久的中华文明，他也因此成为后世公认的孔子学说的正宗传人。

①〔清〕王先谦撰，沈啸寰、王星贤点校：《荀子集解》，北京：中华书局 1988 年版，第 94—95 页。

② 孔德立：《子思与思孟学派》，济南：山东文艺出版社 2004 年版，第 3 页。

③《史记·孔子世家》，北京：中华书局 1982 年第 2 版，第 1937 页。

二、孟子：“乃所愿，则学孔子”

在与弟子公孙丑的问对中，孟子曾提到此前“不同道”的三位圣人：伯夷、伊尹、孔子。他在《孟子·公孙丑上》中评价说：“非其君不事，非其民不使，治则进，乱则退，伯夷也。何事非君，何使非民，治亦进，乱亦进，伊尹也。可以仕则仕，可以止则止，可以久则久，可以速则速，孔子也。皆古圣人也，吾未能有行焉。”在经过比较之后，孟子选择了以孔子为宗师，即“乃所愿，则学孔子也”。赵岐注解说：“此皆古之圣人，我未能有所行，若此乃言我心之所庶几，则愿欲学孔子所履，进退无常，量时为宜也。”①在孟子看来，既坚守道术原则，又懂得量权经变，这才是中道，才是真正的儒者之行，而赵岐无疑是读懂了孟子的。由于孟子选择了孔子，选择了孔子之道，也就奠定了他晚年著书立说时“述仲尼之意”的基石。

学术界普遍认为，由于所处年代的关系，孟子并未能师事于孔子本人，甚至连师事于孔子之孙子思都是不可能的事情。然而，这并未影响到孟子追随孔子的迫切之心。正如孟子说：“君子之泽五世而斩，小人之泽五世而斩。予未得为孔子徒也，予私淑诸人也。”在孟子看来，孔子去世已经接近五世，其“流风余韵”尚存，但必须尽快接续，否则就极有可能遗失掉。按照朱熹的说法：“自孔子卒至孟子游梁时，方百四十余年，而孟子已老。然则孟子之生，去孔子未百年也。故孟子言予虽未得亲受业于孔子之门，然圣人之泽尚存，犹有能传其学者。”②意思是说，孟子立志向学时，距孔子去世仅百余年，他不仅可以看到子思所整理的“孔子遗说”，而且还有机会读到孔子所整理的“六经”之典。

关于这一点，清代学者焦循解释说：

① 焦循撰，沈文倬点校：《孟子正义》，北京：中华书局1987年版，第215—216页。

②〔宋〕朱熹：《四书章句集注》，北京：中华书局1983年版，第295页。

> 《列女传》言“通《六艺》”，《史记·滑稽传》云：“孔子曰：‘《六艺》于治一也。……’”《汉书·艺文志》以《六经》为《六艺》，一百三家。赵氏以为“通《五经》”，七篇中言《书》凡二十九，言《诗》凡三十五。《史记·列传》云：“序《诗》《书》，述仲尼之意。”故以为“尤长于《诗》《书》”。然孟子于《春秋》独标“乱臣贼子惧”，为深知孔子作《春秋》之指。至于道性善，称尧舜，则于通德类情，变通神化，已洞然于伏羲、神农、黄帝、尧、舜、文王、周公、孔子之道，独《诗》《书》云乎哉！[①]

正如汪荣宝先生注解的那样：“不遍通六艺者，不能知礼意，即无以得其要也。”[②] 从《孟子》中所蕴含的孟子之道来看，孟子一定是通《六经》的，否则就无法真正得到孔子之意的要旨。而赵岐的“通《五经》”说，所指的应是汉代时期所立的博士“五经”，即《诗》《书》《礼》《易》《春秋》。

然而，近年来却有学者质疑孟子“通《易》”的说法，如孙开泰先生说：“孟子不讲《易》，《孟子》中也未引《易》，这是其书的一大特点。”[③] 还有学者认为，孟子不言《易》，甚至将该书认定为“卜筮之书”，而汉代以来“孟子通《易》”的说法“为后人所加”，是“后人对孟子思想的发挥，并不能完全作为孟子精通于易学的直接证明”。[④] 其实，与其说肯定“孟子通《易》”说是“后人所加”，倒不如说否定“孟子通《易》”的说法是疑古思潮下学者对问题的简单化处理。从《孟子·公孙丑上》中的“可以仕则仕，可以止则止，可以久则久，可以速则速”以及《孟子·万章下》中的“孔子，圣之时者也”等表述来看，孟子一定是深得《易》之精髓的。因此，赵岐所说孟子所通的《五经》，应是当时通行的博士之“五经”。至于秦汉时期特别是赵岐那时候是

① 焦循撰，沈文倬点校：《孟子正义·孟子题辞》，北京：中华书局1987年版，第9页。

② 汪荣宝撰，陈仲夫点校：《法言义疏》，北京：中华书局1987年版，第78页。

③ 孙开泰：《孟子与五经》，《管子学刊》，1998年第4期。

④ 魏忠强：《孟子的“五经”系统说》，《东岳论丛》，2011年第2期。

否存在“六经”“五经”两个系统，尚需要拿出更充分的证据进行论证。

孟子不仅在思想上“愿学孔子”，而且其行动亦时时模仿孔子。与孔子一样，孟子也被列入中国最著名的教育家的行列。正如孟祥才先生说：“孟子一生从事教育，走到哪里，就把学校办到哪里，所以桃李满天下。其弟子彭更就曾说他‘后车数十乘，从者数百人，以传食于诸侯’（《孟子·滕文公下》），而齐宣王在震惊他办学的成就之余，更‘欲中国而授孟子室，养弟子以万钟，使诸大夫国人皆有所矜式’（《孟子·公孙丑下》），可见孟子办学的规模、气势都远远超过了他‘高山仰止’的孔老夫子。”[①]“孟子办学的规模、气势都远远超过了”孔夫子，这种说法还可以商榷，但孟子的确继承了孔子“学而不厌，诲人不倦”的教育理念，进而把“得天下英才而教育之”视为人生一大乐事，甚至还超越了“王天下”这样的儒家终极理想。[②]

孟子是否曾在邹国出仕，《孟子》一书并没有明确的记载。不少学者依据传世本《孟子》文本的记载，推测孟子的政治生活“当自在邹出仕为始”。其证据主要有以下两点：一是按照当时的礼制，“庶人不传质为臣，不敢见于诸侯，礼也”；二是“孟子之后丧踰前丧”，“前以士，后以大夫；前以三鼎，而后以五鼎”[③]。当然，孟子在邹出仕的更有力的证据是他与邹穆公讨论邹与鲁鬨一事。杨泽波先生曾评价说：“孟子与邹穆公的对话七篇中仅此一见。至于出仕后在邹还有什么事情，因为书缺有间，不易确定。可能是因为孟子的主张终不能用于邹，无法施展其政治抱负，所以孟子离开了父母之邦，远游他乡，开始了漫长的游历生涯。”[④]孟子在故国从政以及游历他乡，或许可以说都是在刻意地效仿孔子。

---

① 孟祥才：《孟子传》，济南：齐鲁书社2013年版，第31页。

②《孟子·尽心上》记孟子曰：“君子有三乐，而王天下不与存焉。父母俱存，兄弟无故，一乐也。仰不愧于天，俯不怍于人，二乐也。得天下英才而教育之，三乐也。君子有三乐，而王天下不与存焉。”

③ 分别见于《孟子·万章下》《孟子·梁惠王下》。

④ 杨泽波：《孟子评传》，南京：南京大学出版社1998年版，第62页。

公元前330年，孟子离开了邹国。关于孟子周游列国的路线，学界说法不一，大体分为三类：一是"先齐后梁"说，以司马迁为代表，他说："道既通，游事齐宣王，宣王不能用。适梁，梁惠王不果所言，则见以为迂远而阔于事情。"[①] 二是"先梁后齐"说，以清代学者崔述为代表，他说："《孟子·梁惠王篇》皆以时之先后为序，而至梁在篇首，见襄王后乃次之以齐宣，则是见梁惠在先，见齐宣在后也。"[②] 三是"先齐后梁再齐"说，以钱穆先生为代表，经过细致考证后，他说："惟既在宋康新王之际，则其见梁惠王、齐宣王定在至宋之后。而其去齐适宋，则必当在齐威王之时，断无疑矣。"[③] 尽管孟子游历列国的路线还存在不同的说法，但他效仿孔子奔走于齐、梁、宋、滕等国之间则是不争的事实。

正如商鞅以"帝道"说秦孝公，"语事良久，孝公时时睡，弗听"一样[④]，春秋末期至战国时期的诸侯国君也对孔孟之道并不十分感兴趣。诸侯国君所追求的是满足他们"大欲"的学说，也就是《孟子·梁惠王上》中所记的能使大国"辟土地，朝秦、楚，莅中国而抚四夷"、《孟子·梁惠王下》中所记的能使小国"竭力以事大国"以求免于灭国的学说。然而，在"礼坏乐崩"的春秋末期，特别是在诸侯混战的战国时期，孔子儒术无法满足他们这样的要求和欲望。尽管孔子和孟子在周游列国期间都受到过诸侯的礼遇，但正如匡亚明先生评价孔子时说："孔子是想做事的人，仅仅被'公养'是违背他的愿望的。"[⑤] 而孟子更是想做事的人，他更想实现自己宏伟的仁政蓝图。所以，当孟子意识到他的仁政学说无法实现时，便若有所思地结束了周游列国之旅，回到家乡邹国，回到《诗》《书》之中，像孔子一样投入教

①《史记·孟子荀卿列传》，北京：中华书局1982年第2版，第2343页。

②〔清〕崔述撰著，顾颉刚编订：《崔东壁遗书·孟子事实录》，上海：上海古籍出版社1983年版，第414页。

③ 钱穆：《先秦诸子系年·孟子在齐威王时先已游齐考》，北京：商务印书馆2001年版，第363—364页。

④《史记·商君列传》，北京：中华书局1982年第2版，第2228页。

⑤ 匡亚明：《孔子评传》，南京：南京大学出版社1990年版，第74页。

授弟子和整理典籍的工作之中。

正如《庄子·田子方》记载颜回“夫子步亦步，夫子趋亦趋，夫子驰亦驰”[①]地追随孔子一样，“亚圣”孟子也追随着“至圣”孔子。孟子的一生差不多可以称为孔子的翻版，从“志学”于孔子儒术，到“道既通”在邹国出仕，到周游于列国之间，再到晚年回归故里整理典籍。当然，在仿效的同时，孟子亦继承与发展了孔子学说，如宋代著名理学家程颐评价说：“孟子有功于圣门，不可胜言。仲尼只说一个仁字，孟子开口便说仁义。仲尼只说一个志，孟子便说许多养气出来。只此二字，其功甚多。……孟子性善、养气之论，皆前圣所未发。”[②]当然，由于时代不同，孔、孟被赋予的历史使命亦有差别。《孟子·滕文公下》记载了孟子总结的自己的历史使命：“昔者禹抑洪水而天下平，周公兼夷狄、驱猛兽而百姓宁，孔子成《春秋》而乱臣贼子惧。……无父无君，是周公所膺也。我亦欲正人心，息邪说，距诐行，放淫辞，以承三圣者，岂好辩哉，予不得已也。能言距杨墨者，圣人之徒也。”[③]由此可见，“私淑诸人”，做孔子之徒，就是孟子一生所追求的目标，而晚年“述仲尼之意”的“《孟子》七篇”则是他做圣人之徒的重要载体。

三、《孟子》：“大贤拟圣而作者”

公元前312年，孟子自齐国依依不舍地回到了邹国。尽管孟子仍然对齐宣王抱有一丝期望，但此时的孟夫子已经差不多明白，他的王道学说和仁政理想在那个时代是根本无法施行、实现的。正如赵岐所说：“孟子亦自知遭苍姬以讫录，值炎刘之未奋，进不得佐兴唐虞雍熙之和，退不能信三代之余风，耻没世而无闻焉，是故垂宪言以诒后人。仲尼有云：‘我欲托之空言，不如载之行事之深切著明也。’于是退而论集所与高第弟子公孙丑、万章之徒难

① 〔清〕郭庆藩撰，王孝鱼点校：《庄子集释》，北京：中华书局1961年版，第706页。

② 〔宋〕朱熹：《四书章句集注·孟子序说》，北京：中华书局1983年版，第199页。

③ 焦循撰，沈文倬点校：《孟子正义》，北京：中华书局1987年版，第459、461页。

疑答问，又自撰其法度之言，著书七篇。”所著之书，就是为赵岐所注而传世的《孟子》。在赵岐等人看来，传世的“《孟子》七篇”就是孟子“退自齐、梁，述尧、舜之道”的集中呈现，就是“大贤拟圣而作者”的经典之作。[①]

孟子所拟之“圣”自当是“至圣”孔子。就《孟子》一书的性质而言，赵岐认为它是在模仿《论语》。他说：“七十子之畴，会集夫子所言，以为《论语》。《论语》者，五经之錧鎋，六艺之喉衿也。《孟子》之书，则而象之。”另外，当时还流传有《孟子外书》四篇：《性善》《辩文》《说孝经》和《为政》。由于这四篇“其文不能宏深，不与内篇相似，似非孟子本真”[②]，又可能是因为这四篇与传世本《论语》的体例不同，所以赵岐在为《孟子》作章句和作注时，选择弃而不用，这四篇后逐渐亡佚。这里有一个核心的问题，就是“孟子读过《论语》吗”[③]？假如读过，孟子所读的《论语》是哪个版本，其体例如何，与赵岐时代的《论语》有没有差别？这些应是厘清《孟子》拟《论语》而作的关键问题。

自从疑古思潮兴起之后，关于传世本《论语》的成书时间、作者等传统说法都曾受到质疑。杨朝明先生经过细致研究，认为《论语》应有一次“原始结集”，大约在“曾子已死之后、孟子既生之前，具体时间大致在公元前428年至公元前372年间”。而《郭店楚墓竹简》的问世，则将《子思子》在南方楚地流传的时间提前到公元前300年以前。由于《论语》的编辑是“由子思主持完成”的，《论语》的成书理应在子思去世之前，所以具体时间可以限定于“公元前428年至公元前400年间的二十几年中”。[④]按照杨朝明先生的研究，那么“学于子思之门人”“所愿，则学孔子”的孟子，应是读

---

① 焦循撰，沈文倬点校：《孟子正义·孟子题辞》，北京：中华书局1987年版，第10—11、13页。

② 焦循撰，沈文倬点校：《孟子正义·孟子题辞》，北京：中华书局1987年版，第14—15页。

③ 杨海文：《我善养吾浩然之气——孟子的世界》，济南：齐鲁书社2017年版，第227页。

④ 杨朝明：《新出竹书与〈论语〉成书问题再认识》，《中国哲学史》，2003年第3期。

过子思等所主持编纂的“正实而切事者”的“原始结集”本《论语》的，其体例应与传世本基本一致。当然，赵岐的说法是否符合孟子时代的《论语》本真，还应当有更加细致的考证，但从汉代学术史的角度来看，赵岐、司马迁等人的说法是能自圆其说的。在这样的基础上，赵岐等人得出了《孟子》“大贤拟圣而作者”的结论。

关于《孟子》的作者，从司马迁开始就有不同的说法，进而成为学术界争论不休且无定论的老问题。台湾学者李鍌先生曾归纳出三种说法：一是“孟子自撰”，二是“门弟子所记”，三是“门弟子所记孟子手定之”。他说：“以上三种说法，以第三说较为可信，也最符合《史记》本传之说，孟子殆就弟子所记，予以补充编次，成书以后，复经门人之叙定，故同门称谓，有所追改，而诸侯王皆加谥号。”[①] 这一结论应是符合先秦典籍成书规律的。与此同时，赵岐的“退而论集所与高第弟子公孙丑、万章之徒难疑答问”“又自撰其法度之言”[②] 等说法应值得重视，前者说的是《孟子》的体例，后者说的是《孟子》的主旨。正如朱熹从《孟子》文章风格一致这一点进行论证，说：“《论语》多门弟子所集，故言语时有长长短短不类处。《孟子》，疑自著之书，故首尾文字一体，无些子瑕疵。不是自下手，安得如此好！若是门弟子集，则其人亦甚高，不可谓‘轲死不传’。”[③] 从中我们差不多可以得出这样的结论：孟子弟子参与《孟子》编纂的说法虽然不能轻易否定，但其中起主导作用的无疑应是孟子本人。

在赵岐看来，孟子师徒所编纂的《孟子》七篇，在体例上与《论语》应当保持基本一致，是“以篇首字句名篇”[④]；在内容选编上，应以《论语》的“孔

① 李鍌：《孟子高级读解》，福州：海峡文艺出版社 2009 年版，第 3—5 页。

② 焦循撰，沈文倬点校：《孟子正义 · 孟子题辞》，北京：中华书局 1987 年版，第 11 页。

③〔宋〕黎靖德编，王星贤点校：《朱子语类》，北京：中华书局 1986 年版，第 433 页。

④ 章学诚《文史通义 · 繁称篇》中说：“古人著书，往往不标篇名。后人校雠，即以篇首字句名篇。”

子应答弟子时人及弟子相与言而接闻于夫子之语”[①]为标准，而且在众多的言语中选取“正实而切事者”[②]。所谓“正实”，即一定是真实的孟子言语；所谓“切事”，是选编的内容为孟子的最终关切点，最具有教化社会人心的功能。正是在这样的意义上，赵岐认为附在《孟子》七篇之后的其余四篇：《性善》《辩文》《说孝经》和《为政》，不具备“正实而切事”的特点，所以就径直删去了。赵岐这样做“减法”的选择，可能与他本人的学术志趣有关，或许还有当时其他的社会因素参与其中。随着孟子地位的升格，从宋代开始，孙奕、刘昌诗、史绳祖、王应麟等人试图将赵岐所做的“减法”再加回去，甚至出现了署名为“熙时子”的《孟子外书》四篇。[③]

正如葛兆光先生说：“我们也可以注意到，在思想的实际的历史中，却并不只是有加法，有时也有减法。”“‘加法’就是指历史上不断涌现的东西，而‘减法’就是指历史上不断消失的东西，这两者并不是对立的，反而常常是一回事。”[④]其实，中国孟学史的发展同样如此，赵岐做“减法”，是从论证《孟子》为“大贤拟圣而作者”的角度出发，这本是无可厚非的事情。其实，早在赵岐之前，司马迁就认为是“《孟子》七篇”，到班固作《汉书·艺文志》时变为“《孟子》十一篇”。应劭为弥合二者的区别，注解说“作书中、外十一篇”[⑤]。很显然，这时《孟子》的文本是做了“加法”，赵岐则郑重其事地做了“减法”。如杨海文先生评价说：“从孟学史角度看，赵岐实则

---

①《汉书·艺文志》，北京：中华书局1962年版，第1717页。

② 孔安国《孔子家语后序》说：“《孔子家语》者，皆当时公卿士大夫及七十二弟子之所谘访交相对问言语也。既而诸弟子各自记其所问焉，与《论语》《孝经》并时。弟子取其正实而切事者，别出为《论语》，其余则都集录之，名之曰《孔子家语》。”转引自杨朝明、宋立林：《孔子家语通解·代前言》，济南：齐鲁书社2009年版，附录。

③ 由于句读不同，宋代学者整理的《孟子外书》的篇名分别为：《性善辩》《文说》《孝经》和《为政》。

④ 葛兆光：《思想史：既做加法，也做减法》，《读书》，2003年第1期。

⑤〔汉〕应劭撰，王利器校注：《风俗通义校注》（下），北京：中华书局2010年版，第319页。

把《孟子外书》及其思想价值一棍子打死了。赵岐之后，将近千年，极少有人提起这段公案。随着北宋中后期孟子地位的提升，它才重新引起南宋学者的兴趣。”[①] 这种“加法”可能有利于阐释孟子的思想，丰富孟子学说的内容，但与赵岐做“减法”的初衷并非一回事。

两汉时期，《论语》博士曾一度为经学博士之一，《论语》虽然还算不上是真正的经书，但它的地位却非常重要与特殊。《汉书·艺文志》已将《论语》列入“六艺”类，置于《春秋》之后。赵岐更是视《论语》为“五经之辖辖”“六艺之喉衿”。那么，何为“辖辖”“喉衿”呢？焦循解释说：“盖车之转运在轴毂，而辖如环约于毂，辖如笄约于轴，非此则轴与毂不可以运。《五经》非《论语》则无以运行。”又说：“衿为交领交衽之通名。此与喉并言，则正以为领人之一身，内则辖之以喉，外则键之以领，谓《论语》为《六艺》之总领也。”[②] 在赵岐看来，孟子读懂了《论语》，洞悉了《论语》的内在精神，并使之成为孟子之儒言行的准则。所以，《孟子》就是以《论语》为法则，以赓续“孔子之道”为宗旨。这里的“道”，就是《论语·尧曰》开篇的“允执其中”，就是《孟子·尽心下》篇末的孟子所闻“孔子之道”，也就是朱熹《中庸章句序》中所说的尧、舜以来所传承的“道统”[③]。

应该说，尽管孔子对自己的学说非常自信，如《论语·子路》篇记孔子自谓“期月而已可也，三年有成”，但当时的诸侯士大夫“所设行皆非仲尼之意”[④]。所幸的是，“孔子之道”在百余年后的孟子那里却落地生了根。孟子通过学于子思之门人，迈过孔子儒术的门槛。正如赵岐所说：“孟子通

---

① 杨海文：《我善养吾浩然之气——孟子的世界》，济南：齐鲁书社 2017 年版，第 67 页。

② 焦循撰，沈文倬点校：《孟子正义·孟子题辞》，北京：中华书局 1987 年版，第 14 页。

③〔宋〕朱熹：《四书章句集注》，北京：中华书局 1983 年版，第 14 页。

④《史记·孔子世家》，北京：中华书局 1982 年第 2 版，第 1930 页。

《五经》，尤长于《诗》《书》。”朱熹说：“故知《易》者莫如孟子”，“故知《春秋》者莫如孟子”。[①]经过系统学习和潜心研读，孟子精通了“六经”之学，进而读懂了“六经”的整理者——孔子。[②]正是由于孟子读懂了孔子，所以也奠定了其“乃所愿，则学孔子也”“予未得为孔子徒也，予私淑诸人也”的基础。既然如此，那么孟子师徒所著述的“《孟子》七篇”，自然应是赵岐心目中“大贤拟圣而作者”的经典之作。

［原载于《暨南学报》（哲学社会科学版）2019 年第 11 期］

①［宋］朱熹：《四书章句集注·孟子序说》，北京：中华书局 1983 年版，第 197 页。

②《庄子·天运篇》中说：“孔子谓老聃曰：‘丘治《诗》《书》《礼》《乐》《易》《春秋》六经，自以为久矣，孰知其故矣。’”《孔子家语·本姓解》中说：“孔子生于衰周，先王典籍，错乱无纪，而乃论百家之遗记，考正其义，祖述尧舜，宪章文武，删《诗》述《书》，定《礼》理《乐》，制作《春秋》，赞明《易》道，垂训后嗣，以为法式，其文德著矣。”

孟子以史论《书》研究

孟子称引《书》经的内容仅次于《诗》。通过对孟子引《书》论《书》问题的辨析，我们可以探究孟子是如何看待历史人物及事件的，进而可以思考在孟子的思想世界里，“历史与现实”“对历史的诠释、构建与历史事实”之间的关系问题。

一

黄俊杰先生曾撰文指出，以孟子为代表的古代中国儒家历史思维呈现两个特质：第一是古代儒家常通过历史解释以进行自我诠释，为“自我”在时空之流中定位。儒家的“时间”概念有其“可逆性”，也有“理性”的成分贯穿于其中。所以，儒家以这种“时间”概念来看历史，一方面认为“历史”与“自我”不断为两橛；另一方面强调作为“历史人”的“自我”与作为“现实人”的“自我”之间的鸿沟，应力求缩短，而促使古今一贯，千年如相会于一堂之上。儒家用来拉近古今距离，从历史经验创造现代意义的方法，就是“比兴式”思考方法。第二个特质是，古代儒家的历史思维呈现某种“反事实性的思考方式”的特征。儒家在评断他们所身处的当前情境的诸般问题时，常常以美化了的“三代”经验进行思考。相对于当前的“事实”而言，儒家所创造的“三代”是一种他们进行“反事实性思考”的工具。他们通过将具有“反事实”色彩的“三代”与作为“事实”的当前实况对比，突显现实的荒谬性。经由这种“反事实性的思考”，儒家将回顾性与前瞻性的思维活动完全融合为一体，并将“价值”与“事实”结合。[①]

在黄俊杰的论述中，尤其值得思考的是第二个特质，即儒家的历史思维呈现某种“反事实性的思考方式”。孟子称引《书》经，是否具有所谓“反事实性的思考方式”呢？

笔者认为，孟子称引《书》经内容只是作为言论的依据或证明，并无类似于郭店简《成之闻之》中对《书》经注解的统一形式。此外，孟子对《书》经的称引却也呈现出另一种特点，即以史论《书》。

二

陈梦家《尚书通论》说：“自孟子以来，引述《尚书》者往往附述作《书》当时的历史背景和作书原由，实为书序的滥觞。”[②] 孟子称引《书》经，多是作为谈说的依据，或作为辩论的论据，确如陈梦家所言，往往附述《书》篇的历史背景与作《书》的原由，此实为孟子以史论《书》的体现。

孟子称引《书》经时多附述《书》篇的历史背景与作《书》原由，这在《孟子》文本中多有体现。《孟子·梁惠王下》第十一章记载齐人伐燕之事，诸侯将欲伐齐以救燕，齐宣王询问孟子如何应对。孟子称引《书》经，即以汤伐桀、自葛始的事迹来回答齐宣王。孟子说：“臣闻七十里为政于天下者，汤是也。未闻以千里畏人者也。《书》曰：‘汤一征，自葛始。’天下信之，东面而征西夷怨，南面而征北狄怨。曰‘奚为后我’？民望之，若大旱之望云霓也。归市者不止，耕者不变。诛其君而吊其民，若时雨降，民大悦。《书》曰：‘徯我后，后来其苏。’今燕虐其民，王往而征之，民以为将拯己于水

① 黄俊杰：《中国古代儒家历史思维的方式及运用》，收入杨儒宾、黄俊杰编：《中国古代思维方式探索》，台北：正中书局1996年版，第1—34页。

② 陈梦家：《尚书通论》，北京：中华书局1985年版，第102页。

火之中也，箪食壶浆，以迎王师，若杀其父兄，系累其子弟，毁其宗庙，迁其重器，如之何其可也？天下固畏齐之强也。今又倍地而不行仁政，是动天下之兵也。王速出令，反其旄倪，止其重器，谋于燕众，置君而后去之，则犹可及止也。”[①] 在这一章中孟子所言，即体现了孟子以史论《书》的特点。孟子引《书》经的内容见于今本《尚书·仲虺之诰》，而《仲虺之诰》为《今文尚书》所无，属于梅赜所献《古文尚书》之列。孟子所称引的内容，在《仲虺之诰》中为："乃葛伯仇饷，初征自葛，东征西夷怨，南征北狄怨，曰：'奚独后予？'攸徂之民，室家相庆，曰：'徯予后，后来其苏。'"[②]《书》经所载，本多为史迹。正如章太炎曾说："古无史之特称。《尚书》《春秋》皆史也，《周礼》言官制，《仪礼》记仪注，皆史之旁支。礼、乐并举，乐亦可入史类。《诗》之歌咏，何一非当时史料。"[③] 尽管章太炎尚古文经学，且他此言多少受到近代史学地位上升、经学衰退这一历史潮流的影响，然而古亦有"左史记言，右史记事，言为《尚书》，事为《春秋》"之说，《尚书》《春秋》皆为古"史"所记。当然，此所言"史"，在上古某一时期与"巫"在职能、意义上有相类似之处，与近代所言历史之"史"并不完全一样。孟子以《书》经所载汤伐桀的事迹应对齐宣王之问，言汤以义伐不义、以仁伐不仁，民争先恐后以待之，意在劝齐宣王当效汤行王道，拯民于水火以行仁政，如此则何有惧诸侯来战之忧？这一章中孟子所言，展现孟子称引《书》经并附述《书》篇的历史背景，显然为以史论《书》之体现。此外，《孟子·滕文公下》"汤居亳，与葛为邻"一章，亦记载汤伐葛伯的情形，后世反而往往以孟子以史论《书》之言反证《尚书》。

《孟子·滕文公下》第五章记载孟子与弟子万章的对话，万章问孟子说："宋，小国也。今将行王政，齐楚恶而伐之，则如之何？"孟子即以汤伐葛

---

① 焦循撰，沈文倬点校：《孟子正义》，北京：中华书局1987年版，第152—156页。

②《十三经注疏·尚书正义》（标点本），北京：北京大学出版社1999年版，第197页。

③ 章太炎：《论经史儒之分合》，马勇编：《章太炎讲演集》，石家庄：河北人民出版社2004年版，第241页。

之事来回答，说："汤居亳，与葛为邻，葛伯放而不祀。汤使人问之曰：'何为不祀？'曰：'无以供牺牲也。'汤使遗之牛羊。葛伯食之，又不以祀。汤又使人问之曰：'何为不祀？'曰：'无以供粢盛也。'汤使亳众往为之耕，老弱馈食。葛伯率其民，要其有酒食黍稻者夺之，不授者杀之。有童子以黍肉饷，杀而夺之。《书》曰：'葛伯仇饷。'此之谓也。为其杀是童子而征之，四海之内皆曰：非富天下也，为匹夫匹妇复仇也。汤始征，自葛载，十一征而无敌于天下，东面而征西夷怨，南面而征北狄怨，曰'奚为后我'？民之望之，若大旱之望雨也。归市者弗止，芸者不变，诛其君，吊其民，如时雨降。民大悦。《书》曰：'徯我后，后来其无罚！''有攸不惟臣，东征绥厥士女，匪厥玄黄，绍我周王见休，惟臣附于大邑周。'其君子实玄黄于匪以迎其君子，其小人箪食壶浆以迎其小人。救民于水火之中，取其残而已矣。《太誓》曰：'我武惟扬，侵于之疆，则取于残，杀伐用张，于汤有光。'不行王政云尔。苟行王政，四海之内，皆举首而望之，欲以为君。齐楚虽大，何畏焉？"[①] 孟子称引《书》经的内容，分别见于《书》之《仲虺之诰》《武成》《泰誓》。"葛伯仇饷"见于《仲虺之诰》，上述《孟子·梁惠王下》第十一章孟子称引《书》经之处也已涉及。"有攸不惟臣，东征绥厥士女，匪厥玄黄，绍我周王见休，惟臣附于大邑周"一句，见于今本《尚书·武成》篇，孟子所引内容与今本《尚书》文字差异较大，但文意基本相似。孟子引此内容，表明武王伐纣以安天下之民，四方之士皆归服于周王室，以此来证其"行王政则四海归服"的观点。尤其是见于《仲虺之诰》的"汤伐葛伯"之事，较《书》经所载，孟子所述更为详尽，将汤伐葛之事的前后原委及《仲虺之诰》篇的作书原由附述出来。孟子以史论《书》的特点突出显现出来，后世反以孟子之言来反观《书》经相关内容。

孟子就"葛伯仇饷"之事附述背景更详，表现在《尚书》所述仅为："乃葛伯仇饷，初征自葛，东征西夷怨，南征北狄怨，曰：'奚独后予？'攸徂

① 焦循撰，沈文倬点校：《孟子正义》，北京：中华书局1987年版，第430—437页。

之民，室家相庆，曰：‘徯予后，后来其苏。’民之戴商，厥惟旧哉！”[①]而孟子则铺陈开来，将《书》篇所载事件的历史背景顺势补足，或出于自己发挥，或出于时人对《书》经的普遍理解的常识性记载，总之在《孟子》文本中，展现给后人一个相对更生动、清晰的汤伐葛伯的事件场景。如孟子说汤与葛伯为邻，汤使人送给葛伯牛羊，使亳民助葛耕稼等，而葛伯杀其牛羊、夺其酒食，可见孟子以此来解《书》经所谓“葛伯仇饷”之义。观孟子所述，亦可知汤伐葛伯的事由，至于历史事实是否真如孟子所言，则不可考，笔者窃以为孟子亦不可知或者也并非真切地意在考信史事。正如前面已述，笔者言孟子以史论《书》，此“史”并不完全等同于近代所言历史之“史”。在一定程度上说，“史”出于巫，上古时期“史”即太史、内史等全权掌握政治教学事务的人。记录文书是史的职责之一，因而形成后世所见《书》《春秋》等典籍。与史密切相关的是巫，史、巫的职责在一定时期有相通性，巫所掌重天命、司卜筮，形成后世所谓《易》。上古时期，与史相对应的还有瞽、师等职，掌诗、礼、乐的吟诵、传习等职责，形成后世所谓《诗》《礼》《乐》。而由瞽、师等的吟诵、传习，到太史、内史等的文书记录，则体现了时代越来越重文字记录的风气。由“史”之人，到“史”之风，即太史、内史等所奉行的文风、所掌的职责，亦被后人统称为“史”。孟子所述，以史论《书》，兼述《书》篇的历史背景与作书原因，在一定意义上可以说影响到了后世司马迁《史记》书史之风，甚至可以将孟子看作书史之嚆矢。

《孟子·万章上》第四章记载孟子与弟子咸丘蒙的对话，其中涉及尧舜及舜与瞽瞍的关系问题，孟子回应之言中也称引《书》经，同样可体现孟子以史论《书》的风格。咸丘蒙问：“语云：‘盛德之士，君不得而臣，父不得而子。舜南面而立，尧帅诸侯北面而朝之，瞽瞍亦北面而朝之，舜见瞽瞍，其容有蹙。孔子曰：于斯时也，天下殆哉岌岌乎！’不识此语诚然乎哉？”咸丘蒙向孟子请教关于尧帅诸侯朝舜、瞽瞍也以君臣之礼朝舜的事，问所谓

① 《十三经注疏·尚书正义》（标点本），北京：北京大学出版社1999年版，第197页。

"盛德之士，君不得而臣，父不得而子"之说是否可信。在后世人看来，其实这一章涉及舜的忠、孝问题。而孟子回答，这一说法并非君子之言，而是"齐东野人之语"，并说："尧老而舜摄也。《尧典》曰：'二十有八载，放勋乃徂落，百姓如丧考妣，三年，四海遏密八音。'孔子曰：'天无二日，民无二王。'舜既为天子矣，又帅天下诸侯以为尧三年丧，是二天子矣。"[①]孟子称引《尧典》之言，称舜为天子帅天下诸侯为尧行三年丧礼，而与咸丘蒙所问"尧帅诸侯北面而朝舜"之说截然相反。在孟子看来，依据《书》经即可得知并无尧朝舜之说，这实为尧舜关系的问题，在后世看来则又涉及舜忠否的问题。孟子之所以不认同咸丘蒙所问中的说法，亦是据《书》经而言，引《尧典》"二十有八载，放勋乃徂落，百姓如丧考妣，三年，四海遏密八音"一句，来论舜在尧崩之后帅诸侯为尧行三年丧礼的事件，这也体现出孟子以史论《书》的特点。而舜帅诸侯为尧行三年丧礼，在孟子看来也定是可信的史实，而其对往古之事的认识则主要是依据古已有之的《诗》《书》传统。至于往古之事的真实面貌是否与《书》经所载相符，孟子也是时而信、时而疑的，并非一味全信。孟子疑《武成》所载，只取其二三策的说法，正体现了孟子对《书》的质疑态度。而他对《书》经的时信时疑的态度，又进一步说明孟子实际上是有自己的评判标准的，也是一种别具一格的书史风格，亦不出孟子以史论《书》之范畴。笔者认为孟子以史论《书》是一种别具一格的书史风格，与史佚、史鱼等秉笔直书有一定差别，而与《春秋》等寓褒贬于一辞的书写风格有相似之处，亦可以说其为后世书史开一新风气。

至于在这一章中所论舜与瞽瞍的关系问题，孟子是这样回应弟子的，说："孝子之至，莫大乎尊亲；尊亲之至，莫大乎以天下养。为天子父，尊之至也。以天下养，养之至也。《诗》曰：'永言孝思，孝思惟则。'此之谓也。《书》曰：'祗载见瞽瞍，夔夔斋栗，瞽瞍亦允若。'是为父不得而子也。"[②]

① 焦循撰，沈文倬点校：《孟子正义》，北京：中华书局1987年版，第633—637页。

② 焦循撰，沈文倬点校：《孟子正义》，北京：中华书局1987年版，第640—641页。

咸丘蒙所问称瞽瞍同样以君臣之礼而北面朝舜，并引孔子之言称天下岌岌可危借用来形容尧为君而朝舜、瞽瞍为父亦朝舜的情境。但在孟子看来，事情并非如此。孟子以“孝”称舜，称舜为天子，以天下养瞽瞍，是尊亲之至、孝行之至。孟子持说的依据亦是称引《书》经，“祗载见瞽瞍，夔夔斋栗，瞽瞍亦允若”见于《尚书·大禹谟》，以此表明舜敬事瞽瞍，瞽瞍作为父亦信顺之，所谓“父不得而子”指如此，以解咸丘蒙之疑。这一内容亦体现孟子以史论《书》的风格，称引《书》经以作为史论。

此外，《孟子·万章上》第七章记载，万章问孟子说：“人有言伊尹以割烹要汤，有诸？”孟子回答说：“否，不然。伊尹耕于有莘之野，而乐尧舜之道焉。……吾闻其以尧舜之道要汤，未闻以割烹也。《伊训》曰：‘天诛造攻自牧宫，朕载自亳。’”[①] 何以说此章亦可见孟子以史论《书》？孟子称引《书·伊训》此句，以证伊尹“以尧舜之道要汤”，而未闻“以割烹要汤”。依《书序》之言，《伊训》为伊尹所作，以道训教太甲。而《伊训》“天诛造攻自牧宫，朕载自亳”即是指上天诛伐夏桀无道自牧宫之地，由汤始修德于亳，以修德之君伐无道之桀。孟子以此证伊尹“以尧舜之道要汤”，而未闻“以割烹要汤”。孟子虽只引《伊训》篇中的一句，实则亦有借用整个《伊训》篇来证其言之意。

笔者认为孟子称引《书》经有以史论《书》之风格，其间亦涉及经、史关系问题，体现前经学时代重史的风气，尚未形成后世经师治《书》等经学训诂与阐发大义的范式。事实上，经、史之间也是彼此紧密相连的，以经为义，以史为例，两者相辅相成。如苏洵云：“经以道、法胜，史以事、词胜；经不得史无以证其褒贬，史不得经无以酌其轻重；经非一代之实录，史非万世之常法：体不相沿，而用实相资焉。”[②] 可见，苏洵认为史需得经而正其事理，经需得史而明其实义。钱大昕曾说：“经与史岂有二学哉。昔宣尼赞

① 焦循撰，沈文倬点校：《孟子正义》，北京：中华书局 1987 年版，第 652—655 页。

②〔宋〕苏洵著，曾枣庄、金成礼笺注：《嘉祐集笺注》，上海：上海古籍出版社 1993 年版，第 229 页。

修六经，而《尚书》《春秋》实为史家之权舆。汉世刘向父子校理秘文为六略，而《世本》《楚汉春秋》《太史公书》《汉著纪》列于‘春秋家’，《高祖传》《孝文传》列于‘儒家’，初无经史之别。厥后兰台、东观，作者益繁，李充、荀勖等并立四部，而经史始分，然不闻陋史而荣经也。”[①]钱大昕尤以治史见长，而追溯经、史之源时亦称本无二学。清儒段玉裁曾提出应将十三经扩为二十一经，即加上《大戴礼》《国语》《史记》《汉书》《通鉴》《说文》《周髀算经》《九章算术》八种。章太炎曾表示十分赞同段玉裁此言，并认为段氏所论经史不必分途为独得之见，清儒中未有先于段氏发此论者。[②]而段玉裁将十三经扩为二十一经，所加之书就有《国语》《史记》《汉书》《通鉴》，亦为后人眼中经、史紧密关联的体现之一。而就经、史之兴立问题，李保泰也曾说："经者治之理，史者治之迹。三代以上明于理而经立，三代以下详于迹而史兴。"[③]李保泰认为，经立于三代以上，以明于理见长；史兴于三代以下，以详于迹见长。

章太炎曾说："古无史之特称。《尚书》《春秋》皆史也，《周礼》言官制，《仪礼》记仪注，皆史之旁支。礼、乐并举，乐亦可入史类。《诗》之歌咏，何一非当时史料。大小雅是史诗，后人称杜工部为诗史者，亦以其善陈时事耳。《诗》之为史，当不烦言。《易》之所包者广，关于哲学者有之，关于社会学者有之，关于出处行藏者亦有之。其关于社会进化之迹，亦可列入史类，故阳明有六经皆史之说。语虽太过，而史与儒家，皆经之流裔，所谓六艺附庸，蔚为大国，盖无可疑。"[④]而在阳明处所谓"六经皆史之说"，是这样的：

---

①〔清〕赵翼著，王树民校证：《廿二史札记校证》，附录二"旧序与题跋"（一）《钱大昕序》，北京：中华书局1984年版，第885页。

② 参见章太炎：《论经史儒之分合》，马勇编：《章太炎讲演集》，石家庄：河北人民出版社2004年版，第244—245页。

③〔清〕赵翼著，王树民校证：《廿二史札记校证》，附录二"旧序与题跋"（二）《李保泰序》，北京：中华书局1984年版，第886页。

④ 章太炎：《论经史儒之分合》，马勇编：《章太炎讲演集》，石家庄：河北人民出版社2004年版，第241—242页。

“以事言谓之史，以道言谓之经。事即道，道即事。《春秋》亦经，‘五经’亦史。《易》是庖牺氏之史，《书》是尧、舜以下史，《礼》《乐》是三代史：其事同，其道同，安有所谓异？”[①] 这一句话是王阳明答弟子徐爱之问时所说，王阳明此言亦是就经、史紧密相关来说的。章太炎也曾言：“经兼修己治人，史则详治人而略修己。”[②] 虽言经、史之关联，而章太炎亦分疏出经、史之别，即在他看来经兼重于修己治人两个层面，而史则偏重治人而稍略于修己。所谓修己，即为修德，偏重德性方面；所谓治人，即为事功，偏重外王一途。笔者认为章氏此论若进一步说，或可以称经重于内圣兼有外王，史重于外王，当然两者不是对应关系，而只是可将经、史关系从内圣、外王这一视角来反观。

归结在孟子以史论《书》而言，结合经、史关系这一视角，更鲜明地体现这一问题的，还可见于《孟子·万章上》第五章的记载。这一章是孟子与弟子万章关于禅让问题的对话。万章问：“尧以天下与舜，有诸？”孟子回答说：“否。天子不能以天下与人。”孟子进一步说：“使之主祭而百神享之，是天受之。使之主事而事治，百姓安之，是民受之也。天与之，人与之，故曰天子不能以天下与人。舜相尧二十有八载，非人之所能为也，天也。尧崩，三年之丧毕，舜避尧之子于南河之南，天下诸侯朝觐者不之尧之子而之舜，讼狱者不之尧之子而之舜，讴歌者不讴歌尧之子而讴歌舜，故曰天也。夫然后之中国，践天子位焉。而居尧之宫，逼尧之子，是篡也，非天与也。《泰誓》曰：‘天视自我民视，天听自我民听。’此之谓也。”[③] 孟子与弟子万章的这一对话虽然文字不多，看似话题单一，实际上却涉及许多问题，如天子可否与人天下、天的意志在政权交替中的作用与位置、尧舜之间是否为禅让、政权交替过程中的民心向背等。孟子认为天子不能把天下让与人，而应由天授，体现在百神享之、百姓安之。在尧舜之间，表面上是尧将天下与舜，

① 王守仁：《传习录》，《王阳明全集》，上海：上海古籍出版社1992年版，第10页。

② 章太炎：《论经史儒之分合》，马勇编：《章太炎讲演集》，石家庄：河北人民出版社2004年版，第245页。

③ 焦循撰，沈文倬点校：《孟子正义》，北京：中华书局1987年版，第643—646页。

而实则是天与舜。孟子称引《书》经《泰誓》中的一句，意在突出在尧将天下让与舜的过程中天意的重要作用，是所谓天视、天听皆自我民视、民听。可见孟子论《书》之处，皆以史迹相附，体现其以史论《书》的特点。

三

孟子在引《书》论《书》时，呈现出以史论《书》的风格，除此之外，还呈现出另一特点，即于有意无意中对《尚书》进行传注。孟子有试图传注《尚书》之意，体现在他对如下几个问题的释读界定上。

其一，释"洚水"。《孟子·滕文公下》第九章，孟子答弟子公都子之问，说："《书》曰'洚水警余。'洚水者，洪水也。使禹治之……"《孟子·告子下》第十一章是孟子与白圭的对话，其中也有涉及释"洚水"之处。白圭曰："丹之治水也，愈于禹。"孟子曰："子过矣！禹之治水，水之道也。是故禹以四海为壑。今吾子以邻国为壑。水逆行谓之洚水，洚水者，洪水也。仁人之所恶也，吾子过矣！"[①] 这两章皆涉及禹治水的问题，孟子所言也都提到"洚水"，并释之为洪水。孟子言"洚水者，洪水也"，可以说是比较典型的传注句式。此正如陈梦家所言："诠释书义，如释'徯我后'为'奚为后我'，释洚水为洪水，实为最早的传注。"[②] 陈梦家认为孟子释"洚水"为洪水是对《书》义的传注，笔者认同此说。然而若称此为对书义的最早传注，尚待商榷。正如前文已述，郭店简《成之闻之》中也有对《书》经的释义内容，与《孟子》相比在数量上更多，而且释义模式统一为"何……"。因而，先秦文献中对《书》经的传注孰为最早尚不可轻论。

其二，依陈梦家之言，认为释"徯我后"为"奚为后我"也是孟子对书义的传注。"徯我后"见于《孟子·滕文公下》第五章孟子言："《书》曰：'徯我后，后来其无罚。'"《孟子·梁惠王下》第十一章："《书》曰：'徯

① 焦循撰，沈文倬点校：《孟子正义》，北京：中华书局1987年版，第447—448、459页。

② 陈梦家：《尚书通论》，北京：中华书局1985年版，第14页。

我后，后来其苏。'”此两处“徯我后”的“后”指君王，而“奚为后我”之“后”为先后之后，两个“后”字意思并不同。因而，可以说孟子并非直接释“徯我后”为“奚为后我”，而只是就书义而言，皆为表达民望圣君之切。

其三，孟子释“葛伯仇饷”。此见于《孟子·滕文公下》第五章，前文也已提到过。孟子曰：“汤居亳，与葛为邻，葛伯放而不祀。汤使人问之曰：'何为不祀？'曰：'无以供牺牲也。'汤使遗之牛羊。葛伯食之，又不以祀。汤又使人问之曰：'何为不祀？'曰：'无以供粢盛也。'汤使亳众往为之耕，老弱馈食。葛伯率其民，要其有酒食黍稻者夺之，不授者杀之。有童子以黍肉饷，杀而夺之。《书》曰：'葛伯仇饷。'此之谓也。”孟子称引《书》经“葛伯仇饷”见于今本《尚书·仲虺之诰》。对此，孔传云：“葛伯游行，见农民之饷于田者，杀其人，夺其饷，故谓之仇饷。仇，怨也。”[①]孔颖达“正义”释“仇音求”。可见，孔传之意葛伯杀人夺饷是为“葛伯仇饷”，此与孟子之意看似一致，实则又有不同。另有一意，赵岐注“仇，怨也”，亦可认为释“仇”为仇视之意，于文意亦通。所谓饷田，指送饭食到田间地头。汤使亳的民众到葛为葛伯耕，这里涉及两解，一是葛之民奉食以饷之，一是亳的民众中的老弱者奉食以饷田。如是葛之民，则在孟子看来这是葛伯不能容忍的，杀其民而夺其饷。如是亳之民，则葛伯为取饷而杀之。就赵岐注“仇，怨也”，也有两解，一是葛伯仇怨饷者，一是葛伯以仇怨授饷者。如焦循“正义”曰：“桓公二年《左传》云'怨耦曰仇'，是仇为怨也。葛伯不当怨饷者，云'仇饷'，是谓其杀童子，使饷者仇怨之。不云饷者仇葛伯，而云葛伯仇饷，古人属文，每如是也。”焦循认为，虽说是“葛伯仇饷”，其实是葛伯杀童子使饷者仇怨葛伯之意。焦循紧接着又说：“下云为匹夫匹妇复仇，则仇在匹夫怨葛伯也。葛伯杀饷，是葛伯以仇怨授饷者，故云仇饷也。”[②]焦循认为，孟子下面所说为匹夫匹妇复仇，亦是指仇怨在匹夫，故在孟子看来汤征葛伯

---

① 《十三经注疏·尚书正义》(标点本)，北京：北京大学出版社1999年版，第197页。

② 焦循撰，沈文倬点校：《孟子正义》，北京：中华书局1987年版，第433页。

是为匹夫复仇。就《孟子》文本而言，称引《书》经“葛伯仇饷”一句，在《书》经中并无多言，而孟子却详述此事之本末，以汤送葛伯牛羊、使亳民助之耕等事来释“葛伯仇饷”一句，此亦为孟子对《书》经进行传注的体现之一。

总而言之，孟子称引《书》经，多是作为谈说的依据，或作为辩论的论据，亦往往附述《书》篇的历史背景与作《书》的原由，此实为孟子以史论《书》的体现。笔者认为孟子称引《书》经有以史论《书》的风格，其间亦涉及经、史关系问题，体现前经学时代重史的风气，尚未形成后世经师治《书》等经学训诂与阐发大义的范式。事实上，经、史之间也是彼此紧密相连的，以经为义，以史为例，两者相辅相成。

（魏忠强撰，原载于《中华文化论坛》2018 年第 7 期）

古圣先贤思想研究

周公悌德思想研究

近代著名史学家夏曾佑先生曾引汉代学者贾谊的话，高度评价周公，说：“孔子之前，黄帝之后，于中国有大关系者，周公一人而已。”夏先生的这一说法实际上涉及的是周公与中国文化史的关系问题，这一定位也逐渐得到学者们的普遍认可。当然，就学界相关的研究成果来说，学者们关注的重点主要是周公治国理政的功业、思想文化的特点，并围绕《尚书大传》所说的摄政后“周公摄政，一年救乱，二年克殷，三年践奄，四年建侯卫，五年营成周，六年制礼作乐，七年致政成王”这条主线展开，也取得了显著的成果。然而，却很少有学者关注周公的家风、家训问题，即周公处理兄弟关系、教育子嗣及处理亲族关系时的智慧。研究这一问题，既有助于认识宗法制笼罩下的真实的周公，也有助于把握周公的家庭伦理思想，更有助于深度解密周王朝延续八百年的秘诀。

一、周公尊兄友弟

关于周公在兄弟中的排行的说法一直存在分歧：一说排行第四，这也是学界的主流观点，依据是《孟子·公孙丑下》《荀子·儒效》和《史记·管蔡世家》等文献，如孟子说：“周公，弟也；管叔，兄也。周公之过，不亦宜乎？”[①]

① 杨伯峻：《孟子译注》（简体字本），北京：中华书局2008年版，第102页。

一说排行第三，依据是《左传·僖公二十四年》《吕氏春秋·开春》等文献，如富辰说：“周公吊二叔之不咸，故封建亲戚以蕃屏周。”[①] 杨朝明先生综合运用出土文献与传世文献资料，得出“周公长于管叔”的结论，即他在同母弟中排行第三。[②] 其实，周公无论对兄对弟，都尽力做到友善亲爱，堪称中国之悌德典范。

（一）尊敬诸兄，临危受命

据《白虎通义·姓名》《列女传·母仪传·周室三母》等文献记载，文王之妻太姒前后生有十男，分别是长伯邑考、次武王发、次周公旦、次管叔鲜、次蔡叔度、次曹叔振铎、次成叔处、次霍叔武（或次霍叔武、次成叔处）、次康叔封、次南季载（或聃季载）。从伯邑考“既已前卒”（《史记·管蔡世家》）的说法看，长兄伯邑考没有机会继承文王之位，由于文献记载阙如，周公与长兄伯邑考的关系不得而知。所幸的是，《逸周书·世俘》记载了武王一并告祭的历代先祖——“太王、太伯、王季、虞公、文王、邑考”，从伯邑考赫然在列来看，武王及辅佐武王的周公对长兄均至为友敬，并将其与历代先祖等同视之。

如果说周公对长兄的尊敬需要从传世资料的字里行间里去解读的话，那么周公对武王姬发的友敬则有着明确的文献依据。据《尚书·金縢》记载，克商第二年，武王姬发便身患重病，久治不愈。太公望和召公奭希望通过“穆卜”为武王祈福，但周公提出反对意见，说：“未可以戚我先王。”而私下他却以自己为质，“植璧秉珪，乃告太王、王季、文王”，曰：“惟尔元孙某，遘厉虐疾。若尔三王，是有丕子之责于天，以旦代某之身。予仁若考，能多材多艺，能事鬼神。乃元孙不若旦多材多艺，不能事鬼神，乃命于帝庭，敷佑四方。”[③] 这一事件被后世概括为“周公代祝”，并列入

① 杨伯峻：《春秋左传注》，北京：中华书局 2009 年第 3 版，第 420 页。

② 杨朝明：《周公长于管叔考》，《中国史研究》，1998 年第 3 期。

③ 李民、王健：《尚书译注》，上海：上海古籍出版社 2004 年版，第 236—238 页。

传统悌德故事。[1] 周公的行为并未能挽留住武王的性命，但其至诚至敬之心却足以感动天地。

在“代祝”失败后，周公选择遵从兄长遗愿，尽心尽力地辅佐年幼的成王稳定周王朝。当时，武王深感自己将不久于人世，遂将周公唤到床前，打算“兄弟相后”，甚至都不用占筮直接决定。兄长的真情，周公无言以对，他所能做的唯有“泣涕共手”（《逸周书·度邑》）。受宗法制熏陶的周公，无法接受武王打破常规所作的“兄弟相后”的决定，但面对刚刚稳定而又危机四伏的西周王室政权，他又感到责无旁贷。一方面，他接受武王建议，在河洛间修建天室成周，如《史记·周本纪》中说：“成王在丰，使召公复营洛邑，如武王之意。周公复卜申视，卒营筑，居九鼎焉。曰：‘此天下之中，四方入贡道里均。’”[2] 另一方面，他接受武王临危托孤的遗命立太子诵为继任的周王，如《逸周书·武儆解》中说：“丙辰，出金枝《郊宝》《开和》细书，命诏周公旦立后嗣，属太子诵，文及《宝典》。”[3] 周公以摄政身份，鞠躬尽瘁、死而后已地处理国政，无疑是对兄长武王姬发的一种尊敬。

武王去世后，周公成为辅助成王稳定周初乱局的中流砥柱，如有学者说：“武王把关系西周王朝盛衰成败的头等大事——营建东都洛邑（成周）、拟由周公继承王位、辅孤托公，一一委任周公，雄辩地说明周公在武王患病后已成为西周王朝的柱石，或者说擎天大柱。”[4] 无论后世如何评价，周公出色地完成了兄长的遗命，对西周王室真正做到了“仰不愧于天，俯不怍于人”。

（二）友善诸弟，和睦手足

称周公是周初最为杰出的政治家、思想家固然没有问题，但同时他亦是武王姬发去世后文王子嗣的核心，亦是维系同胞兄弟团结、家庭和睦的灵魂

① 杨春炳主编：《“古八德”研究与故事新解·悌德故事新解》，北京：中国广播电视出版社2009年版，第192—193页。

②《史记》，北京：中华书局1982年第2版，第133页。

③ 黄怀信：《逸周书校补注译》，西安：三秦出版社2006年版，第221页。

④ 游唤民：《周公大传》，长沙：湖南人民出版社2008年版，第61页。

人物。正因如此，周公采取怎样的措施善待手足至关重要。从维护周王室稳定的角度说，周公务必要“内弭父兄，外抚诸侯”（《逸周书·作雒》），特别是做好亲兄弟的团结工作：一方面对犯错的弟弟们给予适当惩戒，使其知错而改；另一方面对拥护周成王统治的手足兄弟给予适当的封赏，使他们成为捍卫周王室的股肱之臣。

为稳定周初的局势，灭商后，武王曾封商纣王之子武庚于朝歌为商君，以“守商祀”（《逸周书·作雒》）和“以殷民世享”（《尚书·康诰》）。当然，武王对武庚并不放心，他在班师回镐京的同时，命自己的三个弟弟管叔、蔡叔和霍叔各率一支军队，驻守于朝歌周围的各战略要塞，即“建管叔于东，建蔡叔、霍叔于殷”（《逸周书·作雒》）。然而，在周公执政伊始，管叔、蔡叔便于内在群弟中制造流言说“公将不利于孺子”（《尚书·金縢》），于外“挟武庚以作乱”（《史记·管蔡世家》）。管叔和蔡叔的作乱，引发了东方诸侯国叛乱的连锁反应。如何平息叛乱、稳定局势，就成为摆在周公面前的重要问题。

在征得太公望和召公奭的支持后，周公以迅雷之势做出东征的决定。周公凭借其过人的才智，很快取得了“救乱”之役的胜利，即《逸周书·作雒》中记载的“降辟三叔。王子禄父北奔，管叔经而卒，乃囚蔡叔于郭凌”[①]。针对这场兄弟相残的战争，有学者评论说：“在捉住‘三监’之后，周公对三人做了不同程度的处罚，管叔由于是首恶而被杀，蔡叔被放逐，霍叔的下落不详。因霍叔只是胁从，其处罚应该更轻一些。根据伪《孔传》所说‘三年之后乃齿录，封为霍侯’，可知霍叔可能后来被复封。”[②]其实，后来不仅霍叔的爵位被恢复，而且蔡叔死后其子也得到重用，如《史记·管蔡世家》说：“蔡叔度既迁而死。其子曰胡，胡乃改行，率德驯善。周公闻之，而举胡以为鲁卿士，鲁国治。于是周公言于成王，复封胡于蔡，以奉蔡叔之祀，

① 黄怀信：《逸周书校补注译》，西安：三秦出版社2006年版，第235页。

② 辜堪生、李学林：《周公评传》，成都：四川大学出版社2006年版，第46—47页。

是为蔡仲。”[①]

与此同时，周公对之前未能封爵和分封国土的其他兄弟则都给予加官晋爵。如《左传·僖公二十四年》云：“昔周公吊二叔之不咸，故封建亲戚以蕃屏周。管、蔡、郕、霍、鲁、卫、毛、聃、郜、雍、曹、滕、毕、原、酆、郇，文之昭也。”[②]至此，除长兄伯邑考“其后不知所封”外，通过周成王的诏书，周公先后分封了其他兄弟或者兄弟子嗣相应的爵位与封地，这应是其本人悌德思想最重要的外在体现。正如《颜氏家训》中总结的那样，兄弟是“分形连气之人”，即便有“悖乱之人”，也“不能不相爱”。[③]由此可见，尽管周公取得了平定兄弟叛乱的最后胜利，但这却是稳定大局的无奈之举，而手足相残后内心的酸楚或许只有其本人才能体会得到。

二、周公训诫子侄

亲历过商周鼎革的周公更懂得维持政权稳定的关键，为避免重蹈夏、商政权灭亡的覆辙，周王朝需要强大的军事力量、牢固的诸侯联盟，更重要的是姬姓子孙内部需要同心同德与勤政爱民。周公一方面使兄弟们认识到“不为旁人之所移”（《颜氏家训·兄弟》）的道理；另一方面让自己的子侄恪守明德慎罚和敬授天命的理念。正因如此，周公不厌其烦地先后作《大诰》《归禾》《嘉禾》《康诰》《酒诰》和《梓材》等训诫，期望姬姓子孙能够谨慎地执行治国理政的良策，以达到“子子孙孙永保民”（《尚书·梓材》）的目的。周公这些传世的至理名言，既是其家训与家规的雏形，也是中国传统社会家庭教育资源中的瑰宝。

（一）训诫子嗣，尊贤爱民

周公有多少个儿子，文献中并没有确切的数字记载，据《左传·僖公

① 《史记》，北京：中华书局1982年第2版，第1565页。

② 杨伯峻：《春秋左传注》，北京：中华书局2009年第3版，第420—421页。

③ 郑宏峰主编：《中华家训·颜氏家训》，北京：线装书局2008年版，第7页。

二十四年》中“凡、蒋、邢、茅、胙、祭，周公之胤”[①]的记载，加上长子伯禽与留守相王室的次子君陈（周平公），推算周公至少有八个子嗣。文献中也没有明确记载周公训诫其他子嗣的内容，传世的主要是他对长子伯禽的谆谆教诲。由于成王为天子，周公从君臣守则的礼制来说无法直接教育成王，故他在摄政期间主要通过“抗世子法于伯禽”的（《礼记·文王世子》）方式，对周成王加以引导，使其向善。

据《韩诗外传·卷三》记载，伯禽前往鲁国就封时，周公曾现身说法，告诫其“无以鲁国骄士”。他说：

> 吾文王之子，武王之弟，成王之叔父也，又相天子，吾于天下亦不轻矣。然一沐三握发，一饭三吐哺，犹恐失天下之士。吾闻德行宽裕，守之以恭者，荣。土地广大，守之以俭者，安。禄位尊盛，守之以卑者，贵。人众兵强，守之以畏者，胜。聪明睿智，守之以愚者，哲。博闻强记，守之以浅者，智。夫此六者，皆谦德也。夫贵为天子，富有四海，由此德也。不谦而失天下亡其身者，桀纣是也，可不慎欤！[②]

周公“一沐三握发，一饭三吐哺”，发现人才、任人唯贤、勤政爱民，此作风为鲁国历代国君所沿袭。如《毛诗正义·鲁颂·序》曾赞扬僖公说：“僖公能遵伯禽之法，俭以足用，宽以爱民，务农重谷，牧于坰野，鲁人尊之。”[③]重视贤才、勤俭爱民、务农重谷成为鲁国一以贯之的治国理念。

《荀子·尧问》中还记载了一则伯禽与父亲周公间有关何为“美德”的对话。伯禽将到鲁国去担任诸侯，周公要其谈谈对美德的理解。当伯禽用为人宽、好自用和以慎等三条回答时，周公则提出不同的看法，他说：

① 杨伯峻：《春秋左传注》，北京：中华书局2009年第3版，第423页。

②〔汉〕韩婴撰，许维遹校释：《韩诗外传集释》，北京：中华书局1980年版，第117页。

③ 阮元校：《四部精要·毛诗正义注疏》，上海：上海古籍出版社1993年版，第608页。

> 呜呼！以人恶为美德乎！君子好以道德，故其民归道。彼其宽也，出无辨矣，女又美之。彼其好自用也，是所以窭小也。君子力如牛，不与牛争力；走如马，不与马争走；知如士，不与士争知。彼争者，均者之气也，女又美之。彼其慎也，是其所以浅也。[①]

周公认为，伯禽所谈的三条美德从本质上说没有错，但前提是君主自身要有良好的德性修养，否则这些都无法得到落实，故均不能称为真正的美德。正是在周公的教导下，“君子好道德”也成为鲁国国君世代遵循的家规与国训。

当然，正是因为周公长期的耳提面命，伯禽初治鲁国颇费心神。据《史记·鲁周公世家》记载，伯禽到鲁国后三年才回来向摄政的周公报政，其晚来的理由是“变其俗，革其礼，丧三年然后除之”，这与姜太公“五月而报政周公”的“吾简其君臣礼，从其俗”的做法形成鲜明的对比。[②]虽然鲁国固守周礼有其自身的弊端，甚至周公还预言其“后世北面事齐”，但正如《礼记·明堂位》中所说：“凡四代之服、器、官，鲁兼用之，是故鲁，王礼也，天下传之久矣。君臣未尝相弑也，礼、乐、刑、法、政、俗，未尝相变也，天下以为有道之国，是故天下资礼乐焉。”[③]特别是在“礼坏乐崩”的春秋末期，鲁国君臣能遵循周公教诲，坚守周礼，君臣相亲，成为在东方执行周礼的样板，实属不易。

上述鲁公伯禽前往鲁国就封前后与父亲的对话，虽然不能涵盖周公对其子嗣教诲的全部内容，但字里行间却能体现其教育子孙谨遵天命、修养德行、勤政爱民、德礼治国的核心思想。其实，这也应是孔子得出“为政以德，譬如北辰，居其所而众星共之”[④]观点的重要依据。

---

①〔清〕王先谦撰，沈啸寰、王星贤点校：《荀子集解》，北京：中华书局1988年版，第548—549页。

②《史记》，北京：中华书局1982年第2版，第1524页。

③ 杨天宇：《礼记译注》，上海：上海古籍出版社2004年版，第400页。

④《论语·为政》，《四书章句集注》，北京：中华书局1983年版，第53页。

（二）训诫子侄，明德中正

在传世文献中，涉及周公子侄的记载并不多，这是因为除伯邑考、武王、管叔、蔡叔外，周公其他同母兄弟的年龄较小，如前文提到的曹叔振铎、霍叔武、成叔处、康叔封、聃季载等。如周公在册封康叔时特意作《康诰》以示训诫，他说："孟侯，朕其弟，小子封。惟乃丕显考文王，克明德慎罚，不敢侮鳏寡，庸庸，祗祗，威威，显民。"[①] 另外，鉴于康叔年龄较小，周公告诉他要吸取商朝灭亡的教训，戒酒、慎听妇人之言，还专门作《酒诰》以示之。[②]

传世文献中所提及的主要是武王的儿子们，除嫡长子成王姬诵外，《左传·僖公二十四年》中还列出了武王之子的四个封国：邘、晋、应、韩。周公对武王其他子嗣的相关训诫很难见到，所涉及的主要是对年幼成王的劝导。当然，从恪守君臣之礼的角度，周公是不可能直接训诫成王的，这也是《礼记·文王世子》提出"抗世子法"的原因，即周公训诫长子伯禽和次子君陈以暗育未成年的侄子姬诵。其实，这只是后世儒家特别是汉儒从政治角度所作的诠释，《尚书》《逸周书》等典籍中记录了不少有关周公训诫成王的内容，只是用语足够委婉、态度足够谦恭，却达到了其教育成王的初衷，可见周公是一位典型的"托孤受命者"的形象。如《尚书·洛诰》记录了周公致政成王后的告成王之词，其中劝诫之意非常明显。

在《洛诰》中，周公极力劝诫成王要像自己一样勤勉政事，说："朕教汝于棐民彝，汝乃是不蘉，乃时惟不永哉。笃叙乃正父，罔不若予，不敢废乃命。"[③] 这句话包含两层意思：一是唯有勤政，勉力教导百姓，才能使周王朝的统治更长久；二是要像历代先王那样厚待同姓的诸侯大臣，才能使其

---

①《十三经注疏·尚书正义》（标点本），北京：北京大学出版社 1999 年版，第 359 页。

②《酒诰》是周公命康叔于殷商故地卫国宣布禁酒的诰词，先说明戒酒的重要，从正反两方面总结商初戒酒兴国和商末酗酒亡国的教训，最后颁布了禁酒令，这也适用于周公其他兄弟及其子嗣。

③ 李民、王健：《尚书译注》，上海：上海古籍出版社 2004 年版，第 297 页。

恪守周王室的政令。当然，不仅要善待同姓诸侯，善待顺从的诸侯，也要对那些不遵守享礼的诸侯进行惩戒，否则政事就会受到轻慢。

由于传世文献记载的阙如，我们现在很难复原或者再现周公直接训诫子侄的场景。所幸的是，《古文尚书·君陈》篇记载了周成王引用周公之言告诫君陈应当遵循周公遗训，要求其在东都洛邑继续实施德政，管理好成周及辖区内的殷商遗民。周成王说："我闻曰：'至治馨香，感于神明；黍稷非馨，明德惟馨。'尔尚式时周公之猷训，惟日孜孜，无敢逸豫！凡人未见圣，若不克见；既见圣，亦不克由圣。尔其戒哉！"这里成王所"闻"的应是周公之言，他引用此语告诫君陈应效法周公的德教，劝诫其遵行圣道，治理洛邑时应遵守周公所制定的"无依势作威，无倚法以削。宽而有制，从容以和"[①]的法则。这样的推测应是可信的，因为这与周公治理天下时一以贯之的宗旨相吻合。

当然，周公不仅对姬姓子嗣们进行训诫，而且还设置相应官员对国内的青年才俊进行教育，如《周礼·地官司徒》记录师氏的一项重要职能是"掌国中失之事，以教国子弟。凡国之贵游子弟学焉"[②]，即用国家正反两方面的历史事件教育青年人。重视包括自己子侄在内的所有后继者的教育，应该是周公治国理政的长远之策和高明之处。正因如此，西周社会不久即出现了中国历史上少有的盛世——"成康之治"。诸侯们也在各地采取因地制宜政策，如封于夏墟者，皆"启以夏政，疆以戎索"；封于殷墟者，皆"启以商政，疆以周索"[③]，使各地局势得到稳定，进而使西周成为后世儒家心目中的"天下有道"之世。

三、周公敦睦亲族

位于中原西部的边陲"小邦周"之所以能迅速灭掉宗主国"大邑商"，

① 李民、王健：《尚书译注》，上海：上海古籍出版社2004年版，第367—368页。

② 杨天宇：《周礼译注》，上海：上海古籍出版社2004年版，第199页。

③ 杨伯峻：《春秋左传注》，北京：中华书局2009年第3版，第1538—1539页。

并稳定局势，除有商纣时期商王朝“失天命”的外因，还应与武王、周公等善于处理宗族、亲族之间关系的内因有关。如周公曾告诫长子伯禽说：“君子不施其亲，不使大臣怨乎不以。故旧无大故，则不弃也。无求备于一人。”[①]这既是周公对鲁公的训诫，也是其本人治国理政的基本原则。在实践层面，周公的主要措施是分封同姓诸侯，敦睦异姓姻亲，使其在藩屏周室上通力合作。如有学者说：“周代的分封制是由周公首创。……通过‘授民授疆土’给予王室子弟、亲属及异姓功臣的途径建立诸侯国，以藩屏周室。”[②]其实，这既是周公制定的基本国策，也是姬姓子弟普遍遵循的家风与家规。

（一）册封姬姓，藩屏周室

据文献记载，在西周之前分封制就已经存在，如《尚书·酒诰》中有“越在外服，侯、甸、男、卫邦伯”的记载，这里的“邦伯”与周代诸侯国相似，另如甲骨文中的“犬侯”“井伯”、传世文献中的“邦伯”“侯卫”、新出文献中的“河伯”等。周文王时期亦有一些小的邦国，如虞、东虢、西虢和散等依附于周，但这还算不上真正的“分封”。如有学者所言：“这种‘分封’只能说是强国在与弱国结成联盟时的一种礼仪性的馈赠，它与正式的分封毕竟还无法相提并论。”[③]尽管如此，此前的分封也为周武王特别是周公的“选建明德，以藩屏周”（《左传·定公四年》）提供了历史依据。

在周公摄政之前，他曾辅佐武王进行过一次大分封，如《左传·昭公二十八年》记载曰：“昔武王克商，光有天下，其兄弟之国者十有五人，姬姓之国者四十人。”[④]前文提到的管、蔡、霍等即属此类。然而，由于当时社会尚处于动荡之时，再加上武王的病逝，这次分封未得到真正落实。西周时期大规模分封应是在周公摄政时期，他以成王的名义把文王、武王的既定措施落到了实处。如《荀子·君道》记载：“于是乎贵道果立，贵

① 《论语·微子》，《四书章句集注》，北京：中华书局1983年版，第187页。

② 游唤民：《周公大传》，长沙：湖南人民出版社2008年版，第169页。

③ 辜堪生、李学林：《周公评传》，成都：四川大学出版社2006年版，第55页。

④ 杨伯峻：《春秋左传注》，北京：中华书局2009年第3版，第1494—1495页。

名果明，兼制天下，立七十一国，姬姓独居五十三人，周之子孙苟不狂惑者，莫不为天下之显诸侯，如是者，能爱人也。”[①] 与此类似的记载还见于《荀子·儒效》《韩诗外传·卷四》等传世文献。这些姬姓诸侯涵盖前文已提到的文之昭、武之穆、周公之胤等核心宗亲，且其封国处于能掌控天下局势的核心位置。

这些诸侯国主要分布在今天河南、山东、山西一带，张焕君先生曾将其分为三条战线，说："鲁、卫二国分别为第一线与第二线的战略重心，介于二国之间的有位于今山东省内的滕、茅、酆、郜、曹、郕，河南省境内的管、蔡、邘、聃、凡、胙、祭，蒋、霍二国亦在两线之间而位置略为偏南。雍、原、毛、应四国的位置大致在朝歌至洛阳之间，属于第二线和第三线之间。韩国位置偏北而近燕国，邢国介乎燕韩与卫国之间。汾水流域的山西有晋、郇二国，似为防范戎狄而建。而在作为周人根据地的关中地区，则只有毕一国而已。”[②] 周公的这种布局，是以镐京为大后方，以成周为大本营，以向东线的卫、鲁，向北线的晋、韩，向南线的应、蔡，呈扇形向东部扩展。

除分封兄弟、子侄等亲族外，周公还分封其他姬姓宗亲为诸侯，如燕、魏、东虢、西虢、北虢、虞、滑、密、耿、杨、郧、顿、随、芮等，则分布在上述"三条线"之上。以燕国为例，据《史记·燕召世家》记载，"召公奭与周同姓，姓姬氏。周武王之灭纣，封召公于北燕。"三国时期的谯周解释"召公"时说："周之支族，食邑于召。"[③] 由此可见，司马迁所说的"北燕"应通"匽"，大约在今河南郾师附近。周公、成王所分封召公长子的方国则在后来的"幽州蓟县"，即今北京市附近，是负责姬周王朝向东北开疆拓土的"前哨据点"。

---

①［清］王先谦撰，沈啸寰、王星贤点校：《荀子集解》，北京：中华书局 1988 年版，第 243 页。

② 张焕君：《制礼作乐——先秦儒家礼学的形成与特征》，北京：中国社会科学出版社 2010 年版，第 64—65 页。

③《史记》，北京：中华书局 1982 年第 2 版，第 1549 页。

应该说，周公继承了文王、武王的治国理念，大行亲族分封，奠定了西周时期的政治格局。正如《左传·僖公二十四年》中所说："周之有懿德也，犹曰'莫如兄弟'，故封建之。其怀柔天下也，尤惧有外侮；扞御侮者，莫如亲亲，故以亲屏周。"[①]这种理念对姬姓诸侯产生了深刻影响，最典型的莫若鲁国。郭克煜先生说："鲁在东方夷人势力较重的地区，始终不忘'尊尊而亲亲'的原则，使鲁国的政权始终掌握在周人手中，因此，他们较完整地保存着周礼，并且周代的礼乐传统深深地影响着鲁国的方方面面。……这样，鲁国为宗周在东方代表的形象更加突出，因为时人视礼为国家根本，周礼似乎是周王朝统治的象征。"[②]虽然姬姓诸侯遵守"尊尊而亲亲"原则的程度不同，但这无疑成为他们区别于其他诸侯国的显著特征。

（二）故旧不遗，敦睦姻亲

周公训诫子嗣在遵守"尊尊而亲亲"原则的同时，还要与曾经有功于周室的故旧大臣、姻亲和睦相处，这也正是他告诫伯禽的"不使大臣怨乎不以"和"故旧无大故，则不弃"。在受分封的异姓诸侯中，除历代先王的子嗣外，故旧大臣和姻亲占据很大比例。如有学者说："司马迁云：'武王、成、康所封数百，而同姓五十五'，则异姓应占大部分；如依《荀子·儒效》所述，周公'兼制天下，立七十一国，姬姓独居五十三'，那么异姓诸侯也要占四分之一强。"[③]因此，周公的分封并非单纯的宗族"分宗制"，而是照顾到了故旧大臣、姻亲和历代先王的子嗣，功劳不同爵位不同，封土的大小也有差别。

在故旧大臣和姻亲中，以太公姜子牙的功劳最大，其封国也最具有代表性。姜子牙的爵位为公爵，其封国至少有七百里，且被赋予代天子行使礼乐征伐的特权，如《史记·齐太公世家》中说："周成王少时，管蔡作乱，淮

① 杨伯峻：《春秋左传注》，北京：中华书局2009年第3版，第425页。

② 郭克煜等：《鲁国史》，北京：人民出版社1994年版，第9—10页。

③ 杨善群：《关于西周分封制的几个问题》，《求是学刊》，1984年第3期。

夷畔周，乃使召康公命太公曰：‘东至海，西至河，南至穆陵，北至无棣，五侯九伯，实得征之。’齐由此得征伐，为大国。都营丘。”[①]姜太公以其卓越的军事才能，很快取得了讨伐、兼并齐国周边“五侯九伯”的胜利，与鲁国一起成为拱卫周王室的坚固的东方堡垒。虽然随着传世久远，有些姻亲与周王室的关系逐渐淡化，甚至有“畔周”的举动，但总体上说，周公“和睦姻亲”的策略既稳定了西周初年的政局，也对整个西周时期的政权稳定起到了重要作用。

当然，周公所封的功臣，不仅包括对西周建立有功者，而且还包括曾辅佐文王的故旧大臣，以楚国的始君熊绎最为典型。熊绎的曾祖父鬻熊为季连之苗裔，鬻熊之子曾事文王，早卒，其子曰熊丽。熊丽生熊狂，熊狂生熊绎。周公、成王论功行赏，将熊绎封于其祖的故地荆蛮。如《史记·楚世家》中说："熊绎当周成王之时，举文、武勤劳之后嗣，而封熊绎于楚蛮，封以子男之田，姓芈氏，居丹阳。”[②]从楚国封地的地理位置、国君爵位等来看，熊绎当时是无法与同事周成王的鲁公伯禽、卫康叔子牟、晋侯燮、齐太公子吕伋等相提并论的。当然，楚国在后世逐渐强大，甚至灭掉了鲁国，则定是周公与成王等不曾预料到的。

对待姻亲故旧，周公认为，只要他们不做像管、蔡那样的恶逆之事，都要处之以宽，即他说的“不求备于一人”。当然，对危及国家政权的“畔周”行为，周公则教育子孙们毫不客气地出兵讨伐；若有大臣与自己政见不同时，周公则会耐心地说服，《尚书·君奭》即属于此类。《尚书·序》中说：“召公为保，周公为师，相成王为左右。召公不说，周公作《君奭》。”[③]能尽心尽力辅佐文、武、成王治理国家者，他就会给予相应的封赏，甚至是封地和爵位。对于异姓诸侯，周公还是惧其有异心，常常会在其周围册封姬姓直系诸侯予以牵制，如日本学者林泰辅总结说：“其他同姓异姓之诸侯分封于

①《史记》，北京：中华书局 1982 年第 2 版，第 1480—1481 页。

②《史记》，北京：中华书局 1982 年第 2 版，第 1691—1692 页。

③ 阮元校：《四部精要·尚书正义》，上海：上海古籍出版社 1993 年版，第 223 页。

各地者尚多，虽非一时行之，然其大体之方针既定，使同姓异姓交错互制。若封太公于齐，则更封伯禽于鲁；封微子于宋，同时封康叔于卫，皆是也。其用意之周到可见矣。”[①] 其实，这种策略恰恰体现出周公软硬兼施、恩威并重的悌道思想。

（原载于《唐都学刊》2017 年第 4 期）

① 钱穆：《钱穆先生全集：周公》，北京：九州出版社 2011 年版，第 60 页。

从周公“制礼作乐”看西周礼乐文明的高度与深度

梁漱溟先生说：“中国数千年风教文化之所由形成，周孔之力最大。举周公来代表他以前那些人物；举孔子来代表他以后那些人物；故说‘周孔教化’。”他认为，周公最重要的贡献“在具体创造上，加礼乐制度之制作等”。[①] 应该说，周公“制礼作乐”早已成为人们的共识，如杨向奎先生赞誉说：“没有周公不会有武王灭殷后的一统天下；没有周公不会有传世的礼乐文明；没有周公就没有儒家的历史渊源，没有儒家，中国传统的文明可能是另一种精神状态。”[②] 周公正是因其“制礼作乐”这一关乎中国古代文明整体的重大历史事件，被后世学者高度赞誉：“孔子之前，黄帝之后，于中国有大关系者，周公一人而已。”近年来与周公有关的研究成果不断问世，大家所关注的重点仍然是周公的文治武功，大都围绕“周公摄政，一年救乱，二年克殷，三年践奄，四年建侯卫，五年营成周，六年制礼作乐，七年致政成王”（《尚书大传》）这条主线展开，有关周公与周代礼乐文化的关系问题却并没有得到应有的关注和系统的研究，包括对先周文化与西周礼乐文化、殷商贵族对西周礼乐的贡献以及周公与西周礼乐的关系等诸多问题的研究。厘清这些问

① 梁漱溟：《中国文化要义》，上海：上海人民出版社 2011 年版，第 99 页。

② 杨向奎：《宗周社会与礼乐文明》，北京：人民出版社 1992 年版，第 136 页。

题，既有助于探索西周礼乐文明的高度、深度与宽度，也有助于诠释孔子“周监于二代”和三代礼制“损益”等论断的内涵[①]，进而了解中华早期礼乐文明的真实状况。

一、先周文化传统与周公所制礼乐的底色

据《史记·周本纪》记载，姬姓周族的始祖名弃，号后稷，是与尧、舜同时代的圣贤。弃自幼就异于常人，如司马迁评价说：“弃为儿时，屹如巨人之志。其游戏，好种树麻、菽，麻、菽美。及为成人，遂好耕农，相地之宜，宜谷者稼穑焉，民皆法则之。帝尧闻之，举弃为农师，天下得其利，有功。帝舜曰：‘弃，黎民始饥，尔后稷播时百谷。’封弃于邰，号曰后稷，别姓姬氏。后稷之兴，在陶唐、虞、夏之际，皆有令德。”[②] 正因始祖后稷擅长农业，有功于民，他自己及其后世子孙一直担任唐尧、虞舜甚至夏朝时期的农师。[③] 后稷氏族数百年间形成的重视农业发展的深厚底蕴，奠定了先周社会重视农业、发展农业的特点，进而也引导古代中国走向不同于其他区域的农耕文明。

由于夏后氏王室的衰微，当时后稷的氏族首领不窋辞掉了世代担任的后稷之官。失掉官职的不窋及其部族后出奔于北方的戎、狄之间。尽管身处于戎狄，但后稷氏族的子孙们仍从事和重视发展农业，其中最杰出者当数公刘，即学者们所说的“周之兴，盖自公刘始”[④]。司马迁曾说：“公刘虽在戎狄

---

①《论语·为政》云：子张问：“十世可知也？”子曰：“殷因于夏礼，所损益，可知也；周因于殷礼，所损益，可知也。其或继周者，虽百世，可知也。”

②《史记》，北京：中华书局1982年第2版，第112页。

③ 据《山海经》记载，后稷葬于西南黑水之间，都广之野，“爰有膏菽、膏稻、膏黍、膏稷，百谷自生，冬夏播琴。鸾鸟自歌，凤鸟自儛，灵寿实华，草木所聚。爰有百兽，相群爰处。此草也，冬夏不死。”又曰：“有西周之国，姬姓，食谷。有人方耕，名曰叔均。帝俊生后稷，稷降以百谷。稷之弟曰台玺，生叔均。叔均是代其父及稷播百谷，始作耕。”（参见袁珂：《山海经全译》，贵阳：贵州人民出版社1991年版，第333—334、297页。）

④ 吕思勉：《先秦史》，上海：上海古籍出版社2005年版，第110页。

之间，复修后稷之业，务耕种，行地宜，自漆、沮度渭，取材用，行者有资，居者有畜积，民赖其庆。百姓怀之，多徙而保归焉。周道之兴自此始，故诗人歌乐思其德。”不窋之子庆节在豳地建立了姬姓国家，而后稷氏族的真正兴起应是在古公亶父时期，“古公亶父复修后稷、公刘之业，积德行义，国人皆戴之”。人们对古公亶父的爱戴可以从“豳人举国扶老携弱，尽复归古公于岐下。及他旁国闻古公仁，亦多归之”等《史记·周本纪》记载的情形中得到印证。在古公亶父的带领下，后稷氏族逐渐改变了戎狄之俗，开始建立“城郭室屋”，设立“五官有司”。[①]“五官”见于《礼记·曲礼下》：“天子之五官，曰司徒、司马、司空、司士、司寇。”郑玄注解说：“此亦殷时制也。周则司士属司马，大宰、司徒、宗伯、司马、司寇、司空为六官。”[②]而岐山也就成为周族重要的发祥地，世称“周原”。

至迟在古公亶父时期，宗法社会的嫡长子继承制就已经基本确立，这亦是以农业立国的先周文化的一个重要特点。古公亶父少子季历娶妻太任，所生之长子姬昌有“圣瑞”[③]，病重的古公亶父有意让季历继承国君之位，进而传位给姬昌。据文献记载，季历为古公之少子，上有太伯、虞仲两位兄长。按照嫡长子继承制，季历是无法继承国君之位的。被孔子称为“至德”（《论语·泰伯》）的泰（太）伯敏锐地察觉到其父之意，遂借采药为名与虞仲“亡如荆蛮，文身断发，以让季历”。清人李文耕称赞说：“泰伯……默窥太王爱季及昌之意，率仲弟飘然远去，使王季自然得位，而太王亦无立爱之嫌，其曲全于父子兄弟间者，浑然无迹，非至德其孰能

①《史记》，北京：中华书局1982年第2版，第113—114页。

② 孙希旦撰，沈啸寰、王星贤点校：《礼记集解》，北京：中华书局1989年版，第132页。

③《史记正义》：“《尚书·帝命验》云：‘季秋之月甲子，赤爵衔丹书入于酆，止于昌户。其书云：“敬胜怠者吉，怠胜敬者灭，义胜欲者从，欲胜义者凶。凡事不强则枉，不敬则不正。枉者废灭，敬者万世。以仁得之，以仁守之，其量百世。以不仁得之，以仁守之，其量十世。以不仁得之，不仁守之，不及其世。”’此盖圣瑞。”（《史记·周本纪》，北京：中华书局1982年第2版，第115页。）

之。”[①]尽管学术界对先周时期嫡长子继承制形成的时间存有异议，但假如无此规定，古公亶父则无需为选择继承人犯难，泰伯和虞仲更无需“文身断发，示不可用”。可见这一制度在先周时期礼制中所占据的分量。

即位之后的姬昌也得到“大邑商”的认可，被封为“西伯”，与九侯、鄂侯并称“三公”，他被后世视为姬姓周朝真正的接受天命者和奠基者。据《史记·周本纪》记载，西伯姬昌没有辜负其祖父之厚望：“遵后稷、公刘之业，则古公、公季之法，笃仁，敬老，慈少。礼下贤者，日中不暇食以待士，士以此多归之。”这一时期投奔西伯姬昌的贤哲络绎不绝，最著名的当属孤竹国的二位公子：伯夷、叔齐。当然，姬昌之“积善累德”也引起商王朝上层的猜忌和不满，帝纣接受了崇侯虎的建议，将姬昌囚禁于羑里。西伯姬昌的大夫闳夭等人投帝纣所好，“乃求有莘氏美女，骊戎之文马，有熊九驷，他奇怪物，因殷嬖臣费仲而献之纣”。得意忘形的帝纣遂释放了西伯姬昌，并“赐之弓矢斧钺，使西伯得征伐”。[②]正如《墨子·非攻下》中说：“赤鸟衔珪降周之岐社，曰：天命周文王，伐殷有国。”[③]这一年也被后世称为姬姓周朝的受命之年。

一般认为，“受命之年”的标志是姬昌称王与“断虞芮之讼”。司马迁说：“诗人道西伯，盖受命之年称王而断虞芮之讼。后十年而崩，谥为文王。”[④]尽管这里的文王称王而崩还存在“十年”“九年”“七年”等不同说法，而且受命后所做事的顺序也存在不同说法[⑤]，但学者们皆把“虞芮之讼”作为

① 杨春炳主编：《“古八德”研究与故事新解·悌德故事新解》，北京：中国广播电视出版社2009年版，第92页。

②《史记·周本纪》，北京：中华书局1982年第2版，第116页。

③ 谭家健、孙中原：《墨子今注今译》，北京：商务印书馆2009年版，第115页。

④《史记·周本纪》，北京：中华书局1982年第2版，第119页。

⑤《史记·周本纪》：“受命，明年伐犬戎，明年伐密须，明年败耆国，明年伐邘，明年伐崇侯虎，而作丰邑。明年，西伯崩。”《左·襄三十一年》《正义》：“《尚书大传》：文王一年质虞、芮，二年伐于，三年伐密顺，四年伐畎夷，纣乃囚之。”《文王世子》《正义》引《大传》：“五年，文王出，则克耆。六年，伐崇，则称王。”二说不同，此本《大传》及《史记》，而系年又异。（参见王国维：《今本竹书纪年疏证》，引自李民、杨择令、孙顺霖、史道祥：《古本竹书纪年译注》，郑州：中州古籍出版社1990年版，第264页）。

标志性的事件。如王和先生说："二说次序不同，但在文王受命第一年质虞芮之讼这一点上却是一致的。由此可知，文王的向外攻伐扩张，都是在质虞芮之讼以后。所以顾颉刚、刘起釪两位先生曾经很正确地把虞芮之讼看作是平定根据地岐周邻国的与国，即巩固后方。在后方巩固之后，才采取渐进的步骤，开始向外攻伐。"①当然，这里的"受命"至少应该有三层含义：一是接受上天所赋予的统治权；二是商纣王授权西伯姬昌代替其行使"征伐权"；三是百姓拥护西伯姬昌的统治。

西伯姬昌由于积德行善而获得百姓的拥护，为周武王、周公等最后战胜殷商奠定了坚实的基础。对于西伯在当时的威望，司马迁曾评价说："西伯阴行善，诸侯皆来决平。于是虞、芮之人有狱不能决，乃如周。入界，耕者皆让畔，民俗皆让长。虞、芮之人未见西伯，皆惭，相谓曰：'吾所争，周人所耻，何往为，只取辱耳。'遂还，俱让而去。诸侯闻之，曰'西伯盖受命之君'。"正因如此，司马迁得出周文王在位时期已经"受命""称王"，甚至是"改法度，制正朔"等结论。②这种说法虽然曾遭到不少学者的质疑③，但是周文王无疑已经整合了始祖后稷至王季时期周族的文化传统，进而制定了相应的礼乐法度，为周国、邻国甚至是西部同盟国所共同遵循，这是周公"制礼作乐"的文化根基。

殷周之际西伯姬昌制定礼乐的指导思想散见于《逸周书》中，如首篇《度训》中说："天生民而制其度。度小大以正，权轻重以极，明本末以立中。立中以补损，补损以知足。□爵以明等极，极以正民。"潘振云："昔在文王，生有圣德，缉熙敬止，顺帝之则，作解于世，以昭修己治人之术焉。"又如《命

① 王和：《文王"受命"传说与周初的年代》，《史林》，1990年第2期。

②《史记·周本纪》，北京：中华书局1982年第2版，第117、119页。

③ 唐代张守节的《史记正义》说："《易纬》云'文王受命，改正朔，布王号于天下'。郑玄信而用之，言文王称王，已改正朔布王号矣。按：天无二日，土无二王，岂殷纣尚存而周称王哉？若文王自称王改正朔，则是功业成矣，武王何复得云大勋未集，欲卒父业也？《礼记·大传》云'牧之野武王成大事而退，追王大王亶父、王季历、文王昌'。据此文乃是追王为王，何得文王自称王改正朔也？"

训》中说："福莫大于行义，祸莫大于淫祭。丑莫大于伤人，赏莫大于信义，让莫大于贾上，罪莫大于贪诈。古之明王奉此六者以牧万民，民用而不失。抚之以惠，和之以均，敛之以哀，娱之以乐，慎之以礼，教之以艺，震之以政，动之以事，劝之以赏，畏之以罚，临之以忠，行之以权。"[①]《度训》《命训》再加上此后的《常训》，被学者们称为"周初三训"，这是西伯姬昌在姬周王朝建立之前官职制度和礼制建设的指导思想。其实，这同样应是周公"制礼作乐"的基本原则。

当然，由于《逸周书》曾被人们视为"伪书"，而且其中所涉及的西伯姬昌制礼乐制度的内容并不具体、明确，故以往学者并未重视文王所制礼仪的问题。近年来，学者们结合新出土的甲骨文、铭文等资料，对司马迁所说的"改法度，制正朔"提出推测：一是"位之宗子"制，郭伟川先生说："周文王确立'位之宗子'，一反殷商'兄终弟及'的王位继承法，而确立姬周以嫡长子继位的'父死子继'的王权宗法制度，此举直接影响了西周之后中国数千年封建王朝的历史，其意义之重大，影响之深远，概可想见。"二是西岐的官职制度，郭先生说："文王在西岐主政的晚期，已然称王，其政体已是王国的政体，其官制已是王国的官制。商纣有三公，文王亦有三公；商纣有冢宰、卿事寮、太史寮诸官，文王则有九卿（按：内含冢宰。冢宰为九卿之首），其王制之职官制度比商纣已有过而无不及，显示文王吊民伐罪、取商纣而代之的决心。"[②]当然，《逸周书》中所涉及的礼乐制度非常宽泛，在伦理方面，西伯强调"夫妻、父子、兄弟、君臣"（《逸周书·常训》）；在社会管理方面，提出"九酌""五大""三穆""七信""三安""十二来"（《逸周书·文酌》）；在人际交往中强调"人曰必礼"（《逸周书·文酌》）的思想；还有按照年景的丰、俭、饥、荒等情况，确定相应的赋税制

① 黄怀信、张懋镕、田旭东撰，李学勤审定：《逸周书汇校集注》，上海：上海古籍出版社1995年版，第1—4、35—36页。

② 郭伟川：《〈周礼〉制度渊源与成书年代新考》，北京：国家图书馆出版社2016年版，第91、97页。

度和管理办法，等等。

综上所述，从始祖后稷到西伯姬昌，先周时期的历代首领，都从执政的“精英文化”和周围的“世俗文化”中不断汲取治国理政的思想与智慧，形成以农为本又兼采诸长的礼乐制度。以北方文化为例，曹玮先生说：“自其先祖开始，周人就与北方部族发生了紧密的联系。在经过数代的交往过程中，周人的文化中包含着北方青铜文化的成分，这不仅仅表现在用于战争的兵器和工具的吸收和使用上，就是在西周礼器上也印记着北方青铜文化的因素，壶的装饰性纹饰是较为明显的例证。”[①] 游唤民先生则说：“后来周公之所以能成为一代杰出的政治家、军事家、思想家，固然是由他所处的时代造就的，但与周族长期形成的独特的民族精神对他的影响有关，特别是与太王、王季尤其是父亲文王对他的影响更是密不可分。”[②] 其实，先周时期的礼乐传统是周公“制礼作乐”的基因库，是姬周礼制的生命底色，而周公的“制礼作乐”则强化了先周时期固有的文化传统，成为此后中国文化的最显著的标识之一。

二、商末贤士奔周与周礼的助力

王国维先生在《殷周制度论》中说：“中国政治与文化之变革，莫剧于殷、周之际。”首要的论据是作为国家政治与文化标志的都邑所在位置：“自五帝以来，政治文物所自出之都邑，皆在东方。惟周独崛起西土，武王克纣之后，立武庚、置三监而去，未能抚有东土也。”姬周以武力控制东方应是周公东征以后的事情。另外，在制度设置上，周代与殷商存在巨大的差别，王国维先生说：“欲观周之所以定天下，必自其制度始矣。周人制度之大异于商者：一曰立子立嫡之制，由是而生宗法及丧服之制，并由是而有封建子弟之制、君天子臣诸侯之制。二曰庙数之制。三曰同姓不婚之制。此数者，

① 曹玮：《周原遗址与西周铜器研究》，转引自游唤民：《周公大传》，长沙：湖南人民出版社 2008 年版，第 20 页。

② 游唤民：《周公大传》，长沙：湖南人民出版社 2008 年版，第 22 页。

皆周之所以纲纪天下……” 王国维先生特别强调了姬周尤其是周公制定以上制度，其旨在于“纳上下于道德，而合天子、诸侯、卿、大夫、士、庶民以成一道德之团体”[①]。这一论断得到后世不少学者的认同，并在很长一段时间里似乎成为“定论”。

然而，随着新的出土文献的不断面世，人们开始重新回到礼制是沿袭、演进和损益而来的观点上来，也就是孔子所说的“殷因于夏礼，所损益，可知也；周因于殷礼，所损益，可知也；其或继周者，虽百世可知也”[②]。以官职制度为例，据《尚书·舜典》记载，帝舜曾任命二十二位官员，前六位的职责大约相当于后世的“六卿”，而夏启即位后正式确立“六卿”制（见《尚书·甘誓》）。殷商在此基础上设置了“卿士”“卿士寮”，并新增“三公”和“太史寮”等职。从甲骨文、金文和传世文献的记载来看，西周官制是承商制而来的，并确立了以“六卿”为骨干的官僚体系，如郭伟川先生总结说：“‘六卿’的官制，可谓为历代王朝职官制度的基本骨干。正是在‘六卿’制度的基础上，历朝职官制度不断地沿袭、演进、发展、壮大。……姬周承接尧舜时代和夏、商二朝的职官制度并且在历代礼制文明不断演进的基础上，使周王朝在官制和礼制建设上获得了空前的发展。”[③] 即是说，西周王朝成立前，“小邦周”是殷商的诸侯国，其在官制与礼制上无疑是仿效“大邑商”的。

除姬周的主动仿效外，商纣时期诸侯国君、士大夫投奔姬周，特别是“殷之大师、少师乃持其祭乐器奔周”[④]，更是为西周官制和礼制的建设提供了强大助力。在过去的四十多年间，在山西、陕西、北京和河北等地的多处殷

---

① 周锡山编校：《王国维集》（第四册），北京：中国社会科学出版社2008年版，第124—125页。

②《论语·为政》，《四书章句集注》，北京：中华书局1983年版，第59页。

③ 郭伟川：《〈周礼〉制度渊源与成书年代新考》，北京：国家图书馆出版社2016年版，第82—83页。

④《史记·殷本纪》，北京：中华书局1982年第2版，第108页。

周遗址中，共发现了有字的甲骨三千余片，目前整理出来的甲骨文字有一千多个。如吕庙军先生说："以上西周甲骨的发现对研究周族文明的形成、商周关系及周初的历史提供了新的、切实可靠的材料。"[①] 以陕西周原甲骨为例，其中有不少属于商王室的遗物，如王玉哲先生认为："周原这批甲骨绝大部分是商王室的，不是周人的。……我们推想，这批甲骨很可能是在殷商末年商纣王时，掌管占卜的卜人投奔周人时，携带过去的。"那些投奔姬周的殷商贵族或者王室大臣，为了邀赏，自然会携带自己所掌管的部分器物而来，其中"主持占卜的贞人"在投奔周族时，必然会"载其甲骨档案，挟以俱来"。[②] 应该说，掌握祭祀文化的殷商贵族和高级官员的到来，给以农为本的先周氏族及其文化传统注入了新鲜的血液。

在诸多奔周的殷商故臣之中，分量最重或者说最知名者当数商纣的庶兄微子启。据《吕氏春秋》记载，微子启为帝乙的首子、商纣的长兄，本属继承帝位者，但由于史官的据理力争，他最终未能继承大统。[③] 后世的不少学者对微子启的长子地位、对殷商末年是否确立了嫡长子继承制等问题，都曾产生过质疑，但作为商纣的宗亲故臣，他的到来无疑给周武王伐纣提供了更为现实的政治依据。《史记·宋微子世家》中说："周武王伐纣克殷，微子乃持其祭器造于军门，肉袒面缚，左牵羊，右把茅，膝行而前以告。于是武王乃释微子，复其位如故。"[④] 应该说，周武王、周公对微子启都极为重视，因为他到来的政治意义远大于现实意义，即为武王伐纣和姬周王朝的建立增加了更强的合法性。

如果说大师、少师、微子启的奔周带来的是殷商贵族的礼乐与祭祀文化，

① 吕庙军：《周公研究》，北京：人民出版社 2012 年版，第 11 页。

② 王玉哲：《陕西周原所出甲骨文的来源试探》，《社会科学战线》，1982 年第 1 期。

③ 《吕氏春秋·当务》中说："纣之同母三人，其长曰微子启，其次曰中衍，其次曰受德。受德乃纣也，甚少矣。纣母之生微子启与中衍也，尚为妾，已而为妻而生纣。纣之父、纣之母欲置微子启以为太子，太史据法而争之曰：'有妻之子，而不可置妾之子。'纣故为后。用法若此，不若无法。"

④《史记·宋微子世家》，北京：中华书局 1982 年第 2 版，第 1610 页。

那么内史向挚和辛甲奔周带来的则是殷商朝廷的史官文化。如《吕氏春秋·先识览》中说："殷内史向挚见纣之愈乱迷惑也，于是载其图法，出亡之周。武王大说，以告诸侯曰：'商王大乱，沈于酒德，辟远箕子，爰近姑与息，妲己为政，赏罚无方，不用法式，杀三不辜，民大不服，守法之臣，出奔周国。'"[①]《左传·襄公四年》中说："昔周辛甲之为大史也，命百官，官箴王阙。"晋杜预注解说："辛甲，周武王大史。阙，过也。使百官各为箴辞，戒王过。"[②]当然，学术界对辛甲的身份存在不同的看法，对箴辞的真实性也提出过质疑，如杨伯峻先生说："《周本纪集解》引刘向《别录》云："辛甲，故殷之臣，事纣，盖七十五谏，而不听。去至周，召公与语，贤之，告文王。文王亲自迎之，以为公卿，封长子。……《尚书·盘庚》云：'犹胥顾于箴言。'箴乃诫谏之意。至《逸周书》所载夏、商之箴及《吕氏春秋·谨听篇》引《周箴》，皆未可信。阙，过失也。"[③]从辛甲七十五次劝谏商纣的执着行为来看，辛甲有着正直、忠诚的品格，自然是能胜任大史之职的。在大史的职位上，辛甲无疑将夏、商时期的史官制度与文化融入周代的史官制度之中，形成了一种新的史官文化。

此外，武王灭商之前，很多殷商朝廷的大臣投奔而来，有些成为西伯姬昌和周武王的重要谋士。《史记·周本纪》中说："伯夷、叔齐在孤竹，闻西伯善养老，盍往归之。太颠、闳夭、散宜生、鬻子、辛甲大夫之徒皆往归之。"裴骃《史记集解》引刘向《别录》曰："鬻子名熊，封于楚。"[④]周文王将太颠、闳夭和散宜生等置于宗亲的位置，甚至还与他们成为"朋友"，如清代学者武亿《群经义证》中说："《晋语》云：'文王度于闳夭而谋于南宫。'韦昭《注》：'南宫适。'又云：'重之以周邵毕荣。'……闳夭、南宫适又与太颠、散宜生并见《书·君奭篇》，云：'有若闳夭，有若散宜生，有若泰颠，

① 许维遹撰，梁运华整理：《吕氏春秋集释》，北京：中华书局2009年版，第396页。
② 郑玄等：《十三经古注·春秋经传集解》，北京：中华书局2014年版，第219页。
③ 杨伯峻：《春秋左传注》，北京：中华书局2009年第3版，第938页。
④《史记》，北京：中华书局1982年第2版，第116页。

有若南宫括。'《两汉刊误补遗》谓太颠、闳夭、散宜生、南宫适，师古谓文王之四友，表于四友后。"[①] 由于君臣彼此能以诚相待，这些殷商故臣自然都成了西伯姬昌缔造"偃兵兴德""奄有天下"[②] 政权最得力的助手。

太颠、闳夭和散宜生等都是从殷商投奔而来的朝廷重臣，都曾掌握着殷商朝廷的精英文化。所以，这些人带来的文化和制度，都应当是西伯姬昌"改法度，制正朔"的重要基础，他们同时也成为辅佐武王攻伐商纣的重要参事。如《史记·周本纪》中说："武王弟叔振铎奉陈常车，周公旦把大钺，毕公把小钺，以夹武王。散宜生、太颠、闳夭皆执剑以卫武王。"[③] 而这些人都被孔子列入辅佐周武王治国理政的"乱臣"[④]。朱熹注解说："马氏曰：'乱，治也。'十人，谓周公旦、召公奭、太公望、毕公、荣公、太颠、闳夭、散宜生、南宫适，其一人谓文母。刘侍读以为子无臣母之义，盖邑姜也。九人治外，邑姜治内。或曰：'乱本作乿，古治字也。'"[⑤] 这些人不仅是周武王统一天下的得力助手，而且更应该是周初政权稳定之后周公"制礼作乐"的重要谋士。

当然，由于商纣失德而投奔到姬周王朝的殷商故臣无疑是良莠不齐的，这些人中既有上述能为西周王朝兴盛提供助力的贤哲，也有不少是品行不端或者心怀鬼胎的投机分子，这也是孔子说"才难"的原因所在。这些投机分子甚至还借殷商曾选拔和重用夏代的故旧大臣之事，极力向执政者周公要官位、要俸禄。面对殷商逸民的蛮横要求，周公在其所作的《多士》篇曾给予

① 程树德撰，程俊英、蒋见元点校：《论语集释》，北京：中华书局1990年版，第554页。

② 黄怀信、张懋镕、田旭东撰，李学勤审定：《逸周书汇校集注》，上海：上海古籍出版社1995年版，第101页。

③《史记》，北京：中华书局1982年第2版，第125页。

④《论语·泰伯》中记载：舜有臣五人，而天下治。武王曰："予有乱臣十人。"孔子曰："才难，不其然乎？唐虞之际，于斯为盛。有妇人焉，九人而已。三分天下有其二，以服事殷。周之德，其可谓至德也已矣。"

⑤〔宋〕朱熹：《四书章句集注》，北京：中华书局1983年版，第107页。

这些人严厉告诫，说："惟尔知惟殷先人，有册有典，殷革夏命。今尔又曰：'夏迪简在王庭，有服在百僚。'予一人惟听用德，肆予敢求尔于天邑商。予惟率肆矜尔，非予罪，时惟天命。"郑玄注解说："简，大也。今汝又曰：'夏之众士蹈道者大在殷王庭。有服职在百官，言见任用。'"[①] 由此可见，周公"制礼作乐"，不仅有殷商文化的助力，而且有殷商文化的阻力。然而，从总体上看，从殷商投奔而来的有德、有位的殷商故旧大臣，所带给周公的是殷商融合此前文化形成的主流文化。周公在"因革""损益"的基础上，做了相应的调整，并制作出不同于先周时期的"新"的周代礼乐文化。

三、周公制礼作乐与周礼的成熟

尽管人们对周公是否"制礼作乐"以及怎样"制礼作乐"存在不同的看法，但传世文献中的记载却是不容忽视的。《左传·文公十八年》记载说："季文子使大史克对曰：'……先君周公制《周礼》曰：'则以观德，德以处事，事以度功，功以食民。'作《誓命》曰：'毁则为贼，掩贼为藏。窃贿为盗，盗器为奸。主藏之名，赖奸之用，为大凶德，有常，无赦。在九刑不忘。''"[②] 又如《礼记·明堂位》中说："武王崩，成王幼弱，周公践天子之位，以治天下。六年，朝诸侯于明堂，制礼作乐，颁度量，而天下大服。"[③] 另外，《尚书大传》记有"周公摄政"，"六年制礼作乐"。这些记载都将周初"制礼作乐"的主体指向周公，如陆玉林先生说："从孔子所讲三代之礼的关系和礼乐文化与巫史文化的关系这两方面来看，《礼记·明堂位》说周公'制礼作乐，颁度量'，实是在礼乐旧制度的基础上有所变革。这种变革，可以说从夏商时代的巫史文化为主导，而一变而为礼乐文化为主导。"[④] 梁涛和刘

① 郑玄等：《十三经古注·尚书·周书》，北京：中华书局2014年版，第60页。

② 杨伯峻：《春秋左传注》，北京：中华书局2009年第3版，第633—635页。

③〔清〕孙希旦撰，沈啸寰、王星贤点校：《礼记集解》，北京：中华书局1989年版，第842页。

④ 陆玉林：《中国学术通史》（先秦卷），北京：人民出版社2004年版，第26页。

宝才先生则认为周公起着主导的作用，说：“‘制礼作乐’指周代礼乐制度的创建过程，应该属于西周初年统治集团的共同建树。周公在这一建树中起了主导作用，故称周公‘制礼作乐’。”[①] 所以，周公是西周礼制的缔造者，这一历史定位得到学者的普遍认同。

当然，周公所制礼乐之所以能成为影响中华文明传统的重要因素，既与先周时期奠定的以人为本的礼制传统有关，也与姬周所继承的夏商时期的文化传统有关，更与周公从“好学”到“博学”的品格有关：《尚书·金縢》篇记有周公自道的“多才多艺，能事鬼神”，《墨子·贵义》中有“昔者周公旦朝读书百篇，夕见漆十士”，《史记·鲁周公世家》中有“为子孝，笃仁，异于群子”。正如游唤民先生评价说：“周公极为重视历史。他对夏、殷的历史熟悉到可随手引用的程度（见之于《尚书·周书》）；当然，其对本民族的历史自然会了解得更深，特别是对曾祖父公亶父至父亲文王这段历史更能深切把握，并有亲身体验。”[②] 周公自幼年起就受到父亲西伯姬昌的重视，一方面是因为武王“同母昆弟十人，惟发、旦贤，左右辅文王”[③]；另一方面则因其德才兼备的政治素养。《逸周书·酆保》中记载文王（注：一说为武王）问周公曰：“诸侯咸格，来庆辛苦役商，吾何保守？何用行？”周公拜手稽首曰：“商为无道，弃德刑范，欺侮群臣，辛苦百姓，忍辱诸侯，莫大之纲福其亡亡人惟庸。王其祀德纯礼，明允无二，卑位柔色金声以合之。”[④] 这也是文王把周大王之发祥地的“岐山之阳而近西”的周原作为周公采邑的重要原因。

周公从殷商“无道”“弃德”的教训入手，认为要避免重蹈覆辙就应当“德

① 梁涛、刘宝才：《中国学术思想编年·先秦卷》，西安：陕西师范大学出版社 2004 年版，第 25 页。

② 游唤民：《周公大传》，长沙：湖南人民出版社 2008 年版，第 19 页。

③《史记·管蔡世家》，北京：中华书局 1982 年第 2 版，第 1563 页。

④ 黄怀信、张懋镕、田旭东撰，李学勤审定：《逸周书汇校集注》，上海：上海古籍出版社 1995 年版，第 207—208 页。

纯礼，明允无二”，这是他给予父亲的建议，自然亦是周人行善修德传统的继承与发展。而“德”也成为周公“制礼作乐”的核心，这也是季文子说“则以观德，德以处事，事以度功，功以食民”的原因。当然，周礼以“德”为指导思想亦是先秦时期人们的共识，如《左传·昭公二年》记载，“晋侯使韩宣子来聘”，韩宣子“观书于大史氏，见《易》《象》与《鲁春秋》”后，赞叹说：“周礼尽在鲁矣，吾乃今知周公之德与周之所以王也。”[①] 杨朝明先生评价说：“周公特别强调‘明德’，而‘同心则同德’，‘同姓则同德’。‘德’既为周公政治理论的核心，因此‘德’在周公制礼作乐的过程中也被格外地加以强调，所以，周公制周礼以礼仪观察德行（‘则以观德’），以德处置事情（‘德以处事’）。”[②] 应该说，周礼乃至中华礼乐文化以德为核心是由周公奠基的。

有学者说：“欲使一代政治达于高尚优雅之域，致太平之盛，不可不制礼作乐。然其本源在人君之一身，本源一乱，礼乐复何为哉？”[③] 意思是说，礼乐要发挥作用，人君必须率先垂范，所以朱熹说：“周公以成王未知稼穑之艰难，故陈后稷、公刘风化之所由，使瞽矇朝夕讽诵以教之。”[④] 周公“制礼作乐”既尊重先周时期周人的文化传统，也积极汲取夏、商文化的精髓，制定出符合现实需要的礼乐制度。吴钢先生说：“在《尚书·多士》中，周王不无妒意地对殷士族说：‘惟尔知，惟殷先人有典有册，殷革夏命。’在自尊情结的驱动下，周人很可能最大限度地吸收殷商文化中的养分（《墨子·贵义》披露：‘昔者周公旦朝读书百篇，夕见漆十士’），并且通过对先进文化的适当改造，编纂出属于周人自己的适合农业经济的礼仪典章。”[⑤] 周公

---

① 杨伯峻：《春秋左传注》，北京：中华书局2009年第3版，第1226—1227页。

② 杨朝明：《周公事迹研究》，郑州：中州古籍出版社2002年版，第158—159页。

③ 钱穆：《钱穆先生全集：周公》，北京：九州出版社2011年版，第69—70页。

④〔宋〕朱熹集注，赵长征点校：《诗集传》，北京：中华书局2011年版，第118页。

⑤ 吴钢：《孔子的周公——〈尚书〉中所见西周女王》，上海：上海三联书店2011年版，第3页。

位高权重，但他能时刻礼贤下士，《韩诗外传》记载他告诫前往曲阜就封的长子伯禽说：“往矣！子其无以鲁国骄士。吾文王之子，武王之弟，成王之叔父也，又相天子，吾于天下亦不轻矣。然一沐三握发，一饭三吐哺，犹恐失天下之士。”[①] 周公之优秀是大家公认的，他又如此谨慎而为，其所制定礼乐的高度和深度可想而知。

在“制礼作乐”的过程中，周公坚持的正是后来被孔子总结提炼出的“三代损益”原则，主要体现在他在为政过程中对殷商礼乐特别是礼俗文化的尊重与继承上。如司马迁记载说：

> 鲁公伯禽之初受封之鲁，三年而后报政周公。周公曰：“何迟也？”伯禽曰：“变其俗，革其礼，丧三年然后除之，故迟。”太公亦封于齐，五月而报政周公。周公曰：“何疾也？”曰：“吾简其君臣礼，从其俗为也。”及后闻伯禽报政迟，乃叹曰：“呜呼，鲁后世其北面事齐矣！夫政不简不易，民不有近；平易近民，民必归之。”[②]

周公对姜太公治齐的赞誉和对长子伯禽治鲁的担忧，隐含着其对礼乐文化的态度。如杨朝明先生说：“礼起于俗，但礼并不能等同于俗，礼俗本身也有两个层面：一是对于前代旧礼的因循，二是周人本身的社会风俗与道德习惯。就前者而言，主要是指周礼对于夏、殷二代礼的因袭，‘殷因于夏礼’‘周因于殷礼’‘周监于二代’，说的正是此意，应当说，周礼对前代礼的因循乃是周礼的主要方面。”[③] 换句话说，周公制周礼并非人们想象中的文化的断裂，也非传统的终结，而是已经将其传统融入新的文化体系之中，形成以先周文化为主体的一种“新”的精英文化。

---

① ［汉］韩婴撰，许维遹校释：《韩诗外传集释》，北京：中华书局1980年版，第117页。

② 《史记》，北京：中华书局1982年第2版，第1524页。

③ 杨朝明：《周公事迹研究》，郑州：中州古籍出版社2002年版，第160—161页。

就周公“制礼作乐”的具体内容而言，人们多笼统地谈论历史上有此事，却常常是习焉不察，甚至还有不少学者予以否定，将其归类于“传说”，认为是一件“必不可能之事也”[①]。当然，多数学者还是认可这一历史事件的，如王国维先生在《殷周制度论》一文中进行了开创性的研究，提出了周公“制礼作乐”的三项核心内容，即嫡长子继承制、庙数之制和同姓不婚制。正如郭伟川评价说：“静安先生指出周公制周礼的三项主要内容，非常重要。但实事求是而论，王先生说的只是要点，并不具体，亦不全面。”此后，郭先生详细地总结出周公所制的七项制度：一是建立姬周王朝的国家体制及行政制度；二是建立分封和册命制度；三是建立朝觐制度和职贡制度；四是建立享礼制度；五是建立祭礼的用牲制度；六是确立“嫡长子”王位继承制度及相关仪礼；七是建立姬周王朝“宗礼”与“刑法”并重的宗法制度。[②]这应该是目前对周公所制周礼内容的最全面的总结。

以明堂制度为例，东都洛邑落成之时，周公在新的明堂举行了一次规模宏大的演习礼仪。如《孝经·圣治》云：“昔者，周公郊祀后稷以配天，宗祀文王于明堂以配上帝。是以四海之内，各以其职来祭。”[③]至于明堂的规格与规模，后世已不得而知，据《周礼·考工记》云：“周人明堂，度九尺之筵，东西九筵，南北七筵，堂崇一筵，五室凡室二筵。”有学者认为：“盖周之明堂，与夏之世室，殷之重屋粗粗同制。明堂盖取向明而治之义。……

---

① 详见顾颉刚：《“周公制礼”的传说和〈周官〉一书的出现》，载于《文史》第六辑，1979年版；《周公制礼作乐之不可能》一文，载于《顾颉刚全集：顾颉刚读书笔记》（卷七），北京：中华书局2011年版，第283页。

② 郭伟川：《〈周礼〉制度渊源与成书年代新考》，北京：国家图书馆出版社2016年版，第170—211页。

③《礼记·明堂位》云：“昔者周公朝诸侯于明堂之位，天子负斧依，南乡而立。三公，中阶之前，北面，东上。诸侯之位，阼阶之东，西面，北上。诸伯之国，西阶之西，东面，北上。诸子之国，门东，北面，东上。诸男之国，门西，北面，东上。九夷之国，东门之外，西面，北上。八蛮之国，南门之外，北面，东上。六戎之国，西门之外，东面，南上。五狄之国，北门之外，南面，东上。九采之国，应门之外，北面，东上。四塞，世告至。此周公明堂之位也。明堂也者，明诸侯之尊卑也。”

本于夏、殷之制。九阶、四旁两夹、窗白盛之制，同于夏之世室。四阿重屋之制，同于殷之重屋。而三代名称各异……”[①]与镐京之明堂相比，尽管东都之明堂有一些新的变化，如明堂与宗庙已经分开，明堂与路寝明确分开，但其似乎仍继承了前人明堂的功能和形制。在考察历代明堂制度的基础上，张一兵先生总结说：“由于是从殷商继承来的礼仪，那么很可能与明堂的前身‘世室’‘重屋’的礼仪比较接近，而不完全是周初文王、武王所创的‘明堂’礼仪。所以成周明堂很可能仍然带有‘清庙’一类宗庙的特征。”[②]当然，周代明堂的规制承袭夏、商，只是周公制周礼的一个窗口，它反映了周公所制“礼乐”与此前的礼制是孔子所说的“损益”关系。

周公对音乐的制作是其“制礼作乐”的重要组成部分。《礼记·乐记》中说：“乐者为同，礼者为异。同则相亲，异则相敬。乐胜则流，礼胜则离。合情饰貌者，礼乐之事也。礼义立，则贵贱等矣。乐文同，则上下和矣。”[③]洛邑建成之初，周公举行了一场祭祀文王的典礼，《周公》一书中说：“当日用于祭典之乐歌，即《周颂》之《清庙》《维清》《我将》等，述文王之功德甚切。……是是时制作之乐，盖文德武功兼而备之者。周公行其礼，奏其乐，举行宗祀之大礼，其效果良不虚，四海之内，各以其职来助祭者，皆与之以非常之感动。”[④]由于“六经”中的《乐经》失传，人们对先秦时期的乐舞内容所知比较模糊，但目前大家比较统一的看法是，《诗经》篇章特别是“雅”“颂”都与西周礼乐文明的建构相关，自然也与周公密不可分，如姚俊成先生说：“（周公）还政后，‘成王又留之以为太师’，主要管音乐工作。他对‘作乐’极为重视。认为这事关系到国家政权的巩固、对祖宗的敬仰、对子孙和臣民的教育。所以他亲自创作了《周颂》首篇《清庙》和

① 钱穆：《钱穆先生全集：周公》，北京：九州出版社 2011 年版，第 74 页。

② 张一兵：《明堂制度源流考》，北京：人民出版社 2007 年版，第 72 页。

③ 孙希旦撰，沈啸寰、王星贤点校：《礼记集解》，北京：中华书局 1989 年版，第 986—987 页。

④ 钱穆：《钱穆先生全集：周公》，北京：九州出版社 2011 年版，第 77 页。

《大雅》首篇《文王》。另外，《大雅》中的《生民》《公刘》《绵》《皇矣》《大明》等史诗，即使不是周公创作，最后由他审定大概不成问题。”由于周公既是诗人，又是太师，“为《诗经》的形成作了开创性的工作。可以说，周公是《诗经》的奠基人”。[①] 这里至少说明周公与《诗经》的关系密不可分，《诗经》理应是其“作乐”工作的重要组成部分。

周公与《诗经》的关系，在新出文献“清华简”中也得到了印证。“清华简”《周公之琴舞》篇中包含以周公和成王的名义所作的“敬毖”诗共十首，语言与传世《诗经》中的“颂”相似，应属于周公“制礼作乐”背景下的作品，如黄甜甜先生说：“尽管古今争议很大，现代学者的研究都倾向认为《诗经》诸诗曾入乐。《诗经》乐歌有多种制作生产的方式，其中最主要最直接的便是贵族和乐师为各种礼仪活动而制作乐歌。……我们推测，《周公之琴舞》中儆毖部分的文辞，最初很可能是为宗庙祭祀等典礼而作的仪式用辞，入乐之后与‘启’‘乱’这类乐章术语一起组成了最初的《周公之琴舞》乐章文本。”[②] 蔡先金先生也对该篇的价值给予高度评价：“自上个世纪（20 世纪）末以来简牍文献屡有发现，……可惜的是，诗乐类文献的发现少得屈指可数，而清华战国楚简整理者最近却公布了一篇西周初期的《周公之琴舞》，尤显珍贵，因为这不仅是佚诗的发现，也可谓是佚乐的发现。《周公之琴舞》不仅呈现出一篇完整的颂诗，而且还面世了迄今可见的仅有的一部完整的‘颂’类乐章，其学术价值至少可敌半部传世《诗经·周颂》。”[③] 虽然这种说法略有夸张的成分，但至少为周公“制乐”提供了新的有力旁证。

---

① 姚俊成：《周公——〈诗经〉奠基人》，《郑州大学学报》（哲学社会科学版），1987 年第 2 期。

② 黄甜甜：《试论清华简〈周公之琴舞〉与〈诗经〉之关系》，《中原文化研究》，2015 年第 2 期。

③ 蔡先金：《清华简〈周公之琴舞〉的文本与乐章》，《西北师大学报》（社会科学版），2014 年第 4 期。

当然，由于学术界对传统上赋予周公“著作权”的一些《诗经》中的作品曾产生过怀疑，所以自然也带来周公究竟作了哪些“乐”的难题。尽管如此，学者们至少认为《诗经·周颂·大武》是周公和武王所作，如李山先生说：“《武》，周初纪念克商成功之《大武》乐章第一章的歌词。《毛诗》：‘《武》，奏《大武》也。’蔡邕《独断》所载鲁说：‘奏《大武》，周武所定一代之乐所歌也。’《郑笺》：‘《大武》，周公作乐所为舞也。’汉儒之说明确了两件事，一是此诗与《大武》舞乐有关，再是此诗作于周公之手，时间为武王在世时。”[①] 杨朝明先生则说：“周公作乐，作了哪些乐，已难知其详，但周公作了歌颂武王的《大武》是肯定的。《吕氏春秋·古乐》云：‘武王即位，以六师伐殷……克之于牧野，归乃荐俘馘于京太室，乃命周公为作《大武》。’《诗·周颂·武》孔疏则说：‘《武》诗者，奏《大武》之乐歌也。谓周公摄政六年之时，象武王伐纣之事，作《大武》之乐，既成而于庙奏之。’周有《大武》之乐，古籍言之凿凿，自无可怀疑。”[②] 因此，尽管我们现在很难肯定周公到底作了哪些“乐”，但他肯定作了一系列的“乐”与礼相配合，因为这些乐都属于其心目中的“国之大事”。

综上所述，周公在中国传统文化中的地位很高，被称为“元圣”，即中国礼乐文化的奠基人、“第一位圣人”。这种定位是人们将宏大的周礼系统制作权归功于周公的结果，是对三代礼乐文化的一种肯定。在传统上，长期以来人们还把《周礼》《仪礼》《诗经》等与礼乐相关的典籍的“著作权”也归于周公。随着研究的深入，不少学者认为，所谓“制礼作乐”并非指礼乐制度都是周公的创作，这些礼乐制度是以夏、商和先周的文化传统为基础的。以周公为首的西周初期的统治者为稳定统治、规划秩序，建立了一整套完整而成熟的礼乐制度。由于“文献不足征”，周公所制周礼的原貌已经很难再现，学者们相对统一的意见是，周公以西周“积德行义”“敬德保民”

① 李山撰，袁行霈主编：《诗经选（古代诗词典藏本）》，北京：商务印书馆2015年版，第379页。

② 杨朝明：《周公事迹研究》，郑州：中州古籍出版社2002年版，第163页。

的传统为总纲，也就是杨向奎等先生所说的“用‘德’字来概括原始礼”[①]，制定出以官制、刑法、仪式为主体的“礼”和包括舞乐、乐章在内的“乐”，使礼、乐相互配合，相互为用，共同体现周礼之德治精神。至于哪些具体的礼乐是周公所作，哪些是后世的附会，是否仅为清代学者陈澧所说的举“大纲”[②]问题，则是可以进一步讨论的。

（原载于《唐都学刊》2020 年第 1 期）

① 杨向奎：《关于周公“制礼作乐”》，《文史知识》，1986 年第 6 期。

② 陈澧：《东塾读书记》，上海：世界书局 1936 年版，第 91 页。

孟子的“圣人”观研究

自古以来，华夏族就是一个崇“圣”、树“圣”和祭“圣”的民族，传统中国自然也就成为一个多“圣”的国度，这与早期中华文化的特质有关。在先秦时期，几乎所有诸子心目中都有令其推崇备至的“圣人”。先秦诸子贤哲分别赓续各自“圣人”的余晖，将其视为自己思想学说和政治理想的根源。其中以孔子“私淑弟子”自居的孟子，继承与弘扬此前的“圣人”观，对此后的中国社会产生了深远影响，被称为传统社会“圣人”思想的继往者与开来者。概言之，孟子的“圣人”观主要有三方面内容：一是从自我超越的道德修养角度，认为圣人是“与我同类”者；二是从跨越时空的社会教化角度，认为圣人是“百世之师”者；三是从社会道德伦理的角度，认为圣人是“人伦之至”者。孟子的“圣人”观是以其人性论为基础的，同时又为其人性论提供强有力的佐证。

一、圣人：与我同类

在早期儒家那里，“圣人”一直是可敬畏的存在，是君子人格的终极理想，是可望而不可即的至高境界，唯有像尧、舜那样“博施于民而能济众”（《论语·雍也》）者才能与之相匹配。当鲁哀公请教何谓“圣人”时，孔子解释说：“所谓圣者，德合于天地，变通无方，穷万事之终始，协庶品之自然，敷其大道而遂成情性。明并日月，化行若神。下民不知其德，睹者不识其邻。此谓圣人也。”[①] 即是说，孔子心目中的“圣人”是德侔天地、道冠古今的，是超越世俗、跨越时空的，特指人们心目中“高山仰止，景行景止”（《诗经·小雅》）的尧、舜、禹、汤、文等上古时期的“明王”。

与此同时，春秋时期亦出现一种把“圣人”与时人相匹配的倾向，孔子生前似乎就已享有此等“圣誉”。《左传·昭公七年》记孟僖子临终遗言说：“臧孙纥有言曰：‘圣人有明德者，若不当世，其后必有达人。’今其将在孔丘乎！我若获没，必属说与何忌于夫子，使事之，而学礼焉，以定其位。”[②] 此处的“明德者”，学术界普遍认为应是指弗父、考父等[③]，但“其后必有达人”和“今其将在孔丘”二语，将孔子视为“圣人”的意蕴已呼之欲出。与孟僖子的含蓄相比，孔子弟子在老师去世后则直接将其推崇为“圣人”，甚至还认为其超越了历代的古圣先贤，如子贡所说“他人之贤者，丘陵也，犹可踰也；仲尼，日月也，无得而踰焉”[④]，宰我所说“以予观于夫子，贤于尧舜远矣”，有若所说“自生民以来，未有盛于孔子也”[⑤] 等。

孟子认同孔子弟子对“宗师”的评价，并在与弟子的问对中引述了相关的语句，但他的阐述较为隐晦。他说：“伯夷，圣之清者也；伊尹，圣之任者也；柳下惠，圣之和者也；孔子，圣之时者也。孔子之谓集大成。”[⑥] 应该说，孟子并未把孔子与尧、舜等“圣人”直接类比，而是选择孔子之前的几位贤哲来比较说明。尽管如此，孟子在孔子“圣化运动”中所做的贡献却不容低

---

① 杨朝明、宋立林：《孔子家语通解》，济南：齐鲁书社 2009 年版，第 59 页。

② 杨伯峻：《春秋左传注》，北京：中华书局 2009 年第 3 版，第 1296 页。

③ 据王引之《经义述闻》卷二十说：“曰圣人，曰圣人有明德者，皆指弗父、考父而言。”顾颉刚先生亦指出：“弗父、考父为圣人者，圣为明德之通称，不专指大圣。”转引自吴震：《中国思想史上的“圣人”概念》，见何俊主编：《儒学的内外之思》，上海：上海三联书店 2015 年版，第 5 页。

④《论语·子张》，《四书章句集注》，北京：中华书局 1983 年版，第 192 页。

⑤《孟子·公孙丑上》，《四书章句集注》，北京：中华书局 1983 年版，第 234—235 页。

⑥《孟子·万章下》，《四书章句集注》，北京：中华书局 1983 年版，第 315 页。

估。如有学者说："孟子在孔子圣人化'运动'中也有重要贡献，他称孔子为自古以来尧舜事业的'集大成者'，且赞美孔子为'圣之时者'。可以说，孔子被确认为圣人，无疑是孟子的功绩。"[①] 再加上孟子游说诸侯时的渲染式言辞，孔子的"圣人"地位逐渐为当时的社会所接受，并最终得以确立。

在时人看来，孟子儒家宣扬尧、舜、孔子等"圣人"是"百世之师"，称赞其行为堪称"人伦之至"，足以值得后世效仿。然而，在实际操作过程中，人们又时常遇到无所适从的尴尬，甚至由此而放弃原本羡慕的"圣人"之道，走上离经叛道之路。为激发时人学做"圣人"的积极性，孟子适时地抛出了"圣人与我同类者"的论断，说：

> 富岁，子弟多赖；凶岁，子弟多暴，非天之降才尔殊也，其所以陷溺其心者然也。今夫麰麦，播种而耰之，其地同，树之时又同，浡然而生，至于日至之时，皆熟矣。虽有不同，则地有肥硗，雨露之养，人事之不齐也。故凡同类者，举相似也，何独至于人而疑之？圣人与我同类者。[②]

孟子以麰麦的繁殖规律为例，说明同类事物其本质大体都是相同的，这是由同类之"性"即现代人说的遗传物质DNA决定的。现实生活中之所以出现差异，是由后天外部环境造成的。既然如此，同为社会人的"圣人"与"庸人"则属同类，不应存在本质的差别。

此外，孟子还看到圣人与普通人的共性，其口都乐于追随易牙之口味，其耳都愿听师旷之音乐，其目都愿看子都之姿色，以此论证人心相通。《孟子·告子上》中说："口之于味也，有同耆焉；耳之于声也，有同听焉；目之于色也，有同美焉。至于心，独无所同然乎？心之所同然者何也？谓理也，义也。圣人先得我心之所同然耳。故理义之悦我心，犹刍豢之悦我口。"朱

① 吴震：《中国思想史上的"圣人"概念》，见何俊主编：《儒学的内外之思》，上海：上海三联书店2015年版，第5页。

②《孟子·告子上》，《四书章句集注》，北京：中华书局1983年版，第329页。

熹引程子之语解释说："在物为理，处物为义，体用之谓也。孟子言人心无不悦理义者，但圣人则先知先觉乎此耳，非有以异于人也。"[①] 孟子是从心性的角度说明，虽然圣人具备先知先觉的能力，但"理义之悦我心"的层面与普通人没有区别，即"圣人与我同类者"。

正因如此，当曹交请教是否"人皆可以为尧舜"时，孟子给予肯定的回答。孟子认为，人是否向善取决于自我的行动："徐行后长者谓之弟，疾行先长者谓之不弟。夫徐行者，岂人所不能哉？所不为也。尧舜之道，孝弟而已矣。子服尧之服，诵尧之言，行尧之行，是尧而已矣；子服桀之服，诵桀之言，行桀之行，是桀而已矣。"[②] 如有学者说："'人皆可以为尧舜'，是从人性善、'尧舜与人同'的思想中引出的实践性的结论。它肯定人人都具有成为尧舜那样道德高尚的人的可能性，启发鼓励人们修养的自觉性，反对自暴自弃。"[③] 这里所谓的"自暴自弃"者，应是孟子所说的那些"服桀之服，诵桀之言，行桀之行"的人。为避免此类现象泛滥，孟子极力宣扬人之善性，扩充人之善性，并将其列为与诸子论辩的重要辩题。

孟子从性善角度论证"人皆可以为尧舜"，但同时亦承认社会中有"大人"与"小人"的差别。如弟子公都子请教："钧是人也，或为大人，或为小人，何也？"孟子回答说："从其大体为大人，从其小体为小人。"所谓"小体"是指人的"耳目之官"，由于它们不能思考，所以常常会"蔽于物"，容易被外物所引诱；所谓"大体"是指人的"心之官"，有思考的天性，"思则得之，不思则不得也"。[④] 东汉赵岐注解说："此三者（指耳、目、心），皆天之所以与我者，而心为大，若能有以立之，则事无不思，而耳目之欲不能夺之矣，此所以为大人也。"[⑤] 其实，孟子此处的"大体"与"小体"，

①［宋］朱熹：《四书章句集注》，北京：中华书局1983年版，第330页。

②《孟子·告子下》，《四书章句集注》，北京：中华书局1983年版，第339页。

③ 钱逊：《正气浩然：〈孟子〉读本》，北京：中华书局2015年版，第281页。

④《孟子·告子上》，《四书章句集注》，北京：中华书局1983年版，第335页。

⑤ 姚永概撰，陈春秀校点：《孟子讲义》，合肥：黄山出版社1999年版，第203页。

并非贵贱等级的划定，只是从思维角度论证人是否能用心去思考。那些不被迷惑者则是孟子心目中的“圣人”，常被迷惑的“小人”自身已具备“心之官”，亦可修养自身以达到“圣人”境界。

此外，孟子心目中的圣人也并非全知全能，其与普通人同类，亦会犯错，这在孟子与齐国大夫陈贾的对话中有所体现。陈贾问：“周公何人也？”孟子说：“古圣人也。”陈贾问：“使管叔监殷，管叔以殷畔也，有诸？”孟子说：“然。”陈贾问：“周公知其将畔而使之与？”孟子说：“不知也。”陈贾问：“然则圣人且有过与？”孟子说：“周公，弟也；管叔，兄也。周公之过，不亦宜乎？”此处孟子强调的重点并非周公封管叔问题，而是“古之圣人”亦会犯错误。当然，“圣人”与普通人犯错亦有区别：古之圣人会“过则改之”，且“民皆见之”；普通人犯错误“则顺之”，甚至还“从为之辞”。[①] 由此可见，圣人所拥有的“圣性”是其区别于常人的标志，但亦是普通人进德修业所努力的目标，朝着这一目标努力，普通人最终也能具有圣人的特质。

二、圣人：百世之师

孟子说：“圣人，百世之师也，伯夷、柳下惠是也。故闻伯夷之风者，顽夫廉，懦夫有立志；闻柳下惠之风者，薄夫敦，鄙夫宽。奋乎百世之上。百世之下，闻者莫不兴起也。非圣人而能若是乎，而况于亲炙之者乎？”[②] 在孟子看来，像伯夷、柳下惠这样道德高尚的圣人，不仅能“为法于当时”，影响“亲炙之者”，而且还能“递至百世”，教化听闻其品行的民众，即后世所说的“师表于无穷”[③]。这在后世基本达成了共识，如清代学者焦循说：“伯夷柳下，变贪厉薄，千载闻之，犹有感激，谓之圣人，美其德也。”[④]

①《孟子·公孙丑下》，《四书章句集注》，北京：中华书局1983年版，第247页。

②《孟子·尽心下》，《四书章句集注》，北京：中华书局1983年版，第367页。

③〔明〕张居正：《张居正讲解〈孟子〉》，北京：中国华侨出版社2009年版，第416页。

④ 焦循撰，沈文倬点校：《孟子正义》，北京：中华书局1987年版，第977页。

这是中国传统圣人道德的魅力，亦是国人树“圣人”、崇“圣人”和祭“圣人”的原因。

孟子认为伯夷与柳下惠亦都非完人，给出了“伯夷隘，柳下惠不恭”[①]的评价。截然不同的性格使二人有完全不同的行事风格，比如同是“居下位”，伯夷是“不以贤事不肖者”，柳下惠却是“不恶污君，不辞小官者”。[②]传统学者对二人的性格多少都有些微词，如朱熹评价说：“夷、惠之行，固皆造乎至极之地。然既有所偏，则不能无弊，故不可由也。”[③]又如焦循说：“伯夷、柳下惠，古之大贤，犹有所阙。介者必偏，中和为贵，纯圣能然，君子所由，尧舜是尊。”[④]尽管如此，但孟子认为瑕不掩瑜，坚信其能成为“百世”效法之楷模，引领传统社会走向“王道”。

孟子称伯夷为“圣之清者”，认为贪婪者闻其德行就能变得清廉，懦弱者闻其德行就能变得有志向。他说：“伯夷，目不视恶色，耳不听恶声。非其君不事，非其民不使。治则进，乱则退。横政之所出，横民之所止，不忍居也。思与乡人处，如以朝衣朝冠坐于涂炭也。当纣之时，居北海之滨，以待天下之清也。”[⑤]明代学者张居正评价说：“后世之人闻其遗风，不但有识见的知所兴起，即顽钝无知之辈，亦皆化而有廉介之操。不但有志气的知所感奋，即柔懦不振之夫，亦皆化而有卓立之志矣。其孤介既足以守己，流风又足以感人，伯夷之行盖如此。”[⑥]其实，伯夷是在用行动坚守其“善道”，坚守其“天下有道则见，无道则隐”的原则[⑦]，对后世的影响可谓既深且远，因此他成为早期儒家乃至传统社会的至清之“圣”。

---

①《孟子·公孙丑上》，《四书章句集注》，北京：中华书局1983年版，第240页。

②《孟子·告子下》，《四书章句集注》，北京：中华书局1983年版，第342页。

③〔宋〕朱熹：《四书章句集注》，北京：中华书局1983年版，第240页。

④ 焦循撰，沈文倬点校：《孟子正义》，北京：中华书局1987年版，第249页。

⑤《孟子·万章下》，《四书章句集注》，北京：中华书局1983年版，第314页。

⑥〔明〕张居正：《张居正讲解〈孟子〉》，北京：中国华侨出版社2009年版，第273页。

⑦《论语·泰伯》，《四书章句集注》，北京：中华书局1983年版，第106页。

伯夷“至清”的影响在其“闻西伯善养老”后的言行中得到充分展现，孟子说：“伯夷辟纣，居北海之滨，闻文王作，兴曰：‘盍归乎来！吾闻西伯善养老者。’”伯夷归文王引起了姜太公的响应：“太公辟纣，居东海之滨，闻文王作，兴曰：‘盍归乎来！吾闻西伯善养老者。’”虽然这里表面上是对文王“善养老”之美政的赞誉，但是背后亦包含着对伯夷、姜太公等“大老”之“归乎来”的赞誉。孟子紧接着评价说：“二老者，天下之大老也，而归之，是天下之父归之也。天下之父归之，其子焉往？诸侯有行文王之政者，七年之内，必为政于天下矣。”[①] 应该说，文王的“善养老”与伯夷、姜子牙的“善识人”是相辅相成的，共同促进了当时社会对“善政”者的向心力，进而促成传统社会为政者普遍重视“尊老”“养老”这一治国理政的基本方略。

如果说伯夷是以其“清高”而影响后世的话，那么“和圣”柳下惠则是以其“和顺”为后世树立了楷模。孟子说：“柳下惠，不羞污君，不辞小官。进不隐贤，必以其道。遗佚而不怨，厄穷而不悯。与乡人处，由由然不忍去也。”[②] 张居正对此给予高度的评价，说：“后世之人，闻其遗风，虽狭陋之鄙夫，皆化而有宽宏之量，虽啬吝之薄夫，亦化而为敦厚之行矣。盖其和德之近人为易亲，故其流风之感人尤易入。柳下惠之行固如此。”[③] 应该说，柳下惠以实际行动向世人证明，即便处于极其恶劣的环境之中，他仍自信能做到洁身自好。他曾说：“尔为尔，我为我，虽袒裼裸裎于我侧，尔焉能浼我哉？”[④] 柳下惠的和善性格，加上孟子儒家的尊崇，使其成为与伯夷齐名且“以和名于世者”[⑤] 的儒家“圣”者。

柳下惠之所以受到孔子、孟子等儒家“数称”（《史记·仲尼弟子列传》），

---

①《孟子·离娄上》，《四书章句集注》，北京：中华书局1983年版，第282—283页。

②《孟子·万章下》，《四书章句集注》，北京：中华书局1983年版，第314页。

③〔明〕张居正：《张居正讲解〈孟子〉》，北京：中国华侨出版社2009年版，第275页。

④《孟子·公孙丑上》，《四书章句集注》，北京：中华书局1983年版，第240页。

⑤蔡节《论语集说》引刘东溪说，见程树德撰，程俊英、蒋见元点校：《论语集释》，北京：中华书局1990年版，第1255页。

应与其“不以三公易其介”[①]、“为士师，三黜”[②]等品格有关。以“不以三公易其介”为例，朱熹称赞说：“柳下惠进不隐贤，必以其道，遗佚不怨，厄穷不悯，直道事人，至于三黜，是其介也。此章言柳下惠和而不流，与孔子论夷、齐不念旧恶意正相类，皆圣贤微显阐幽之意也。”[③]姚永概评论说：“和最易于失之流，孟子叙述柳下惠之行，极有斟酌，如‘必以其道’，及‘由由然与之偕而不自失焉’，皆是也。”[④]其实，这些阐释都是指柳下惠之修养的可贵，这既是早期儒家修身养性的有益资源，更是柳下惠留给中国传统社会的宝贵的精神财富。通过仿效柳下惠的修养，人们可以逐渐培养出与其相似的“圣人”气象，这是孟子将其视为“百世之师”的原因。

伊尹亦是孟子之“圣人系统”的中坚，被称为“圣之任者”。孟子认为，伊尹是王者之师，是为政者的老师，商汤向伊尹学习，且“后臣之”，最终做到了“不劳而王”。[⑤]伊尹有极高的政治抱负，无论当世的政治环境好坏，都不会影响其出仕的决心。他说：“何事非君？何使非民？”又说：“天之生斯民也，使先知觉后知，使先觉觉后觉。予，天民之先觉者也；予将以此道觉此民也。”孟子曾给予其高度评价，说：“思天下之民匹夫匹妇有不与被尧舜之泽者，若己推而内之沟中。”[⑥]由此可见，伊尹用于觉后知、觉后觉的思想武器是“尧舜之道”，他也成为中国传统社会“以天下为己任”的楷模。而孟子“如欲平治天下，当今之世，舍我其谁”[⑦]的思想应该有伊尹的影响。

如果说伯夷、柳下惠等人是孟子心目中的“百世之师”，那么他对孔子的尊崇则为孔子成为“万世师表”定下了基调。孟子认为孔子是“圣之时者”，

---

①《孟子·尽心上》，《四书章句集注》，北京：中华书局1983年版，第357页。

②《论语·微子》，《四书章句集注》，北京：中华书局1983年版，第183页。

③〔宋〕朱熹：《四书章句集注》，北京：中华书局1983年版，第357—358页。

④ 姚永概撰，陈春秀校点：《孟子讲义》，合肥：黄山出版社1999年版，第237页。

⑤《孟子·公孙丑下》，《四书章句集注》，北京：中华书局1983年版，第243页。

⑥《孟子·万章下》，《四书章句集注》，北京：中华书局1983年版，第314页。

⑦《孟子·公孙丑下》，《四书章句集注》，北京：中华书局1983年版，第250页。

集历代圣贤之“大成”，他说：“集大成也者，金声而玉振之也。金声也者，始条理也；玉振之也者，终条理也。始条理者，智之事也；终条理者，圣之事也。”[①]“金声玉振”也成为道德境界的标识，如有学者说：“依照《五行》说法，善及于人道，圣通于天道，可知金声玉振之是与天道相通的最高认识境界，达此境界者，仁覆四海，义让天下，此即所谓‘集大成’。”[②]虽然学界把孟子视为将孔子封为“万世之师、天下楷模”之“始作俑者”[③]的说法不一定准确，但不能否定其认可孔门弟子“出于其类，拔乎其萃，自生民以来，未有盛于孔子”[④]的说法，无疑是在加速孔子通往“万世师表”的进程。

三、圣人：人伦之至

人与人如何相处是早期儒家特别关注的问题，其理想的人际关系是孔子所说的“君君、臣臣、父父、子子”[⑤]。孔子这里所强调的是，人在社会中无论是何种身份，都应扮演好自己的角色，否则都将被视为“无义”。而“内则父子，外则君臣，人之大伦”的观念是春秋战国时期普遍存在的，而且呈现出“父子主恩，君臣主敬”特点。[⑥]当然，现实社会中的人伦非常复杂，并非仅有君臣与父子两种。孟子曾归纳总结出五种核心的伦理关系，他说：“人之有道也，饱食、暖衣、逸居而无教，则近于禽兽。圣人有忧之，使契为司徒，教以人伦：父子有亲，君臣有义，夫妇有别，长幼有序，朋友有信。”[⑦]孟子认为，圣人的职责就是运用五伦思想教化普通人民。

---

①《孟子·万章下》，《四书章句集注》，北京：中华书局1983年版，第315页。

② 刘信芳：《“金声玉振之”及其相关问题》，《古籍整理研究学刊》，2001年第1期。

③ 吴震：《中国思想史上的“圣人”概念》，见何俊主编：《儒学的内外之思》，上海：上海三联书店2015年版，第10页。

④《孟子·公孙丑上》，《四书章句集注》，北京：中华书局1983年版，第235页。

⑤《论语·颜渊》，《四书章句集注》，北京：中华书局1983年版，第136页。

⑥《孟子·公孙丑下》，《四书章句集注》，北京：中华书局1983年版，第242页。

⑦《孟子·滕文公上》，《四书章句集注》，北京：中华书局1983年版，第259页。

当然，圣人之所以能教化人民，其重要前提是自身能妥善地处理好人际关系。如孟子说："规矩，方员之至也；圣人，人伦之至也。"[①] 在孟子看来，圣人是做人的典范与标杆，人们只要遵循圣人所制定的旧章，其生活就不会出现大的错误。这些旧章包括规矩、六律和仁政之道等，《孟子·离娄上》中说："圣人既竭目力焉，继之以规矩准绳，以为方员平直，不可胜用也；既竭耳力焉，继之以六律，正五音，不可胜用也；既竭心思焉，继之以不忍人之政，而仁覆天下矣。"赵岐注解说："尽心欲行恩，继以不忍加恶于人之政，则天下被覆衣之仁也。"[②] 这里赵岐所强调的是，"人伦"应是圣人"尽心"的结果，然后再行之以"不忍之心"，就会出现儒家所期许的"仁政"，这种解释无疑是符合孟子本意的。

与孔子晚年不"载之空言"相似，孟子常常撷取此前圣人的史实以论证"人伦之至"的合理性。如《孟子·离娄上》中说："欲为君尽君道，欲为臣尽臣道，二者皆法尧舜而已矣。不以舜之所以事尧事君，不敬其君者也；不以尧之所以治民治民，贼其民者也。"朱熹解释说："法尧舜以尽君臣之道，犹用规矩以尽方员之极，此孟子所以道性善而称尧舜也。"[③] 朱子此处点出圣人之所以能成为"人伦"典范，其理论基础应是"性善"论。其实，尧、舜所处理君臣关系的基本准则，同样可以用于处理社会中其他的人伦关系，如父子、夫妇、兄弟和朋友等。如有学者说："司徒，官名也。人之有道，言其皆有秉彝之性也。然无教则亦放逸怠惰而失之，故圣人设官而教以人伦，亦因其固有者而道之耳。"[④] 在孟子儒家看来，君臣、父子等"五伦"是历代先王在教化百姓时所总结出的人伦思想精髓。

在孔孟儒家心目中，尧、舜是其学说的基点，是圣人的典范。在孟子心目中，尧、舜既是君臣，是翁婿，更是以"友"相待的典范。如《孟子·万

---

①《孟子·离娄上》，《四书章句集注》，北京：中华书局1983年版，第277页。

② 焦循撰，沈文倬点校：《孟子正义》，北京：中华书局1987年版，第485页。

③〔宋〕朱熹：《四书章句集注》，北京：中华书局1983年版，第277页。

④ 邓秉元：《孟子章句讲疏》，上海：华东师范大学出版社2011年版，第206页。

章下》记载，当弟子万章请教“敢问友”时，孟子回答说：“不挟长，不挟贵，不挟兄弟而友。”尽管他认为百乘之家的孟献子、小国之君费惠公和大国之君交友时的做法都可圈可点，但毕竟格局都太小，只能算作“士之尊贤”，非“王公之尊贤”。真正算作“王公之尊贤”者当数尧舜之交，说：“舜尚见帝，帝馆甥于贰室，亦飨舜，迭为宾主，是天子而友匹夫也。用下敬上，谓之贵贵；用上敬下，谓之尊贤。贵贵、尊贤，其义一也。”朱熹解释说：“此言朋友人伦之一，所以辅仁，故以天子友匹夫而不为诎，以匹夫友天子而不为僭。此尧舜所以为人伦之至，而孟子言必称之也。”[①]

圣人与普通人的根本区别在于能心存“四心”。《孟子·离娄下》中说：“人之所以异于禽兽者几希，庶民去之，君子存之。”意思是说，人与禽兽之间的差别很小，普通百姓与君子的差别在于平时是将仁、义、礼、智等“四端”之心丢弃了还是保存着，圣人君子的职责就是帮助普通人将其被蒙蔽或者丢弃的“四端”之心恢复，使其遵循固有的善性行事，即孟子说的“舜明于庶物，察于人伦，由仁义行，非行仁义也”。虽然此前的圣王并非都与舜相同，但上古时期圣王在治理国家、与人相处时都有其独到之处，如孟子说：“禹恶旨酒而好善言。汤执中，立贤无方。文王视民如伤，望道而未之见。武王不泄迩，不忘远。周公思兼三王，以施四事；其有不合者，仰而思之，夜以继日；幸而得之，坐以待旦。”当然，圣王治理天下的过程，亦是处理人伦关系的过程，且蕴含不变的法则。如有学者解释说：“尧舜以通变神化治天下，为万世法，孟子历数禹汤文王周公以明之，皆法尧舜之变通神化者也。”[②]之所以会如此，应与孔孟儒家所开启的“允执其中”[③]的道统说有关。

周公是此前诸位圣人的集大成者，如夏曾佑引汉代学者贾谊的话说：“孔子之前，黄帝之后，于中国有大关系者，周公一人而已。”[④]周公汲取了历

① ［宋］朱熹：《四书章句集注》，北京：中华书局1983年版，第317—318页。

② 焦循撰，沈文倬点校：《孟子正义》，北京：中华书局1987年版，第567—572页。

③《论语·尧曰》，《四书章句集注》，北京：中华书局1983年版，第193页。

④ 夏曾佑：《中国古代史》，石家庄：河北教育出版社2003年版，第29页。

代圣王的智慧，将其贯穿于处理日常人伦关系的诸事之中。周公是“善继人之志，善述人之事”的“达孝”者，他“成文、武之德，追王大王、王季，上祀先公以天子之礼”[①]；周公是以身为质“代祝”兄长的“达悌”者，他“植璧秉圭，乃告大王、王季、文王”（《尚书·金滕》）；周公是“践阼而治”“抗世子法于伯禽”的“达忠”者，为使成王“知父子、君臣、长幼之道”，他“则挞伯禽，所以示成王世子之道”[②]；周公是“无求备于一人”的“达仁”者，他告诫伯禽：“君子不施其亲，不使大臣怨乎不以。故旧无大故，则不弃也。”[③]周公诸如此类的品质还有很多，儒家将其视为圣人中的“人伦之至”的典范。

被孟子赞誉为“集大成者”的孔子更是“人伦之至”者，当有人质疑孔子的言行时，子路极力辩说：“不仕无义。长幼之节，不可废也；君臣之义，如之何其废之？欲洁其身，而乱大伦。君子之仕也，行其义也。”[④]这里的“义”指的是人伦的本质内涵，如南朝皇侃曾解释说：“言人不生则已，既生便有三之义：父母之恩，君臣之义，人若仕则职于义，故云‘不仕无义’也。”[⑤]朱熹亦说：“人之大伦有五：父子有亲，君臣有义，夫妇有别，长幼有序，朋友有信是也。仕所以行君臣之义，……然谓之义，则事之可否，身之去就，亦自有不可苟者。是以虽不洁身以乱伦，亦非忘义以殉禄也。”[⑥]可见，尽管孔子儒家已知道其道无法推行，但仍强行“为之”，且广施其人伦教化。孟子则认为孔子之“教”与契之“教”可以等而视之，具有“时”之属性，且不会因时代变迁而过时。

总之，无论孟子认为圣人是“与我同类”“百世之师”，还是“人伦之至”，他都是以“性善”论为前提的，即朱熹所诠释的“圣人亦人耳，其性

①《礼记·中庸》，《四书章句集注》，北京：中华书局1983年版，第26—27页。

②《礼记·文王世子》，《礼记集解》，北京：中华书局1989年版，第553页。

③《论语·微子》，《四书章句集注》，北京：中华书局1983年版，第187页。

④《论语·微子》，《四书章句集注》，北京：中华书局1983年版，第185页。

⑤〔梁〕皇侃撰，高尚榘校点：《论语义疏》，北京：中华书局2013年版，第486页。

⑥〔宋〕朱熹：《四书章句集注》，北京：中华书局1983年版，第185页。

之善，无不同也”[①]。孟子“性善”论的理论基础是“四端”，即“恻隐之心，仁之端也；羞恶之心，义之端也；辞让之心，礼之端也；是非之心，智之端也”。每个人拥有“四端”，就像身体有“四体”那样正常。人们将固有的仁、义、礼、智等“四端”“扩而充之”，就能像圣人那样“以保四海”，达到成圣成贤的境界，否则就连“以事父母”这样最基本的事情都无法完成。[②]

（原载于《商丘师范学院学报》2018 年第 10 期）

①〔宋〕朱熹：《四书章句集注》，北京：中华书局 1983 年版，第 329 页。

②《孟子·公孙丑上》，《四书章句集注》，北京：中华书局 1983 年版，第 238 页。

孟子“以承三圣”的历史、思想、哲学世界

《孟子·滕文公下》记孟子说：“昔者禹抑洪水而天下平，周公兼夷狄、驱猛兽而百姓宁，孔子成《春秋》而乱臣贼子惧。……无父无君，是周公所膺也。我亦欲正人心，息邪说，距诐行，放淫辞，以承三圣者，岂好辩哉，予不得已也。能言距杨墨者，圣人之徒也。”应该说，此段文字蕴含的信息极为丰富。在孟子看来，战国时代的“杨朱、墨翟之言盈天下”带给社会的影响极其恶劣，堪比此前大禹时代的洪水、周公时代的“夷狄猛兽”以及孔子时代的“乱臣贼子”。杨朱、墨翟之学最大的危害是扰乱社会人心和正常秩序，进而导致思想混乱的社会局面。为消除杨朱、墨翟之学的危害，使社会重新回到“父子有亲，君臣有义，夫妇有别，长幼有序，朋友有信”（《孟子·滕文公上》）的理想状态，孟子无比坚定地把批判杨朱、墨子之学作为他一生的事业，并将这种批判视为继大禹治水、周公治乱和孔子作《春秋》之后中国历史上的第四件大事。那么，孟子何以将批判杨朱、墨翟之言看得如此之重呢？这件事情是否真的能与大禹、周公以及孔子等“三圣”的事情相提并论？要准确地回答这一问题，我们就有必要将其置于战国社会的历史背景之中，从多角度对孟子“以承三圣”一语进行细致的梳理与阐释。

一、孟子“以承三圣”的历史世界

孟子说：“天下之生久矣，一治一乱。”东汉时期的学者赵岐在注解此语时说：“天下之生，生民以来也。迭有乱治，非一世。”[①] 朱熹解释说：“生，谓生民也。一治一乱，气化盛衰，人事得失，反覆相寻，理之常也。”[②] 在孟子看来，上古三代时期圣王治理下的社会并非通常人们心目中单纯的“治世”，在“圣人之道衰”的时候，社会通常会逐渐向下一个“乱世”演变，这时就需要等待新的圣人出现，也就是大禹、商汤、文王、周公、孔子等人横空出世、力挽狂澜，进而使社会恢复为人们心目中的治世。在以上诸位圣人的事迹之中，孟子撷取了大禹“抑洪水”、周公“兼夷狄、驱猛兽”和孔子“作《春秋》”等标志性的事件。从这样的角度说，“以承三圣”一语首先蕴含着的理应是“亚圣”孟子内心深处的历史世界观念，也就是对传统中国社会发展规律的认识。

在孟子之前，中华文明至少已经有三千余年的演进历史，中国曾诞生过无数位伟大的古圣先王，诸如为后世极力尊崇的三皇、五帝等。从文明进步和民族凝结的角度，这些人都曾做出过极为杰出的贡献，理所当然为后世历代中国人铭记、尊崇。如果说三皇、五帝的事迹还具有传说成分的话，那么禹、汤、文、武、成王和周公是有史迹可考的三代明王。[③] 从传世文献的记载来看，这六位皆是孔子儒家心目中的治世圣王，他们身上皆有许多关涉中华文明安危的历史功绩和典故。然而，“述唐、虞、三代之德”的孟子，为何避开孔子儒家极力推崇的中华道统创造者、传承者——唐尧、虞舜等人，而选择承

① 焦循撰，沈文倬点校：《孟子正义》，北京：中华书局1987年版，第446—447页。

②〔宋〕朱熹：《四书章句集注》，北京：中华书局1983年版，第271页。

③《孔子家语·礼运》中说：“今大道既隐，天下为家，各亲其亲，各子其子，货则为己，力则为人，大人世及以为常，城郭沟池以为固。禹、汤、文、武、成王、周公由此选，未有不谨于礼。礼之所兴，与天地并。如有不由礼而在位者，则以为殃。”详见杨朝明、宋立林：《孔子家语通解》，济南：齐鲁书社2009年版，第365页。

接大禹、周公和孔子等三人的事业呢？此种选择的背后蕴含着孟子怎样的历史世界观念呢？这一问题应是理解孟子“以承三圣”命题的关键所在。

孟子之所以在历代圣王中选出大禹、周公和孔子，是要为其批判杨墨之学寻求历史的铺垫，寻求此前中华圣贤的超时空智慧。在孟子看来，战国时期“杨朱、墨翟之言盈天下”的现象把春秋时期“礼坏乐崩”的社会秩序推向了崩溃的边缘，使天下陷入了更剧烈的混乱之中。在儒家看来，杨朱之学的主要特点是“取为我，拔一毛而利天下，不为也”，属于典型的“无君”行为；墨翟之学的主要特点是“兼爱，摩顶放踵利天下，为之”，是典型的“无父”行为。朱熹曾注解说：“杨朱但知爱身，而不复知有致身之义，故无君；墨子爱无差等，而视其至亲无异众人，故无父。无父无君，则人道灭绝，是亦禽兽而已。”[①] 这种“无君”“无父”的行为破坏了维护社会正常运转的纲常伦理，忽视了传统社会的血亲基础。

孟子认为，“杨朱、墨翟之言盈天下”的危害与历史上的尧舜时期的“水逆行，泛滥于中国”带来的危害极为相似。泛滥的洪水使“蛇龙居之，民无所定”，进而出现“下者为巢，上者为营窟”的局面。面对滔天的洪水，不仅普通百姓无能为力，而且帝尧和帝舜也没有上乘之策。据《史记·夏本纪》记载，帝尧曾接受“四岳”的建议，将治水的任务交给鲧。然而，鲧前后耗时九年之久，治水工作却并未取得成效。帝舜即位之后，任命鲧之子伯禹继续治理洪水：

> 禹乃遂与益、后稷奉帝命，命诸侯百姓兴人徒以傅土，行山表木，定高山大川。禹伤先人父鲧功之不成受诛，乃劳身焦思，居外十三年，过家门不敢入。薄衣食，致孝于鬼神。卑宫室，致费于沟淢。陆行乘车，水行乘船，泥行乘橇，山行乘檋。左准绳，右规矩，载四时，以开九州，通九道，陂九泽，度九山。令益予众庶稻，可种卑湿。命后稷予众庶难

---

①〔宋〕朱熹：《四书章句集注》，北京：中华书局1983年版，第272页。

得之食。食少，调有余相给，以均诸侯。禹乃行相地宜所有以贡，及山川之便利。[①]

从司马迁的这段论述来看，大禹治水的态度是极其认真的。他在外十三年，即便是路过家门都未曾入，终于取得了成功。帝禹的治理不仅降服了洪水，使害人的鸟兽、蛇龙等逐渐消退，百姓得以“平土而居之”，而且还使天下呈现出“近者说，远者来”（《论语·子路》）的局面。

如果说大禹是通过治理洪水使百姓获得安宁生活的话，那么周公则是通过辅助周武王、成王“诛纣伐奄，三年讨其君，驱飞廉于海隅而戮之，灭国者五十，驱虎、豹、犀、象而远之”，最终获得“天下大悦”的成效，二者在本质上是一致的，皆属于平灾灭患、安抚百姓的至善行为。这里的“奄”是指商奄，也就是今天的曲阜一带，是助纣为虐者；“飞廉”是商纣的宠臣、重要谋士，同样是助纣为虐者；“五十国”是指协助商纣虐待百姓者。在朱熹看来，周公协助周武王、成王灭纣伐奄，使社会再次回到正常的状态，甚至出现孔子儒家心目中的“大同”世界，是传统中国社会“一乱”之后的又“一治”[②]，这是孟子历史世界观念中关于天下治理的非常重要的一环。

如果说大禹治水、周公平乱是“立功”的话，那么孔子“作《春秋》”是“立言”。春秋末期再一次出现天下大乱，“世衰道微，邪说暴行有作，臣弑其君者有之，子弑其父者有之”。孔子对此非常担忧，于是以布衣之身代天子立言，汲取周天子史官史书编纂之“义”，将其贯穿于鲁国“史记旧闻”之中，形成一部新的经典——《春秋》。孔子将这部书看得非常重，甚至将其提至“知我者”“罪我者”的高度，视其为挽救王道的重要载体。如赵岐注解说：“世衰道微，周衰之时也。孔子惧王道遂灭，故作《春秋》。因鲁史记，设素王之法，谓天子之事也。知我者，谓我正王纲也。罪我者，谓时

①《史记·夏本纪》，北京：中华书局1959年版，第51页。

②〔宋〕朱熹：《四书章句集注》，北京：中华书局1983年版，第271—272页。

人见弹贬者。言孔子以《春秋》拨乱也。”[①]在赵氏看来，《春秋》是孔子“拨乱反正”之经书，是拯救天下秩序之礼书。

《春秋》一书的作用虽然并非像孟子及其之后的儒家说得那般神奇，使得春秋末期的诸侯士大夫由于恐惧而停止犯上作乱，但从某种程度上说也使他们的僭越行为有所收敛。正如姚永概先生概括说：“‘天下之生久矣’二句，领起全章，神来气来之笔，以后文字，皆从治乱二字生出。禹与周公在位，故能及身反乱为治。孔子不在位，止能作《春秋》。孟子亦不在位，亦止能辟邪说。‘吾为此惧’，紧承‘孔子惧’句来。孟子之学孔子，乃在救世救民上着想。张子曰：‘为天地立心，为生民立命，为往圣继绝学，为万世开太平。’此四语，惟孟子足当之无愧。”[②]在孟子看来，杨朱、墨翟之学盈天下的问题，从形式上说，与大禹时期的洪水、周公时期的“夷狄、猛兽”以及孔子时期的“礼坏乐崩”都有所不同，但本质上均是社会之大害。所以，孟子欲接续三位圣人的救乱精神，淳化社会风气，使其重现儒家心目中的治世。

为解决战国时期杨朱、墨翟之学盈天下所带来的社会混乱难题，他从历史经验出发，拟从此前的历史中寻求文献的依据，寻求中华圣贤的智慧。通过历史思维的分析，孟子认为杨朱、墨翟之学盈天下带给社会的恶劣影响，本质上与大禹、周公以及孔子当时所面对的危机是一致的，皆属于其历史“一治一乱”理论中的“乱”。在这样的背景下，孟子义无反顾地选择接续大禹、周公、孔子等三位圣人解决当下社会难题的真精神，对杨朱、墨翟等进行激烈的批判，甚至认为即便是“圣人复起”，也“不易其言”，展现了他对自己学说的自信，体现了他解决社会危机的底气。

二、孟子“以承三圣”的思想世界

孟子以孔子“私淑”弟子自居，在批判杨朱、墨翟之学时，自然会选择

---

① 焦循撰，沈文倬点校：《孟子正义》，北京：中华书局1987年版，第452页。

② 姚永概撰，陈春秀校点：《孟子讲义》，合肥：黄山出版社1999年版，第108页。

与孔子相关的历史事件为依据。由于孔子“祖述尧舜，宪章文武”（《礼记·中庸》），孟子也极力推崇尧舜、文武等圣王，但是，孟子在论证力辟杨、墨之学时，偏偏没有选择这些圣王的事迹，而是极力尊崇治水的大禹、平乱的周公，他是如何考量的呢？或者说这背后反映出他怎样的思想世界呢？要准确回答这一问题，我们就有必要回到孟子论证这一问题的文本之中，回到他生活的战国社会之中。这是孟子论证“善士”时说的“颂其诗，读其书，不知其人，可乎？是以论其世也，是尚友也”（《孟子·万章下》）一语给予我们的启示。我们从孟子面对的时代难题——“圣王不作，诸侯放恣，处士横议”——中或许能找到更接近于真实历史的答案。

孟子对其生活的时代进行了深刻的批判，特别是对引起社会思想混乱的杨墨之学深恶痛绝。他说：“天下之言，不归杨，则归墨。杨氏为我，是无君也；墨氏兼爱，是无父也。无父无君，是禽兽也。”甚至还引用公明仪的“庖有肥肉，厩有肥马，民有饥色，野有饿莩，此率兽而食人也”一语进行论证。从字面意义上说，“杨朱、墨翟之言盈天下”只是思想文化领域的危害。然而，就危害的程度而言，其似乎一点都不比历史上的“率兽而食人”的分量轻。孟子说：“杨墨之道不息，孔子之道不著，是邪说诬民，充塞仁义也。仁义充塞，则率兽食人，人将相食。”从孟子此语中，人们似乎也能够隐约地感受到他对“率兽而食人”现象的忧惧。后世学者对他的担忧给予同情的理解，如朱熹解释说：“充塞仁义，谓邪说遍满，妨于仁义也。孟子引仪之言，以明杨墨道行，则人皆无父无君，以陷于禽兽，而大乱将起，是亦率兽食人而人又相食也。”[①]

为证明其对“率兽而食人”现象忧惧的合理性，最好的方案是先说明以往的圣人对此种现象亦有相似之情，孟子最先想到的无疑是孔子。孔子一生对何种事情最为忧惧呢？在孟子看来，孔子最忧惧的事情无疑是当时社会盛行的“邪说暴行”“子弑其父”“臣弑其君”等，并且为此做出了“作《春秋》”

---

①〔宋〕朱熹：《四书章句集注》，北京：中华书局1983年版，第272页。

的应对，用孟子的话说就是“孔子惧，作《春秋》”，并取得了“乱臣贼子惧”的良好社会效果。这是孟子第一次把《春秋》的“著作权”赋予孔子，第二次见于《孟子·离娄下》，他的阐释更加明确、更加直接。[1]孔子与《春秋》的真实关系，并非本文论述的重点，也不是此处要阐释的核心问题。问题的核心是，孟子将其力辟杨、墨作为“述仲尼之意”的标志性事件，作为继孔子作《春秋》之后中国思想文化史上的另一件大事。

“孤证不立”，孟子又从此前的圣王处寻求与“率兽而食人”相应的事实武器，他想到了孔子倾慕的周公其人其事。在孟子看来，发生于周公时期的与“率兽而食人”性质相同的事件首数“三监之乱”。面对此事，周公的最大贡献是三年东征，平定了以商奄为中心的东夷集团，带来了百姓生活的安宁，即孟子所说的“兼夷狄、驱猛兽而百姓宁”。从现代史学的角度而言，周公平定叛乱或许仅仅是一个重要的历史事件，似乎与孟子力辟杨、墨的思想没有多少紧要的关系。然而，如果从社会“一治一乱”的角度看，二者在本质上无疑是相通的。正如赵岐所说：“言文王大显明王道，武王大缵承天光烈，佑开后人，谓成康皆行正道，无亏缺也。此周公辅相以拨乱之功也。”[2]周公先后辅佐文、武和成王，救治了商纣以来的“乱”，使天下重新回到“治”，与孟子欲追求思想上的“拨乱反正”实质上是一致的。

古代人们通常都会将“洪水”视为猛兽，孟子自然也不例外，这也是他选择大禹“治水”作为例证的原因。当然，单纯地就“洪水”而言，这是天灾，并非人祸。在重大问题的抉择上，帝尧在位时出现了多次不和谐的扰乱之音。正如前文所述，帝尧在征求大臣意见时，大臣们给出的建议并不合理，如尧问帝位继承人选时，放齐推荐帝尧之子丹朱，讙兜则推荐共工；尧问治理洪水人选时，四岳皆推荐鲧；当帝尧认为“鲧负命毁族，不可”而提出异

---

①《孟子·离娄下》记孟子曰：“王者之迹熄而《诗》亡，《诗》亡然后《春秋》作。晋之《乘》，楚之《梼杌》，鲁之《春秋》，一也。其事则齐桓、晋文，其文则史。孔子曰：‘其义则丘窃取之矣。’”

② 焦循撰，沈文倬点校：《孟子正义》，北京：中华书局1987年版，第451—452页。

议时，四岳仍然坚持“异哉，试不可用而已”的意见，结果用人不当，“九岁，功用不成”。[①] 如果司马迁此处的记载真实可信，那么由于大臣执拗而致使洪水治理错过了最宝贵的九年时间，天下之“乱”无形中被拉长，“民无所定”的局面自然也就无法得到实质性的改善，这无疑是另一种形式的“率兽而食人”。

从这样的意义上说，在诸多的圣王及其历史事件之中，孟子撷取出大禹治水、周公平乱和孔子作《春秋》，并且发出“以承三圣”的时代强音，实际上并非他一时的心血来潮，更非简单地从历史回溯中刻意择取证据。相应地，这些历史事件皆是当时社会公认的客观存在，皆有被选出来为立论者服务的资格。当然，孟子选择这“三圣”及其历史事件，蕴含着要为解决眼前的客观问题寻求历史的依据、寻求治世思想的理论根基的意图。这种选择背后是要消灭杨墨之道而彰显孔子之道，这一点是清晰而明确的。

从孟子论辩的言辞中，人们似乎可以想象得到战国时期“争地以战，杀人盈野；争城以战，杀人盈城”的惨状，孟子也因此提出了“善战者服上刑”(《孟子·离娄上》) 的主张。尽管如此，孟子认为战争带给社会的危害仍不敌“杨朱、墨翟之言盈天下”。孔孟对待“邪说暴行”的态度应该是一致的，如《荀子》记载，“孔子为鲁摄相，朝七日而诛少正卯”，其理由是：“人有恶者五，而盗窃不与焉：一曰心达而险，二曰行辟而坚，三曰言伪而辩，四曰记丑而博，五曰顺非而泽。此五者有一于人，则不得免于君子之诛，而少正卯兼有之。”[②] 这段材料亦见于《孔子家语·始诛》篇，只是文辞上略有不同。尽管孔子此处说的“诛”字是否为杀戮之意还可以讨论，但他主张对思想犯罪者给予极重的批判与惩罚，这与孟子是相通的。

可以说，彰显孔子之道，将人们从“邪说暴行”中解放出来，是孟子从圣贤处汲取智慧的核心。在孟子看来，只要社会中人人遵循“孔子之道”、

---

①《史记·五帝本纪》，北京：中华书局 1959 年版，第 20 页。

②〔清〕王先谦撰，沈啸寰、王星贤点校：《荀子集解》，北京：中华书局 1988 年版，第 520—521 页。

人人抵制“邪说暴行”，就能使天下“充塞仁义”，就能实现社会从“乱”到“治”的根本逆转。当然，这种逆转不可能是自然而然的，而需要禹、周公、孔子等圣人横空出世、力挽狂澜。孟子“圣人复起，不易吾言矣”和“能言距杨墨者，圣人之徒也”等信心满满的誓言，彰显了他的勇气、底气和霸气，也使后世深刻感受到其思想的冲击力。换句话说，孟子并非照着三位圣人的思想阐述其主张，他是接着圣人的思想讲的，其中蕴含着他把“力辟杨墨”作为“禹抑洪水而天下平，周公兼夷狄、驱猛兽而百姓宁，孔子成《春秋》而乱臣贼子惧”之后中国思想文化史上的又一座高峰的信心。

三、孟子“以承三圣”的哲学世界

孟子“天下之生久矣，一治一乱”一语，从字面上理解，阐释的似乎是中国历史循环发展的规律问题。从根本上说，其展示的是孟子的内心世界，蕴含的是他对天下问题、古今问题和社会发展动力问题的认识。再加上他提出的“五百年必有王者兴”命题，萧萐父、李锦全等誉其为“最早较全面地论述英雄创造历史的哲学家”，说：“孟轲的英雄史观被他纳入历史循环论的体系，并和天命思想紧密结合起来。他说：‘五百年必有王者兴，其间必有名世者。’（《公孙丑下》）意谓每经过五百年必定有圣君兴起，这中间必然有命世之才出现。……他认为只有真正的‘王者’和‘命世之才’出现，才能化乱为治，而杰出的人物，正是按照这个历史循环期出现的。”[①] “一治一乱”和“五百年必有王者兴”共同构成孟子对历史发展规律的认识，大禹、周公和孔子则是其心目中创造并推动历史发展的“名世者”和“命世之才”。

孟子将这些圣人视为历史发展的推动者，视为乱世之后治世的缔造者。正如商聚德先生评价说：“在这个命题下，他叙述了从尧舜禹到文武周孔的历史发展，评论了其间的治乱兴衰，其具体论述虽不免有附会和夸张成

① 萧萐父、李锦全：《中国哲学史纲要》，北京：外文出版社1999年版，第105页。

分，……但他能从当时可能看到的历史资料中引出这样一个规律性的发展变化观点，把历史看作是一个长期发展的过程，还是难能可贵的。”[1]孟子“一治一乱”和“以承三圣”思想，折射出的是孟子的哲学世界，代表着他对中国古今历史发展规律的认识，代表着他对人类发展本源问题的看法以及对中华道统精神的传承。他以“三圣”的捍卫者和后继者自居，以“正人心，息邪说”的斗争姿态，对以杨朱、墨翟为代表的战国诸子展开猛烈的抨击。

孟子“一治一乱”的理论，既非近代以来学者们阐述的历史循环论，也非传统学者盛赞的“天下大势，合久必分，分久必合”的“分合论”。孟子心目中的“治世”是指“圣人之道盛”时期，是夏禹、商汤和文武、周公统治下的“三代之英”社会，也就是《孔子家语·礼运》中阐述的“大道之行”时期；“乱”是指“圣人之道衰”时期，是夏桀、商纣等治理下的社会，也就是《孔子家语·礼运》阐述的“大道既隐”时期。以早期儒家极力赞誉的大禹、周公为例，孟子说：“尧舜既没，圣人之道衰。暴君代作，坏宫室以为污池，民无所安息；弃田以为园囿，使民不得衣食。邪说暴行又作，园囿、污池、沛泽多而禽兽至。及纣之身，天下又大乱。”朱熹解释说：“暴君，谓夏太康、孔甲、履癸、商武乙之类也。……自尧舜没至此，治乱非一，及纣而又一大乱也。”[2]换句话说，天下从“治”到“乱”的转变通常会经历一个极为漫长的历史演进过程。这种观点既适用于战国之前中华文明发展史，也适用于此后两千多年的传统中国文明史，体现了孟子哲学思想的深度与高度。

自古以来，人类社会出现“一治一乱”的更替现象，既与洪水、地震等天灾有关，更与邪说暴行、处士横议等人祸有关。从孟子“以承三圣”的阐述中，人们似乎能够清晰地感受到其深邃的思想和处理问题的智慧。

---

① 商聚德：《孟子哲学思想十题》（下），《河北大学学报》（哲学社会科学版），1980年第4期。

②〔宋〕朱熹：《四书章句集注》，北京：中华书局1983年版，第271页。

孟子并未像传统社会的不少思想家那样把朝代的“治乱”与“更替”归结于神秘的“天命”，也没有像后世的理论家那样归纳出社会发展的普遍规律，而是把“治乱”的衡量标准确定为是否以“圣人之道”治理社会，用孔子的话说就是能否有“修己以安百姓”“修己以安天下”（《论语·宪问》）的圣王出现。毫无疑问，孟子的“治乱”思想与孔子是一脉相承的，他们都期望天下能够有像禹、汤、文、武、周公、成王等一样的明王出世，使“大道之行，天下为公”的“大同”社会得以传续。[①] 所以，孟子“以承三圣”一语具有明显的“时势呼唤圣王”倾向，更有“圣王造时势”的意蕴，这也是早期儒家最显著的特征之一。

在孟子的哲学世界中，大禹、周公和孔子等皆是在用生命化解时下社会危机的典范。他们全心全力地改变“天下无道”的现状，通过“尽心”“知性”和“知天”这条路径，最终使天下获得安宁，给百姓以福祉。以“抑洪水而天下平”的大禹为例，他治理洪水十三年过家门而不入的精神值得后世敬仰。《论语·泰伯》记孔子赞誉大禹说：“禹，吾无间然矣。菲饮食，而致孝乎鬼神；恶衣服，而致美乎黻冕；卑宫室，而尽力乎沟洫。禹，吾无间然矣。”钱穆先生解释说：“孔子深赞禹之薄于自奉而尽力于民事，亦有天下而不与之一端。事生以饮食为先，衣服次之，宫室又次之。奉鬼神在尽己心，故曰致孝。祭服备其章采，故曰致美。沟洫人功所为，故曰尽力。”[②] 其实，不仅大禹如此，孟子心目中的尧、舜、商汤、周公、孔子亦是如此。他们皆是破除当时社会发展障碍的中华圣贤，是中华文明发展史中重要的里程碑。

《孟子·尽心下》篇末提出“五百岁而圣人出”的著名论断，与“以承

① 《孔子家语·礼运》曰：“大道之行，天下为公，选贤与能，讲信修睦。故人不独亲其亲，不独子其子，老有所终，壮有所用，矜寡孤疾，皆有所养。货恶其弃于地，不必藏于己；力恶其不出于身，不必为人。是以奸谋闭而不兴，盗窃乱贼不作，故外户而不闭。谓之大同。”

② 钱穆：《论语新解》，北京：生活·读书·新知三联书店2002年版，第218—219页。

三圣”可谓相得益彰，共同体现了孟子对古今问题的深刻认识。他说：

> 由尧舜至于汤，五百有余岁，若禹、皋陶，则见而知之；若汤，则闻而知之。由汤至于文王，五百有余岁，若伊尹、莱朱，则见而知之；若文王，则闻而知之。由文王至于孔子，五百有余岁，若太公望、散宜生，则见而知之；若孔子，则闻而知之。由孔子而来至于今，百有余岁，去圣人之世，若此其未远也；近圣人之居，若此其甚也，然而无有乎尔，则亦无有乎尔。

焦循在概括此章“章指”时说：“天地剖判，开元建始，三皇以来，人伦攸叙。宏析道德，班垂文采，莫贵乎圣人。圣人不出，名世承间，虽有此限，盖有遇有不遇焉。是以仲尼至‘获麟’而止笔，孟子以‘无有乎尔’终其篇章，斯亦一契之趣也。”[①] 孟子此论述并未涉及更远古的黄帝，而是从有典籍可寻的尧舜时期开始，这种态度与春秋战国时期“百家言黄帝，其文不雅驯，荐绅先生难言之”[②] 的现状有关。

孟子承继孔子“祖述尧舜，宪章文武”的精神，认为虞、夏、商、周时期的圣王皆是中华道统的传承者，是中华礼乐文明的筑基者，而这个时期标志性的事件是大禹治水、周公治乱和孔子作《春秋》，这反映了孟子内心深处的历史哲学观念。《尚书·禹贡》开篇就说：“禹别九州，随山浚川，任土作贡。禹敷土，随山刊木，奠高山大川。”[③] 这里的记载非常重要，说明了大禹与国家治理的关系：治理滔天洪水、定山川差秩、划分九州之界、定贡赋之差……大禹是传统中国治理体系和治理模式的开创者。周公则是杰出的思想家，更是一位杰出的政治家，他的思想主要是围绕其政治实践而展开

① 焦循撰，沈文倬点校：《孟子正义》，北京：中华书局 1987 年版，第 1039 页。

②《史记·五帝本纪》，北京：中华书局 1959 年版，第 46 页。

③《十三经注疏·尚书正义》（标点本），北京：北京大学出版社 1999 年版，第 132—133 页。

的，《尚书大传》中说："周公摄政，一年救乱，二年克殷，三年践奄，四年建侯卫，五年营成周，六年制礼作乐，七年致政成王。"[①]尽管建侯卫、营成周、制礼作乐和致政成王是周公最值得称颂的政治功绩，奠定了中国国家治理的基本格局，但这些功绩的基础是救乱、克殷和践奄，并且这些政策也是孟子"以承周公"治乱思想的核心。

与身处高位的大禹和周公等人不同，孔子并不能直接治理天下，但孔子作《春秋》，成"天子之事"，为后世立法，也成为孟子心目中从"乱"到"治"的标志性事件。历史证明，《春秋》成为传统中国治国理政的主流叙事，对当时以及后世的影响既深且远："孔子成《春秋》而乱臣贼子惧。"这里的"乱臣贼子惧"是指让春秋时期的"臣弑其君者"和"子弑其父者"都感到恐惧，不敢再像从前那样肆意妄为。如果说孔子作《春秋》仍然是从政治哲学的角度对社会起作用的话，那么孟子批判杨朱、墨翟之学则是从思想舆论的角度，对"圣王不作，诸侯放恣，处士横议"等现象直指要害，以"述仲尼之意"。在他看来，战国社会孔子之道不著的主要障碍是"邪说诬民，充塞仁义"从而引发"率兽食人，人将相食"，用朱熹的话说就是"充塞仁义，谓邪说遍满，妨于仁义也"，用姚永概的话说就是"陈正人心息邪说之不得已"[②]。

总而言之，孔孟儒家皆认为在"大道之行，天下为公"的"治世"之后，就会逐渐出现"大道既隐，天下为家"的"乱世"。如何使天下由"乱"到"治"是早期儒家关注的最核心问题。面对"圣王不作，诸侯放恣，处士横议，杨朱、墨翟之言盈天下"的乱世，孟子欲从此前的历代圣贤事迹中汲取智慧，探索"正人心，息邪说，距诐行，放淫辞"的思想武器。他选择了大禹治水、周公平乱和孔子作《春秋》，认为这些事件皆是此前社会得以从"乱"

① 皮锡瑞：《尚书大传疏证》，吴仰湘编《皮锡瑞全集》（第1册），北京：中华书局2015年版，第262页。

② 姚永概撰，陈春秀校点：《孟子讲义》，合肥：黄山出版社1999年版，第108页。

到“治”的典范，值得后世效法。孟子所选择的这三位圣人及其事件，是其思想世界、历史世界和哲学世界的集中体现，无形之中塑造了孟子既高调又低调的双重形象。“高调”是指他把自己视为“三圣”之道的宣示者，是三座高峰后的又一高峰；“低调”是指他把自己视为“三圣”之道的继承者，是三座高峰的“私淑者”、信仰者和忠实信徒。

[原载于《燕山大学学报》（哲学社会科学版）2021 年第 1 期]

先秦儒家礼学“内向化”的三次转向

“先秦儒学”是指孔子与其弟子共同缔造的原始儒家思想。与道家、墨家、法家否定和批判三代礼乐文明相迥异，孔子及其弟子秉持“祖述尧舜、宪章文武”和“述而不作”的大文化观，对三代礼乐文明尤其是周礼进行了由外而内、由表及里的继承和反思，由此开创和奠定形成了以礼为特质的儒家思想和中华民族五千年礼仪文明的基因。在这一反思中，礼乐实现了从强调外在伦理规范到注重内在生命信仰的转向，即礼由最初关注自然天命的神、鬼的祭祀，转而关注人世、人心，进而在礼学的思想层面挖掘了“仁—情—心”作为内在源泉，具有深刻的人文意识与浓郁的道德追求，这种变化可称为“内向化”。在这种历时性的逻辑展开下，孔子、子思、孟子对礼的这种继承性建构使礼获得了源源不断的内在动力和形上支持。这一研究得益于20世纪末诸多新出文献，尤其是郭店简的“礼作于情”上承孔子“克己复礼”的仁学，下启孟子“辞让之心”的礼论，得以勾稽礼学“内向化”的动态模式的全景，揭示了这一转型的思想特质。

中国礼制萌芽于龙山时代，迨至西周，礼制在维护社会秩序规范的制度层面上不断完善，并发挥着重大的作用。实现这一秩序图景的是周公“制礼作乐”，由此建立了以宗法血缘为基础的政治文化模式，达到了礼制文明的“黄金时代”。较之夏、商二代“巫觋文化”和“祭祀文化”[①]，周公在扬弃和因革损益夏、殷礼的基础上加入了“德”的思考，要求君主要“明明德”“敬德保民”以施行德政，以礼乐治国。三代礼乐文明演进的显著特征贯穿了一条主线，这条主线就是人文色彩的逐渐加重：由最初关注自然天命的神、鬼的祭祀，转而关注人世，通过礼来安排现实秩序，并要求在上位的统治者要“为政以德”，正如王国维先生所指出的，周礼“制度典礼者，道德之器也”[②]。较之夏殷之礼，周代“礼乐文化”显示了更为现实的人文关怀和理性特色。

春秋中期以降，随着宗法权力的转移和社会阶层流动的加剧，统治者或为达到政治目的粗暴僭越礼乐制度，或穷奢极欲而丧德失能导致民风不古、人心浇漓，建立在此基础上的周礼秩序必然受到挑战，此即所谓“礼崩乐坏”。“礼崩乐坏”实际有两层含义：一方面原有的制度体系、信仰体系崩塌，质疑之声不断；另一方面，制度层面的崩坏促使礼衍生出另一种形式——礼作为一种观念，进入研究视野。礼与仪相别（实为仪与义的分离），源自人们对当时诸多名实不符之礼的质疑，是礼的制度层面和思想层面分化的最初形式，礼的观念层面上的“名”的意涵已被抽象出来并受到重视。以孔子、左丘明为代表的精英阶层敏锐地觉察到这一点，在《左传》鲁庄公十五年（前 679 年）至鲁僖公三十二年（前 628 年）间的五十余年的记载中，“礼”被提及多达 20 余次。时人对礼的重视也达到了无与伦比的程度，称“礼，天之经也，地之义也，民之行也”，晋国大夫子大叔评价徒有虚表地施行的礼“是仪也，非礼也”[③]。《左

① 陈来教授将夏商周三代文化分别称为“巫觋文化”“祭祀文化”和“礼乐文化”。见陈来：《古代宗教与伦理：儒家思想的根源》，北京：生活·读书·新知三联书店 2009 年版，第 10 页。

② 周锡山编校：《王国维集》（第四册），北京：中国社会科学出版社 2008 年版，第 135 页。

③ 这种说法在辑录孔子、七十子及后学礼学思想的《礼记》中分别对应有数与义、文与节、“礼之文”与“礼之本”、文与质等更精致化的区分。从春秋到战国的文献，如《左传》《荀子》等典籍中都有大量对礼和仪进行区分的说法，如礼之文、礼之貌、礼之容与礼之质、礼之本、礼之实。

传》中俯拾即是的“礼也”“非礼也”成为时人判断是非的标准。

一、孔子：“克己复礼为仁”

对于西周礼乐文明，孔子有着“郁郁乎文哉”的赞许和“吾从周”的追求。《论语·为政》中子张等人困惑于未来社会的治乱持危而发问：“十世可知也？”子曰：“殷因于夏礼，所损益，可知也；周因于殷礼，所损益，可知也；其或继周者，虽百世可知也。”[①] 孔子在总结三代礼乐文明变化规律的基础上，不仅解答了子张等时人的疑惑，而且提出了文质之变、“克己复礼”的倡议，为化解礼治在理论上和现实中的危机奠定了基础，从而形成了三代之礼“因革损益”的礼学观，为当时“传统与现代”的问题做出了积极回答。《论语·阳货》记孔子语：“礼云礼云，玉帛云乎哉？乐云乐云，钟鼓云乎哉？”[②] 礼绝不应只是人们表面上看到的那些玉帛钟鼓和行礼者的进退揖让等仪则，也不是争权夺利者随意践踏的旧礼或标榜的新礼。如何阐明和挖掘礼的内在精义，追寻“礼之本”、寻找“其或继周者”的“百世可知”便成为早期儒家的致思方向。

作为后世公认的第一位私学老师，孔子“删诗书”“定礼乐”，不仅教授可供安身立命的传统“六艺”礼、乐、射、御、书、数，通过简化贵族礼仪使之扩大为全民的人伦日用规范，因势利导地参与了礼的社会化、平民化进程，使礼得以普及和完备，同时他更注重以精神层面的诗、书、礼、乐、易、春秋等“六艺”[③] 提升人的素养，以“克己复礼”主导礼之内

---

①《论语·为政》，《四书章句集注》，北京：中华书局1983年版，第59页。

②《论语·阳货》，《四书章句集注》，北京：中华书局1983年版，第178页。

③ 杨朝明：《真实的孔子》，载《光明日报》“光明讲坛”，2010年1月28日。按《大戴礼记·保傅》的说法，孩童至“八岁而出就外舍，学小艺焉，履小节焉”，即礼、乐、射、御、书、数。孩子到十五岁左右，要“束发而就大学”“学大艺”“履大节”，就应当学习做人与社会管理。孔子教授七十子的“六艺”主要是“大学”的主要内容，指诗、书、礼、乐、易、春秋六种科目，是所谓“大艺”“大节”。

涵的实质化发展。“克己复礼”其实古已有之，《左传·昭公十二年》记载：仲尼曰：“古也有志：‘克己复礼，仁也。’信善哉。”与之对应，《论语·颜渊》记曰：

> 颜渊问仁。子曰：“克己复礼为仁。一日克己复礼，天下归仁焉。为仁由己，而由人乎哉？”颜渊曰：“请问其目。”子曰：“非礼勿视，非礼勿听，非礼勿言，非礼勿动。”颜渊曰：“回虽不敏，请事斯语矣。”[①]

视、听、言、动皆合于礼，依礼行事，用礼来约束自己，才是“为仁”。在《论语》中，孔子认为仁包含“爱人”和“为己”两个方面，他以“克己”来定义仁，“复礼”即自觉遵从礼的行为规范，是仁的外在规范。这些要求貌似并不难，有一定理解能力和行为能力的孩童就都可以做到。但能做到就是实现仁了吗？其实不然，有学者已经解释得很清楚：“只有在内心深处对‘礼’有了高度的认同并化为自己的愿望，方能真正自主自觉、心悦诚服、毫不勉强地用‘礼’来约束自己，是谓‘克己复礼’。经过‘克己’之‘复礼’是发自内心的自觉行为，具有自主性和自律性，故为‘真’、为‘实’；不经过‘克己’之‘复礼’不是发自内心的、自主自觉的行为；心中并不情愿，徒具虚文而已，故为‘伪’、为‘虚’。”[②]

实际上，孔子是将仁与礼绑定为人之为人的规定性：“人而不仁，如礼何？人而不仁，如乐何？”[③]仁为礼本，只有实现了仁，礼乐才能真正实现，人才能成为真正具有道德意涵的主体。内在的“仁”保证了“礼”真实有效地实行，而外在“礼”的实践则实现了内在之“仁”的提升。只有强调仁礼互动，实现内外兼修，礼才不至于沦为虚文。此外，孔子还认为礼是人的内

---

①《论语·颜渊》，《四书章句集注》，北京：中华书局1983年版，第132页。

② 白奚：《援仁入礼 仁礼互动：对“克己复礼为仁”的再考察》，《中国哲学史》，2008年第1期。

③《论语·八佾》，《四书章句集注》，北京：中华书局1983年版，第61页。

在情感的外在表现，所以行礼主体要以内在心理情感作为基础，“礼，与其奢也，宁俭；丧，与其易也，宁戚”①。由此可见，孔子援仁入礼，着力挖掘礼的真精神，注重归纳人在施行礼的过程中所呈现出的自觉、需求、情感升华等诸多内在因素，寻求礼所展示的以真生命为礼论的本质。这是礼“内向化”发展的第一次转向。

《韩非子·显学》中记载，孔子死后，“儒分为八”，说明了孔子之后儒门分化各有侧重。孔子提出的“援仁入礼”，是一种仁礼并重的思想，“七十子”在此基础上对孔子思想进行了本质上的深化和改进，后学大致可分为礼仪派和重仁派。其中子张、子夏、子贡等注重礼的外在仪则，后由荀子“隆礼重法”思想发扬光大。这一派重视礼的实际操作和应用，并将之推广至制度层面，是一种守礼、传承礼或者“复礼”的行为。颜回、曾子、子游、子思等发扬了礼的内在性，即“仁”的一面，后以孟子为大成。重仁派主张以仁统帅礼，即在“克己”充分发展的前提下，强调礼对个人内在的意义，这实际上是在新的社会条件下使仁与礼合一，反映了礼学“内向化”的新发展。

二、郭店儒简子思学派：“礼形于内”

在被称为“孔孟之间的‘驿站’”②的郭店简面世前，学界一般都将礼的道德化完全归功于孟子，然而郭店儒简《性自命出》《五行》等篇面世后，这一传统认识亟需修正。郭店简中67次“⺏”形仁字和大量以“心”为旁的字暗示了儒学的新动向：“从身从心”的“⺏”，即表示心中思考着自己（的身），用当时的话说，就是重视仁学克己、修己、成己、慎独的方面，即关注个体的内在世界，由此了解性情的内在生成机制，开创了儒家以“⺏”为

①《论语·八佾》，《四书章句集注》，北京：中华书局1983年版，第62页。

② 庞朴语，转引自刘光胜：《孔孟之间的学术链接》，《光明日报》2013年12月2日第015版。

基础的心性学说，为礼教提供了心性学基础。《性自命出》集中讨论了性（德）、情、心、志、命（道）等重要范畴，与《中庸》中的“诚”等概念可谓一脉相承。该篇12处20个“情”字和《语丛二》中各种对情细致的划分引起了学者的极大关注。这里“情”的意涵远比现代词汇“情感”更丰富，有情实、情性、感情等义。儒简之所以“重情”，是因为礼的原理根源在人心灵的自然感情。该篇虽重“情”但不“唯情”。[①]“始者近情”（《性自命出》），礼的兴作虽由情而发，却是“终者近义”。如果说重“情”有侧重内在本能性情之嫌，而“以义制情”不仅不是对本能性情的禁锢，反而突显了人的内在精神的自觉性，这种自觉性正来自社会历史长期发展过程中人类形成的社会心理规范。

《五行》篇[②]不仅揭示了被荀子诟病的思孟“五行”所指为何，更展示了子思学派在战国时期德性生成的典型范式。将仁、义、礼、智、圣这五者既表述为“形于内”的“德之行”，也描述为“不形于内”的“行”，展示了德行内外兼修的思考，是礼学“内向化”转向的又一理论创获。《语丛一》：“生德，德生礼，礼生乐。”德礼关系可参考《说文》释“德（悳）”为：“外得于人，内得于己也。”“五行”中礼、义与仁、智、圣的不同之处在于，仁、智、圣本来属于道德性理论，是内在的；而礼、义本属于“行”，即社会的、客观的外在规范。但子思却将五者等而视之，本属“行”的礼、义的内向化是子思学派礼学思想的独特性，作为“五行”之一的礼的“形于内”的形式即是礼“内向化”的运行方式得以呈现。在“内向化”的发展过程中，礼扮演着双重角色：它既是内向化德性，又是内向化德性的外在德行。

《五行》根据“形于内”这一动态过程及与心产生的不同影响而将心区

① 彭林：《始者近情，终者近义：子思学派对礼的理论诠释》，《中国史研究》，2001年第3期。

② 李零：《郭店楚简校读记》（增订本），北京：中国人民大学出版社2007年版。以下竹简引文皆出自此书，只标注篇章。

分为外心、中心。[①]“中心”和仁关系密切，是仁所居住的地方，是礼的内在动力源。心作为本源，能感知情感因素，如悦、忧及有关致思、成德的智、圣。与“中心”相对，“外心”直接与礼有关：

> 以其外心与人交，远也。远而庄之，敬也。敬而不懈，严也。严而畏之，尊也。尊而不骄，恭也。恭而博交，礼也。（《五行》）

首先，外在符合礼的仪则施行，因为有距离感而获得一系列的庄、敬、严、畏、尊、恭的内在心理感受，从而产生敬畏感和恭敬感，由弱而强。这些感受不断加强和巩固，最终彻底深入“内心”，内化为德性洗礼心性。这一阶段在内心形成，显现的是与礼仪相应的礼德。这是礼德内化的第一阶段，也即《五行》篇首“礼形于内，谓之德之行”过程的第一步。其次，礼德既已形成于“内心”，再油然而生，发之于外，并持续加强、巩固，在敬畏感和恭敬之情的驱动下，经由“中心”的“仁”向外扩展，最终具化为符合时宜的仪则，将内心的感情经过理性的加工、礼文的修饰而呈现于外。这是礼德内化的第二阶段，至此“形于内”的礼德“内向化”才最终完成。与毫无内心情感和道德认同的行礼相比，“形于内”的“德之行”意味着德行的内外兼得，而不是偏失一隅。礼仪化过程所实现的内心情感共鸣就是对人的文化建构的过程。

郭店儒简在构建礼的“内向化”的同时，也开始了礼的形上学化，这隐含在中国传统“天人合一”的思维范式中。“绝地天通”后，商周的“天人合一”是将帝王作为人间的唯一代表，在巫的协助下与天沟通。《论语·公冶长》记载子贡说夫子罕言“性与天道”，至七十子“天人合一”有了新的实现路径。《性自命出》有一个重要的观点：“性自命出，命自天降。道始

①《说文》云：“中，内也。”按马王堆汉墓帛书《说》部：“外心者非有它（他）心也。同之（此）心也，而有胃（谓）外心也，而有胃（谓）中心。”“中心”实际是指心中，即内心。魏启鹏：《〈德行〉校释》，成都：巴蜀书社1991年版，第46页。

于情，情生于性。”在子思学派看来，礼与（人）道是统一的，礼是（人）道的具体反映。所以天、命、性、情、礼（道）各范畴及其相互关系可以用以下简图来表示：天—命—性—情—礼（道）。天外在于人而进入了人，赋予了人以命；内在于人的、固有的存在为性；性内在人心，外显为情。这样个人就可以通过自身（的心）所显示的情、性、命而上达天，与天沟通合一，而礼是现实世界中实现个人价值和道德世界运行的方式。基于此，郭店儒简体现了对于人道中人性、情性的关切，即关注点从人外在生命存在形式的礼、名分等，转向个体内在生命情感、情性的存在（个体性身心的存在为主及在此基础上的社会性存在），这可以视作礼“内向化”的第二次转向。

三、孟子："恭敬之心，礼也"

伴随着战国中后期新旧秩序更替下愈加纷繁的社会变动，孟子接续子思考察人心、人性的救治方案，略去《五行》较高远难实现的“圣”一行，直接将“形于内”的仁、义、礼、智阐释为一般人所具有的恻隐、羞恶、辞让、是非“四心”。较之子思的《五行》篇，孟子的仁、义、礼、智四德已经完全是伦理道德意涵，“四心”说在理论建构上更为成熟和精致。李泽厚认为孔子之后，“将外在社会规范化为内在自觉意识这一主题，却确乎由孟子发扬而推至极端”[①]，由此完成了心性之学的建构。

孟子认为礼内在于人性，“恭敬之心，礼也”[②]，“辞让之心，礼之端”[③]。孟子认为礼所表现的恭敬辞让是最可宝贵的，礼之“敬人”与仁之“爱人”都是发自内心的待人之道，所以要以仁礼作为一切行为的内在出发点。“君子所以异于人者，以其存心也。君子以仁存心，以礼存心。仁者爱人，有礼

① 李泽厚：《新版中国古代思想史论》，天津：天津社会科学院出版社 2008 年版，第 36 页。

②《孟子·告子上》，《四书章句集注》，北京：中华书局 1983 年版，第 328 页。

③《孟子·公孙丑上》，《四书章句集注》，北京：中华书局 1983 年版，第 238 页。

者敬人。爱人者人恒爱之，敬人者人恒敬之。”[①] 仁是本于恻隐之心而表现出的哀怜之情，是一种施予的姿态；而礼则恰好消融了这种强势的含义，以对等的敬为本，以“自卑而尊人”，更易为对方接受。孟子以礼义并称，有“礼门义路”的说法。孟子说：“夫义，路也；礼，门也。惟君子能由是路，出入是门也。”[②] 路与门看似不相关，实际却彼此通达：门是路的开启站，路指引门的方向。礼作为门，联系和开启义路，是使人走向行义之路的关节点。

同时，孟子弱化了内在心性“情”的环节，直击情性的本源——心成为个人和天（或道）保持交流的唯一媒介，心是认识性和天的发端，由此实现了“心—性—天”（《孟子·尽心上》）的“天人合一”的简约化、个体化、内向化的贯通。孟子认为“四端”之心是人之所以为人的本质，是人先天的善性表现，礼作为四德之一，是沟通天人的桥梁，完成了礼的道德形上学的建构。沿孔子、子思等礼的内向化趋势不断跟进，孟子将礼内化于心，礼完全贯穿于人心、人性的超越层面，发展为道德形上礼学。有学者将孟子的礼直接称为“内在之礼”[③]。这种“内在之礼”是以心论礼，“以仁存心，以礼存心”[④]，礼与仁都是心存在的方式，且“礼节斯仁义”，礼是仁、义的具体实践，并可为仁、义呈现。孟子将礼定义为门、人伦和心，这三者是一一递进的。首先，礼作为门，是外在的礼仪规范，是道德实现的现实依据；再者，“礼节仁义”，礼是实现亲亲、尊尊等具体的人伦关系所必须具备的，礼与仁义是并列的；进而，礼是“辞让之心”，将礼内在于心，由此连接人内在的道德，礼由外在而内化于心，实现了礼的哲学化和道德形上化，是礼学思想内化和超越的最高形式。这可以视作礼“内向化”的第三次转向。

---

①《孟子·离娄下》，《四书章句集注》，北京：中华书局1983年版，第298页。

②《孟子·万章下》，《四书章句集注》，北京：中华书局1983年版，第323页。

③ 陈碧强：《由外在之礼到内在之礼——孟子思想内化的一个具体案例》，复旦大学2011年硕士学位论文。

④《孟子·离娄下》，《四书章句集注》，北京：中华书局1983年版，第298页。

孟子说“礼”是人心所固有的，并不是说礼的实现只需要内省式的修身。较之西周时期的礼，孟子之礼虽然在现实层面有所退缩，但对外在之礼的重视却丝毫未减。《孟子》书中对外在之礼的记载很多，其中包括朝觐之礼、爵禄名分之礼、巡狩之礼、征伐之礼等国礼，还包括冠、婚、丧、祭、朝、聘、乡射、乡饮酒礼、相见等各种日用之礼，孟子皆以“仁政”概括。作为儒家学派的中坚力量，孟子不仅重诗书，同样重视礼乐意义的阐释和践行。我们不能将孟子之礼简单理解为仁、义的附属而轻易抹杀礼在孟子思想中的重要地位。孟子之礼的最大意义在于，它开启了人的意义世界的呈现，赋予了人自由、平等、自觉的生命主体，道德理性促使人开始关注个人的生命力，是人的生命意识的自我解放。而且“四端”必须扩而充之达至外铄并时时保养，“求其放心”，才能使礼行之于内，并贯穿于外。这是道德主体的挺立和道德情感上升为道德理性的完成，与西周时以“集体意志”求个人尊严的等级之礼对人的禁锢迥异。

结　论

浸淫于三代礼乐文明，礼由殷周时期对人间（等级）制度秩序的总体安排，至孔子从仁出发关注人的内在，至郭店儒简子思学派转而关注个人内心的情性，最终由孟子将礼完全内置于人心，完成了礼的“内向化”发展理路。这是先秦儒家面对“礼坏乐崩”的现实积极展开的对礼乐本原的探索，即“从内在心性角度实现对礼乐生活之制度可能的终极奠基”[①]。礼的“内向化”实际是战国时期儒学“内向化”发展的一个案例，它是儒学“内在超越”的实现过程，为儒学哲学思辨的提升和道德理论的建构做出了贡献，这一工作主要由子思和孟子完成。而礼学哲学化进程以形上化和内向化两条路径展开：所谓形上化，就是把礼的根源通过情（或心）向天追溯（礼—情/心—性—命—

① 张树业：《礼乐政教的心性论奠基——孟子礼乐论及其思想史效应》，《中国哲学史》，2012 年第 3 期。

天），从而论证其不可动摇的合理性；所谓内向化（仁—情—心），就是深化礼在性情之中的正当地位（“礼作于情”“礼形于内”），以礼作为人性基础。这二者都是指向德性根本性的途径，都能使礼达成哲学转向，获得道德形上化的本质。

正如杜维明教授所说，礼是“人文化”、人性化的过程。[①]礼的“内向化”过程中所抽象出的大量关于人的内在本质精神的概念，如理、敬、诚、信、忠、义等升华为独立的人格品质，并参与到中华民族精神的铸造中。无论历代礼书如何修订、礼仪如何变化，中华礼文化内在的义理和精髓乃至变化标准早已由先秦儒家所奠定并传承不息。经过礼的“内向化”构建，先秦儒家礼的内在精神价值的挖掘工作基本完成，儒家实现了“自新”的“温和的哲学突破”[②]和“内在超越”。与孔子、子思、孟子一系不断向内求索挖掘礼的“内向化”相反，荀子认为礼由外作，将礼外延为法，完善了礼的外在制度层面的建构。一如孔子说“文质彬彬，然后君子”，儒家质文兼备，内、外两个进路都得到了充分的发展，作为特殊的“包容的连续型”[③]文化发展模式，铸就了中国文化独特的“内向化”气质。

（吴信英撰，原载于《中国哲学史》2017年第3期）

① 杜维明著，郭齐勇、郑文龙编：《杜维明文集》（第三卷），武汉：武汉出版社2002年版，第81页。

②〔德〕卡尔·雅斯贝斯著，魏楚雄、俞新天译：《历史的起源与目标》，北京：华夏出版社1989年版，第9页。

③ 张光直：《连续与破裂：一个文明起源新说的草稿》，载《中国青铜时代二集》，北京：生活·读书·新知三联书店1990年版，第131页。

“礼之本”释读

孔子说：“不学礼，无以立。”①意思是说，不学习社会中最基本的礼仪规范，人在社会上就无法立足。其实，孔子此语不仅是对弟子门人所提出的要求，而且也是对国人举手投足间都应遵守礼仪规范的一种期许。在孔子儒学的影响下，两千多年来，国人多遵守礼制，循礼而动。这种举世皆重礼的传统与风俗，使“礼”在中国传统社会和传统文化中占据举足轻重的地位，也使我们国家打上了“礼仪之邦”的烙印。当然，中国礼的起源、形成与发展经历了漫长的过程，其内涵和外延也在不断地发展与演变。正因如此，我们所讲的“礼”在中华文化的上古时期、春秋战国时期以及秦汉时期自然有同有异。

尽管不同时代的礼仪会因时而变，但礼仪制定的具体依据则是一贯的。正如子张向老师请教“十世”是否“可知”的问题时，孔子以三代之礼为例，说：“殷因于夏礼，所损益，可知也；周因于殷礼，所损益，可知也；其或继周者，虽百世可知也。”孔子认为，根据夏、商、周三代礼制“损益”的情况，是能够推衍出“百世”之后的礼制的。孔子为何如此自信？他从千年礼仪嬗变过程中发现了什么规律？由于文献中没有记载，所以破解这一难题就成为历代学者的一大任务。其中，以东汉时期经学大师马融的诠释为代表。

①《论语·季氏》，《四书章句集注》，北京：中华书局1983年版，第174页。

马融在注解《论语》“子张问百世可知”一章时说：“所因，谓三纲五常。所损益，谓文质三统。”此后，三国何晏的《论语集解》、南朝皇侃的《论语义疏》、北宋邢昺的《论语注疏》和南宋朱熹的《论语集注》等都持相似观点，如朱熹说：“三纲五常，礼之大体，三代相继，皆因之而不能变。”[①]可见，马融的观点对后世的影响非常大。当然，还有不少学者另辟蹊径，提出了不同的见解，如明末清初学者顾炎武在《日知录》中说：“亲亲也，尊尊也，长长也，男女有别，此其不可得与民变革者也。”又如清代戴望在《戴氏注论语小疏》中认为，“所因，若君南面臣北面，皮弁素积”。

按照我们的理解，礼应有广义和狭义之分。孔子所说的“礼”是主“分”的，强调的是名分等级，而其外在的礼仪、礼制和礼俗，则是其本质的外在表征，即《礼记·礼运》中所说的“礼达而分定”。与具体的礼仪形式相比，孔子更注重对礼之本、礼之义的追问与探求，且对能追寻本质者给予特别的褒奖。如林放向其请教“礼之本”，孔子称赞说：“大哉问！礼，与其奢也，宁俭；丧，与其易也，宁戚。”又如子夏请教《诗经》中“巧笑倩兮，美目盼兮，素以为绚兮”一句的内涵时，他答以“绘事后素”；当子夏说出“礼后乎”的理解时，他赞叹说：“起予者商也！始可与言诗已矣。”由此可见，虽然孔子极为重视具体的礼仪形式，如曾批评子贡“尔爱其羊，我爱其礼”，但当有弟子能理解礼仪的本质与内核时，他总会表现得无比兴奋。[②]

那么，孔子所说的“礼之本”究竟何指？传世文献中并没有留下其明确的阐述。我们只能从其同时代的其他贤哲的论述中获得参考信息。这一时期有睿智的士大夫开始探讨礼的分层问题，据《左传·昭公五年》记载，鲁昭公到晋国，从“郊劳”到“赠贿”的礼仪都符合周礼，但晋大夫女叔齐仍给予其“不知礼”的评价，说：“是仪也，不可谓礼。礼，所以守其国，行其政令，无失其民者也。”女叔齐认为，守其国、行其政令和无失其民才是礼

①〔宋〕朱熹：《四书章句集注》，北京：中华书局1983年版，第59页。

②《论语·八佾》，《四书章句集注》，北京：中华书局1983年版，第62—66页。

之根本，才是政治的根基。然而，鲁昭公所执掌的鲁国则是“政令在家，不能取也；有子家羁，弗能用也；奸大国之盟，陵虐小国；利人之难，不知其私。公室四分，民食于他。思莫在公，不图其终”。作为国君，不将精力用于扭转国内混乱的政局，而只是“屑屑焉习仪”，最终掌握的就只能是礼之“末”，与“善于礼”有本质区别，所以不能被称为“知礼”。[①]

无独有偶，据《左传·昭公七年》记载，鲁昭公三月曾到楚国，由执政大夫孟僖子相礼。然而，孟僖子却有辱使命，其相礼的程序未能体现出鲁国作为“礼仪之邦”应有的风范，即“孟僖子病不能相礼，乃讲学之，苟能礼者从之”。孟僖子临终前还特意召集其家中的大夫，嘱咐他们说：“礼，人之干也。无礼，无以立。……我若获没，必属说与何忌于夫子，使事之，而学礼焉，以定其位。”后来，孟懿子和南宫敬叔都跟随孔子学习礼乐。孔子也给予孟僖子极高的评价：“能补过者，君子也。《诗》曰‘君子是则是效’，孟僖子可则效已矣。”[②]在孔子看来，尽管孟僖子在懂礼、用礼上有所欠缺，甚至不懂得“礼之本”的内涵，但这种学习精神值得学习、效法。

由于以鲁昭公为代表的精英阶层熟悉“礼仪”，而且社会上又出现了“礼仪三百，威仪三千”（《礼记·中庸》）的复杂礼文，因此，有学者据此否认春秋时期的“礼崩乐坏”，认为此论断应当予以修正，如杨文胜先生说：“礼制是在由简致繁地发展着的，到了春秋时代达到了其鼎盛时期。鼎盛期的礼涉及人们生产、社会的方方面面，极其繁杂，所谓‘经礼三百，曲礼三千’，礼的繁缛不仅不是礼的崩坏，恰恰说明了其制度的健全。”[③]这一时期看似鼎盛的礼乐，实际上只是礼仪和文献的繁荣，现实生活中人们对支撑礼仪的根基——礼义——置若罔闻，以致上层社会成员我行我素，出现了诸如季孙氏“八佾舞于庭”“旅于泰山”和“以《雍》彻”[④]等僭越礼制的行为，

① 杨伯峻：《春秋左传注》，北京：中华书局2009年第3版，第1266页。

② 杨伯峻：《春秋左传注》，北京：中华书局2009年第3版，第1294—1296页。

③ 杨文胜：《春秋时代“礼崩乐坏”了吗？》，《史学月刊》，2003年第9期。

④《论语·八佾》，《四书章句集注》，北京：中华书局1983年版，第61—62页。

遭到孔子儒家的极力批判。应该说，春秋时期人们不深究、不遵循礼义，才是“礼崩乐坏”的真正含义。

孔子去世后，孔门弟子开始分化。其中，侧重于礼学传承的战国儒者逐渐展开了对“礼之本”的阐释，以大儒荀子为代表。荀子明确提出“礼有三本”说，《荀子·礼论》：“天地者，生之本也；先祖者，类之本也；君师者，治之本也。无天地恶生？无先祖恶出？无君师恶治？三者偏亡焉，无安人。故礼上事天，下事地，尊先祖而隆君师，是礼之三本也。”[①] 荀子认为，天地和祖先是历代都要祭祀的对象，君王和老师是现实世界中人们务必敬畏的对象，社会要安定，三者缺一不可。正因如此，为了政治稳定、社会和谐，历代圣王“制礼作乐”时都将其视为根本，并制定出最隆重的礼仪。虽然夏、商、周三代的具体礼仪多少存在一些差异，但无一例外地都将这三类“礼”视为核心，故其自然也被荀子视为“礼之本”。

除荀子外，不少孔门后学甚至孔子本人都曾参与到礼学典籍的研读之中，且有可能将其读书心得记录下来。如《史记·孔子世家》有“故《书传》《礼记》自孔氏”的记载，此处的“《礼记》”自然不可能是西汉时期戴德、戴圣所编的传世本《礼记》，而是戴氏汇编前单篇流传的读《礼》笔记。传世本《礼记》中仍有不少篇章涉及“礼之本”的问题，如《昏义》《礼器》《礼运》等。由于这些篇章写于不同时代、出自不同学者之手，因此所得“礼之本”的本义存在很大差异。《礼记·昏义》中强调“昏礼者，礼之本也”，说：“男女有别，而后夫妇有义；夫妇有义，而后父子有亲；父子有亲，而后君臣有正。故曰：‘昏礼者，礼之本也。’”[②] 此篇认为，人生礼仪以冠礼为开端，以昏礼为根本，以丧祭礼为隆重，以朝聘礼为尊敬，以射与乡饮酒礼为亲和，而这也是圣王“制礼作乐”时所坚守的总原则。

---

①〔清〕王先谦撰，沈啸寰、王星贤点校：《荀子集解》，北京：中华书局1988年版，第349页。

②〔清〕孙希旦撰，沈啸寰、王星贤点校：《礼记集解》，北京：中华书局1989年版，第1418页。

如果说《昏义》篇是从“合二姓之好”的角度强调婚礼要“敬慎、重正”的话，那么《礼器》篇则是从礼的功用角度强调“时为大”的重要性，说：“先王之立礼也，有本有文。忠信，礼之本也；义理，礼之文也。无本不立，无文不行。礼也者，和于天时，设于地财，顺于鬼神，和于人心，理万物者也。是故天时有生也，地理有宜也，人官有能也，物曲有利也。故天不生，地不养，君子不以为礼，鬼神弗飨也。”该篇作者把“忠信”和“义理”分别视为礼之“本”与“文”，且认为二者相辅相成，缺一不可。如清代学者孙希旦在《礼记集解》中说：“此篇以忠信义理言礼，而归重于忠信；以内心、外心言礼之文，而归重于内心。”[①]

尽管《礼记·礼运》篇并没有直接诠释“礼之本”的内涵，但孔子在与言偃的问对中论述了“礼”关乎“天道”与“人情”的问题。孔子说：“夫礼，先王以承天之道，以治人之情，故失之者死，得之者生。……是故夫礼必本于天，殽于地，列于鬼神，达于丧、祭、射、御、冠、昏、朝、聘。”所谓的“承天之道”，是说自然秩序是圣王制定礼的根本；所谓的“治人之情”，是说人伦日用则是圣王制礼作乐的前提。南宋学者应镛说：“礼之大原出于天，故推其所自出而本之。效法之谓地，故因其成法而效之。列于鬼神，充塞乾坤，昭布森列而不可遗。……法于天地鬼神者，所以承天之道；达于天下国家者，所以治人之情。”[②]虽然《礼运》篇并未直接将“天地之道”释为“礼之本”，但依据天道与人情以规划、制定礼仪的本意显而易见，可以视其为最接近孔子“礼之本”内涵的诠释。

---

①〔清〕孙希旦撰，沈啸寰、王星贤点校：《礼记集解》，北京：中华书局1989年版，第624—625页。

②〔清〕孙希旦撰，沈啸寰、王星贤点校：《礼记集解》，北京：中华书局1989年版，第585页。

儒学与社会治理研究

《论语》国家治理思想的要义

前 言

南宋学者罗大经的《鹤林玉露》中记载了宋太宗与宰相赵普之间有关《论语》的一段问对。宋太宗以杜甫的“小儿学问止《论语》”一语试探赵普学问之大小。在略作犹豫之后，赵普回答说：“臣平生所知，诚不出此。昔以其半辅太祖定天下，今欲以其半辅陛下致太平。”① 这段问对后来演绎出“半部《论语》治天下”的佳话。有学者细究赵普的施政行为，证明他并未严格遵循《论语》中的义理去做，从而认为所谓“半部《论语》治天下”的说法纯属自欺欺人，甚至有学者提出“半部《论语》哄天下”。此类说法曾遭到后世学者强烈的反对，他们一方面搜集证据对其进行反驳，另一方面深入挖掘《论语》特别是其“为政”篇中关于国家治理思想的资源。应该说，《论语》中蕴含着丰富的为政治国的思想精髓，且仍然为后世的多数学者所信奉，很多人将《论语》视为传统社会国家治理的金科玉律。我们暂且不去纠缠于“半部《论语》”是否真的能治理天下，而是先回到《论语》文本之中，认真梳理其中是否蕴含着国家治理思想的一些要义。

①〔宋〕罗大经撰，孙雪霄校点：《鹤林玉露》，上海：上海古籍出版社 2012 年版，第 81 页。

一、为学以志：治国思想的基础

《论语·为政》篇记孔子云："吾十有五而志于学。"此语是孔子自道其在十五岁时"志于学"的行为。"志"应该是此语的关键词，南朝梁经学家皇侃解释说："志者，在心之谓也。孔子言我年十五志学在心也。十五岁是成童之岁，识虑坚明，故始此年而志学也矣。"[①] 皇侃从年龄和心志角度进行解释无疑是精当的，可惜并未明确说明孔子所学的内容。朱熹的解释则相对清晰，他说："古者十五而入大学。心之所之谓之志。此所谓学，即大学之道也。志乎此，则念念在此而为之不厌矣。"他明确指出孔子"志于学"的内容应是"大学之道"，或许可以用《大学》开篇"在明明德，在亲民，在止于至善"一语作为注脚。

尽管朱熹并未明确说明孔子当时所学及其教授弟子的具体内容，但《大学章句序》中却有非常详细的说明。他说："人生八岁，……皆入小学，而教之以洒扫、应对、进退之节，礼乐、射御、书数之文；及其十有五年，……皆入大学，而教之以穷理、正心、修己、治人之道。"[②] 朱熹的说法与《论语·述而》篇记孔子"自行束脩以上，吾未尝无诲焉"的说法相照应。尽管传统学者多将"束脩"解释为"十条脯"，也就是弟子交给孔子的学费，但郑玄"十五岁以上也"的解释似乎更具说服力。清代学者黄式三在《论语后案》中说："自行束脩以上，谓年十五以上能行束带修饰之礼。郑君《注》如此，汉时相传之师说也。"[③] 这种说法既与《礼记》中的记载基本一致，也与孔子教授弟子的年龄基本一致。

从十五岁开始，孔子所志于学的是"道术"，也就是人们常说的"大学

① ［梁］皇侃撰，高尚榘校点：《论语义疏》，北京：中华书局2013年版，第25页。

② ［宋］朱熹：《四书章句集注》，北京：中华书局1983年版，第54、1页。

③ 程树德撰，程俊英、蒋见元点校：《论语集释》，北京：中华书局1990年版，第446页。

之道”和“先王之道”。孔子对那些志于“方术”学习的弟子给予严厉的批评，如《论语·子路》篇记弟子樊迟向孔子请教学稼，孔子答曰：“吾不如老农。”又请教学为圃，孔子答曰：“吾不如老圃。”樊迟离开之后，孔子评论说：“小人哉，樊须也！上好礼，则民莫敢不敬；上好义，则民莫敢不服；上好信，则民莫敢不用情。夫如是，则四方之民襁负其子而至矣，焉用稼？”对此章的诠释，不少学者都脱离了具体的语境，而得出孔子轻视劳动、不重民食的结论。钱穆先生反驳说：“孔子非不重民食，然学稼学圃，终是小人在下者之事，君子在上临民，于此有所不暇。”[①] 换句话说，孔子并非不重视民食，而是告诫弟子学习要立乎其大，要立志于“大人之事”，这才是孔门弟子应该要关心的核心领域。

孔子因材施教，这是学者们的共识。然而，其后期的不少弟子并不关心“大人之事”，而是对自然界中纷繁复杂的事情感兴趣，比如《孔子家语·执辔》篇记载子夏对孔子说：“商闻易之生人及万物、鸟兽、昆虫，各有奇偶，气分不同。……昼生者类父，夜生者似母，是以至阴主牝，至阳主牡。”又说：“商闻《山书》曰：‘地东西为纬，南北为经；山为积德，川为积刑；高者为生，下者为死；丘陵为牡，溪谷为牝；蚌蛤龟珠，与日月而盛虚。’”子夏出去之后，孔子让子贡评价子夏刚才的阐述。子贡回答说：“微则微矣，然则非治世之待也。”孔子则给出“然，各其所能”[②] 的评语。从孔子和子贡的评述来看，子夏的阐述无疑是精妙绝伦的，但可惜并非社会治理的关键要素。

在孔子儒家看来，“志于学”的君子，既不应该志于“为稼”“为圃”，也不应该志于自然界中“微则微矣”的内容，而是要通过“志于学”先王之道，掌握治理天下国家的真正本领，从而实现由修身、齐家、治国到平天下的蜕变。孔子及其弟子之所以能获得这样的机会，得益于春秋末期传统“世卿世禄”

① 钱穆：《论语新解》，北京：生活·读书·新知三联书店2002年版，第331页。

② 杨朝明、宋立林：《孔子家语通解》，济南：齐鲁书社2009年版，第301、304页。

制度的衰微，使得《论语·子张》篇记子夏所说的“学而优则仕”成为可能。吴龙辉先生评价说：“学而后入政的贤人政治被作为一种制度确定下来以后，普通民众终于有了一条实现其强烈的仕官理想的正常道路。……为了达到干禄从政的目的，纷纷背井离乡，出外学习以礼乐为代表的贵族文化，便成为了社会风气。”[①]孔子及其弟子这一特殊的学术团体的形成正是得此社会风气之先的结果。

孔子一生最大的愿望就是他的学说能够被当时的社会所采纳，这可以从《论语·学而》开篇所说的“学而时习之，不亦说乎”一语中得到说明。当然，孔子认为为政治民要以掌握先王之道的精髓、具备国家治理的基本技能为前提，否则就可能从政不成而反遭杀身之祸。例如《论语·先进》篇记有“子路使子羔为费宰”一事，孔子批评子路说：“贼夫人之子。”子路则辩解说：“有民人焉，有社稷焉，何必读书，然后为学。”孔子批评他说：“是故恶夫佞者。”朱熹给出了较为合理的解释，他说：“贼，害也。言子羔质美而未学，遽使治民，适以害之。……治民事神，固学者事，然必学之已成，然后可仕以行其学。若初未尝学，而使之即仕以为学，其不至于慢神而虐民者几希矣。”[②]应该说，后世学者对此章的解释基本没有异议，皆倾向于先“志于学”，然后再从政，或许这就是一条亘古不变的为政者应遵循的法则。

当然，孔子强调的“志于学”并非指单纯地学习知识，他强调“学”的目的是将自己修养成为有德有位的为政“君子”，也就是“修己以安人”“修己以安百姓”。在孔子看来，即便是像尧、舜那样的上古圣王也将“修己以安百姓”作为其一生的目标与追求。既然如此，孔子希望他的弟子能以读书致用为目标。他说：“诵《诗》三百，授之以政，不达；使于四方，不能专对；虽多，亦奚以为？”朱熹解释说：“《诗》本人情，该物理，可以验风俗之盛衰，见政治之得失。其言温厚和平，长于风谕。故诵之者，必达于政而能

① 吴龙辉：《原始儒家考述》，北京：中国社会科学出版社1996年版，第19—20页。

②〔宋〕朱熹：《四书章句集注》，北京：中华书局1983年版，第129页。

言也。程子曰：'穷经将以致用也。世之诵《诗》者，果能从政而专对乎？然则其所学者，章句之末耳，此学者之大患也。'"[①] 在传统学者们看来，学习《诗经》等经典的目的，就是要使自己在国家治理中发挥积极的作用，如果仅仅纠缠于"章句之末"，就违背了"志于学"的初衷。

毫无疑问，孔子希望他的学说和主张能够被当下的时代采纳。孔子对自己的学说也充满了信心，甚至豪言说"苟有用我者，期月而已可也，三年有成"（《论语·子路》）。然而，孔子并未像后世所说的那般急功近利，他始终期望弟子们能够通过潜心向学以达到"求为可知"的理想境界。他说："三年学，不至于谷，不易得也。"（《论语·泰伯》）在孔子看来，要想从政必须先修炼好内功，必须先静下心来踏实学习。这恰好与孔子的"工欲善其事，必先利其器"（《论语·卫灵公》）一语相呼应。钱穆先生对此也做了详细的阐释，说："工无利器，不能善其业，犹人无材德，不能尽其仁。器不自利，必经磨砺，亦如人之材德，必事贤友仁，然后得所切磋熏陶而后能成也。"[②] 孔门弟子既要从先王处学，从经典中学，也要向志同道合者学，进而实现曾子所说"以文会友，以友辅仁"（《论语·颜渊》）的理想学习状态。

二、为政以德：治国思想的理念

《论语》中特别强调"志于学"的重要性，但"志于学"只是一种手段、一种途径，最终的目的则是要将读书人培养成为能够在国家治理中有所建树的"德行"君子。《论语·为政》开篇记孔子说："为政以德，譬如北辰，居其所而众星共之。"皇侃概括此篇篇旨时说："为政者，明人君为风俗政之法也。谓之'为政'者，后卷云：'政者，正也。子率而正，孰敢不正？'又郑注《周礼·司马》云：'政，正也。政所以正不正也。'所以次前者，《学

①〔宋〕朱熹：《四书章句集注》，北京：中华书局1983年版，第143页。

② 钱穆：《论语新解》，北京：生活·读书·新知三联书店2002年版，第403页。

记》云：‘君子如欲化民成俗，其必由学乎’，是明先学，后乃可为政化民。”[①]在孔子看来，“为政以德”中的“德”特指从政准则。只要为政者能以“德”治理天下国家，百姓就会以其为主、以其为宗，天下就自然会呈现出孔子心目中“众星共之”的清明盛世。

在《论语》的编纂者看来，为政者的首要准则就是心无杂念，即“无邪”，这也是《为政》篇第二章说“《诗》三百，一言以蔽之，曰‘思无邪’”的原因。朱熹注解说：“凡《诗》之言，善者可以感发人之善心，恶者可以惩创人之逸志，其用归于使人得其情性之正而已。然其言微婉，且或各因一事而发，求其直指全体，则未有若此之明且尽者。”他还引用程颐的“‘思无邪’者，诚也”和范祖禹的“学者必务知要，知要则能守约，守约则足以尽博矣”进行论证，以阐释“思无邪”与为政理念之间的微妙关系。[②]其实，主流学者对此章的认识基本上是一致的，大多都认为“为政”者务必首先要守住“已心之德”这个底线，才能在为政过程中保持“思虑纯正”，才能达到“子帅以正”的理想状态。

“子帅以正”理想状态的实现需要凭借为政者的道德和维护社会正常运转的礼制，而不是单纯靠行政命令和严酷刑罚。孔子说：“道之以政，齐之以刑，民免而无耻；道之以德，齐之以礼，有耻且格。”在他看来，过分地强调“政令”和“刑罚”的威慑作用，就会出现人人自危的现象，人们只会竭力避免触犯刑罚，却无法真正培养出羞耻之心。所以，孔子儒家所追求的理想状态是百姓“有耻且格”。孔子的为政牧民之道与老子的“弃礼”主张有别，与当时盛行的铸刑书于鼎的“乱制”行为也不同。孔子是“站在使百姓既能知荣辱，又能遵守先王之法度的角度，对以德治国、以礼牧民的思想进行阐释”[③]的。所以，“有耻且格”，是以君子之德治理国家的最理想状态。

---

①〔梁〕皇侃撰，高尚榘校点：《论语义疏》，北京：中华书局2013年版，第22页。

②〔宋〕朱熹：《四书章句集注》，北京：中华书局2012年版，第53—54页。

③ 参见拙著《原始儒学：早期中国的大成智慧——孔子思想与先秦社会互动研究》，济南：山东人民出版社2019年版，第164页。

当然，由于君子为政之德的内涵极为丰富，应该从何处进行修养，这是孔子儒家特别关注的核心问题。《论语·为政》篇的五、六、七、八章，分别记述的是孟懿子、孟武伯、子游和子夏等人与孔子讨论“孝”的问题，可见“孝”在君子为政之德中的重要地位。这四章是主流学者阐释孔子“孝”论最核心的文献，时常为人们所征引，钱穆先生总结说：“以上四章皆问孝，而孔子所对各不同。或疑乃孔子因人施教，针对问者之短处与缺点。于是疑子游或能养而稍失于敬，子夏或对父母少温润之色，凡此皆属臆测。《论语》文辞简约，或当时问语有不同，孔子针对问语而各别为说，记者详孔子之言，而略各人所问，遂若问同而对异。”[①] 从钱先生的辨说中，人们似乎能够感受到为政君子之“孝”论的复杂性，但“孝”也成为孔子儒家对为政者最基本的要求之一。

早期儒家认为，为政的君子既要有“孝”德，也要有“悌”德。“孝悌”之德的淳厚是社会之风纯正的体现，这是对为政者提出的基本要求。《论语·学而》篇记有子说：“其为人也孝弟，而好犯上者，鲜矣；不好犯上，而好作乱者，未之有也。君子务本，本立而道生。孝弟也者，其为仁之本与！”此章的意思非常清楚，就是强调“孝悌”与君子“为仁”之德的关系问题。应该说，《论语》中的国家治理思想与老庄的“无为”、墨家的“兼爱”皆不相同，它是以“孝”“悌”这一对家庭伦理之德为前提的。君子为政务必先从孝敬父母开始，从尊敬兄长开始，即孔子所一再强调的“立爱自亲始，教民睦也；立敬自长始，教民顺也”。假如君子能做好“孝”“悌”这两件事情，即便暂时不能“在其位”，实际上也是一种“为政”，也就是孔子引述《尚书》中的“孝乎惟孝，友于兄弟，施于有政”（《论语·为政》）的意义所在。

《论语·为政》篇涉及君子“为政之德”的还有很多章，比如子张请教如何学干禄，孔子嘱咐他务必要做到“多闻阙疑，慎言其余，则寡尤；多见阙殆，慎行其余，则寡悔”，只要“言寡尤，行寡悔”，那么“禄”就在其

① 钱穆：《论语新解》，北京：生活·读书·新知三联书店2002年版，第34页。

中了。如当鲁哀公请教“何为则民服”时，孔子回答说：“举直错诸枉，则民服；举枉错诸直，则民不服。”“为政以德”需要培养君子的综合素质，诸如“忠信”的观念、“敬畏”的精神等，也就是孔子所说的“君子不器”。又如《论语·为政》篇记载了孔子“人而无信，不知其可也”一语，而且还阐释了“无信”的危害：“大车无輗，小车无軏，其何以行之哉？”皇侃解释说：“此章明人不可失信也。言人若无信，虽有他才，终为不可，故云‘不知其可也’。……言人以信得立，如大、小之车由輗、軏以得行也。”[①] 所以，孔子儒家特别强调君子的“诚信”之德，突出它在国家治理中的特殊地位。

《论语》的编纂者将孔子说的“非其鬼而祭之，谄也”置于《为政》的篇末，体现了祭祀对于传统国家治理的重要性。从传世文献的记载来看，孔子及其弟子有许多关于祭祀的论述，如《学而》篇记曾子曰：“慎终追远，民德归厚矣。”如《八佾》篇记孔子曰：“禘自既灌而往者，吾不欲观之矣。”孔子儒家之所以如此重视国家治理中的祭祀之礼，与中国的传统礼制有关，比如《左传·成公十三年》记载说：“国之大事，在祀与戎。”“祀”就是祭祀，“戎”就是打仗。军事是一个国家的硬实力，对国家的重要性不言而喻，但为何这里将“祭祀”与军事并举呢？从传世文献的记载来看，传统社会祭祀的对象主要分为三类：天地、先祖和君师，《荀子·礼论》中说：“天地者，生之本也；先祖者，类之本也；君师者，治之本也。”[②] 很显然，天地、先祖和君师是人类生存的根本，对他们举行隆重的祭祀活动，其目的是“报本”，是为了现实社会中的人们的心安理得。

据《孔子家语·执辔》篇记载，弟子闵子骞为费宰，向孔子请教为政的方法。孔子回答说：“以德以法。夫德法者，御民之具，犹御马之有衔勒也。君者，人也；吏者，辔也；刑者，策也。夫人君之政，执其辔策而已。”所谓的“以德”就是“道之以德”，“以法”就是“齐之以礼”，即人们通常说的治理国家

---

①〔梁〕皇侃撰，高尚榘校点：《论语义疏》，北京：中华书局2013年版，第41页。

②〔清〕王先谦撰，沈啸寰、王星贤点校：《荀子集解》，北京：中华书局1988年版，第349页。

需要德治和礼法并重。孔子把“德法”看做治理国家的根本，把“君”看做马车的驾驶者。在他看来，治理国家就犹如有德有位的君主执辔策鞭。从传世文献的记载来看，将国家治理比喻为驾车，是典型的德治论，要求驾驶者能够娴熟地掌握驾车的技术。孔子说：“古者天子以内史为左右手，以德法为衔勒，以百官为辔，以刑罚为策，以万民为马，故御天下数百年而不失。”正因如此，“正衔勒，齐辔策，均马力，和马心”一语，是对古圣先王治理国家形象化的描述，同样也是对“为政以德”的君子提出的殷切期待。[①]

三、为礼以敬：治国思想的灵魂

如果说“道之以德”是传统中国理想的治国理念，那么“齐之以礼”就是孔子儒家治国理念的指导思想或者灵魂。从传世文献的记载来看，孔子心目中的礼以及礼制都非常神圣，其以礼治国的心情也非常急迫。《礼记·礼运》记载了子游向孔子请教“礼之急”的问题，孔子回答说：

> 夫礼，先王以承天之道，以治人之情，故失之者死，得之者生。《诗》曰：“相鼠有体，人而无礼。人而无礼，胡不遄死？”是故夫礼必本于天，殽于地，列于鬼神，达于丧、祭、射、御、冠、昏、朝、聘。故圣人以礼示之，故天下国家可得而正也。

在孔子看来，中国自古以来就形成了“为国以礼”的传统。这种礼制承接的是哲学世界的天地之道，解决的是现实世界的人之情。所以，用礼制治理天下国家就能使其“得而正”，这是孔子儒家特别强调“为国以礼”的原因。[②]

当子张向孔子请教“十世”是否“可知”问题时，孔子回答说：“殷因

① 杨朝明、宋立林：《孔子家语通解》，济南：齐鲁书社2009年版，第293—294页。

②〔清〕孙希旦撰，沈啸寰、王星贤点校：《礼记集解》，北京：中华书局1989年版，第585页。

于夏礼，所损益，可知也；周因于殷礼，所损益，可知也；其或继周者，虽百世可知也。”（《论语·为政》）此章的意思非常明确，夏、商、周三代时期皆是“以礼治天下”，而且三代之间的“礼制”也不会由于朝代的更替而出现断裂，它们之间是一种自然而然的因革损益关系。当然，三代之间所因革损益的究竟是何种形式的礼制，后世学者的看法还不尽相同。大多数学者都接受了东汉时期著名经学家马融的观点，认为所因者是“三纲五常”，所损益者是“文质三统”。[①] 近代以来，学者们对马融的观点也进行了深刻反思，提出了较为泛化的礼制说，较有影响者当数钱穆先生。他说：“因，因袭义。损益犹言加减，乃变通义。历史演进，必有承袭于前，亦必有所加减损益。观其所加减损益，则所以为变通者可知，而其不变而仍可通者亦可知。”[②] 与传统的礼制损益观相比，钱先生的说法很容易为现代学者接受，只是由于三代之礼无法重现，人们自然无法详细知晓三代时期礼制损益的真实状况。

时至今日，尽管人们仍无法得知三代之礼损益的真实状况，但古代中国“以礼治国”的传统则是毫无争议的。那么，孔子心目中理想的礼制应该如何运行呢？换句话说，“礼”既然如此神圣，为政者应该以怎样的心态真诚地对待传统的礼制呢？《礼记·曲礼上》开宗明义地阐释了传统学者对待礼制的敬畏态度，说：“《曲礼》曰：‘毋不敬，俨若思，安定辞，安民哉！’”应该说，“礼主敬”是传统学者的共识，郑玄主张“礼主于敬”说，程颐主张“主一之谓敬，无适之谓一”说，朱熹则认为：“毋不敬，是统言主宰处。”而孙希旦总结说：“愚谓人之治其身心，莫切乎敬，自不睹不闻以至于应事接物，无一时一事之可以不主乎此也。”[③] 既然如此，“毋不敬”就应当是传统中国礼制社会的灵魂，也就应当是孔子心目中为政君子的理想样貌。

然而，春秋末期为政者对待礼制的冷漠、傲慢的态度，使孔子非常愤怒，

---

①〔梁〕皇侃撰，高尚榘校点：《论语义疏》，北京：中华书局2013年版，第42—43页。

② 钱穆：《论语新解》，北京：生活·读书·新知三联书店2002年版，第48页。

③〔清〕孙希旦撰，沈啸寰、王星贤点校：《礼记集解》，北京：中华书局1989年版，第3—4页。

所以他对那些违礼者给予史无前例的批判。如《论语·八佾》开篇，孔子就批评鲁国执政大夫季孙氏“八佾舞于庭”的行为，并发出“是可忍也，孰不可忍也”的时代强音。第二章批评鲁国孟孙氏、叔孙氏和季孙氏等三家在祭祀完毕后，收俎豆时“以《雍》彻”。孔子批评他们说：“‘相维辟公，天子穆穆。’奚取于三家之堂？”钱穆先生评点说：“此两章皆孔子深斥当时鲁三家僭礼不当。三家出鲁桓公后，于季氏家立桓公庙，遇祭，三家同此一庙。前章言季氏之庭，此章言三家之堂，皆指此一庙也。”[①] 尽管钱先生的“一庙”说还可以进一步商榷，但鲁三桓僭越礼制的傲慢行为，充分体现了他们对传统礼制的不敬心态。

从鲁国三桓等人僭越礼制的无道行为中，人们似乎能够感受到春秋时期“礼坏乐崩”的残酷现状。其中，诸侯士大夫等为政者的违礼行为，则是促使社会更加混乱的催化剂，以齐国名相管仲为例：《论语·八佾》篇记有人问孔子：“管仲知礼乎？”孔子回答说：“邦君树塞门，管氏亦树塞门；邦君为两君之好，有反坫，管氏亦有反坫。管氏而知礼，孰不知礼？”“塞门”是指天子国君在门外树立的屏，以别内外；“反坫”是指诸侯之间举行宴会，主人设立的放置酒爵的土台。管仲作为执政大夫，也设立有塞门和反坫，这是典型的僭越行为。朱熹注解前句中孔子所说的“管仲之器小哉”时说：“器小，言其不知圣贤大学之道，故局量褊浅、规模卑狭，不能正身修德以致主于王道。”[②] 从齐国当时的国力进行推断，管仲本可以协助齐桓公实现孔子心目中的王道，但由于管仲的器量褊小，汲汲于“塞门”和“反坫”之类的违礼“待遇”，最终齐国只能止步于“霸道”的境界，不得不说是一件令人遗憾的事情。

面对如此繁杂的违礼行为，人们应当从何处着手以重建新的礼乐社会秩序，这是孔子当时思考的核心问题之一。当子路向他请教“卫君待子而为政，子将奚先”时，孔子非常坚定地回答说：“必也正名乎！”皇侃在阐释“正名”

① 钱穆：《论语新解》，北京：生活·读书·新知三联书店 2002 年版，第 53 页。

②〔宋〕朱熹：《四书章句集注》，北京：中华书局 2012 年版，第 67 页。

内涵时说："孔子答曰：若必先行，正百物之名也。所以先须正名者，为时昏礼乱，言语翻杂，名物失其本号，故为政必以正名为先也。所以下卷云'邦君之妻，君称之曰夫人'之属，是正名之类也。"[①]皇侃从混乱的昏礼之名入手，以阐释孔子"正名"学说的权威性，具有非常强的说服力。此处的"正名"与孔子回答齐景公的"君君，臣臣，父父，子子"二者无疑是相通的。"君君，臣臣，父父，子子"，其本意应当是君、臣、父、子都有与其相对应的礼制，都应按照自己的职责行事，否则社会就会出现"民无所措手足"的局面。

既然如此，君、臣、父、子各应承担怎样的社会角色呢？鲁定公向孔子请教："君使臣，臣事君，如之何？"孔子回答说："君使臣以礼，臣事君以忠。"（《论语·八佾》）孔子此语指明了"为礼以敬"思想下的君和臣各应享有的权利和义务。与此相对，《大学》中的诠释可以说更加详细与全面，其中说："《诗》云：'穆穆文王，於缉熙敬止！'为人君，止于仁；为人臣，止于敬；为人子，止于孝；为人父，止于慈；与国人交，止于信。"朱熹解释说："敬止，言其无不敬而安所止也。引此而言圣人之止，无非至善。五者乃其目之大者也。学者于此，究其精微之蕴，而又推类以尽其余，则于天下之事，皆有以知其所止而无疑矣。"[②]无论是为人君的"仁"，为人臣的"敬"，为人子的"孝"，为人父的"慈"，还是与国人交的"信"，皆体现了礼制中国社会固有的敬畏观念。

孔子理想中国家治理的核心要义是"道之以德"和"齐之以礼"，最终使社会呈现出一种人民"有耻且格"的理想状态。"德"无疑是为政君子必须具备的基本素质，需要通过"为学以志"来完成。而"礼"则是为政者治理国家的最根本手段。在孔子看来，假如为政者治理国家缺乏了最基本的礼制精神，缺失了敬畏之心，那么社会就一定会陷入混乱的状态。正如钱穆先生说："《论语》言政治，必本人道之大，尊君亦所以尊道，断无视君位高

①〔梁〕皇侃撰，高尚榘校点：《论语义疏》，北京：中华书局2013年版，第325页。

②〔宋〕朱熹：《四书章句集注》，北京：中华书局2012年版，第5页。

出于道之意。”[①]“君”是国家礼制的象征，“道”是国家礼制的灵魂，“敬”就是国家治理的灵魂。这也是《论语·八佾》篇通篇劝诫为政者务必要“治国以礼”和“为礼以敬”的目的。

结 论

《论语》中所蕴含的孔子的为政思想十分复杂，它既包含“为学以志”，也有“为政以德”，同时还强调“为礼以敬”。从这样的意义上说，《论语》所蕴含的国家治理思想理应是一个内容博大精深的系统。人们要想成为孔子心目中理想的为政者，就需要将自己修养成为有德有位的儒雅君子。那么，现实中的人们应从何处着手呢？《论语·乡党》篇为人们全面详细地描述了孔子的君子形象，也是孔子生动的生活画像。钱穆先生评价《乡党》篇，说：“本篇记孔子居乡党，日常容色言动，以见道之无不在，而圣人之盛德，亦宛然在目矣。”[②]当然，孔子的为政思想并非后世说的空言说教，人们可以从他的为政经历中获得跨越时空的治世智慧。孔子一生主要担任过鲁国的中都宰、司空和大司寇等三种职务，尽管从政的时间并不算长，但他却在每个岗位上都为后世树立了榜样：为中都宰时，收到“行之一年，而西方之诸侯则焉”的效果；为司空时，取得了“物各得其所生之宜，咸得厥所”的成就；由司空为大司寇时，社会出现了“设法而不用，无奸民”的太平景象。[③]从孔子学说在春秋末年的初步检验来看，儒学并非不被中国社会接受，而是不被“礼坏乐崩”的时代接受。后世总结的“半部《论语》治天下”一语自然并非虚言，更非如有学者调侃的“半部《论语》哄天下”，《论语》是传统礼制中国国家治理的一座思想宝库，凝结着孔子儒家治理国家的圣贤智慧。

（原载于《鹅湖》月刊第四十六卷第九期）

---

① 钱穆：《论语新解》，北京：生活·读书·新知三联书店2002年版，第52页。

② 钱穆：《论语新解》，北京：生活·读书·新知三联书店2002年版，第249页。

③ 杨朝明、宋立林：《孔子家语通解》，济南：齐鲁书社2009年版，第2页。

孔子“制为养生送死之节”发微

孔子对自己治国理政的能力非常自信，他曾说：“苟有用我者，期月而已可也，三年有成。”[①] 在中都汶上为政一年，孔子便取得“四方皆则之”（《史记·孔子世家》）的成就。《史记·孔子世家》中的记载极为简略，孔子是以怎样的方式治理中都的，为何受到当时四方诸侯的推崇与效仿？司马迁并未给出明确的解释。但《孔子家语·相鲁》开篇就为我们提供了清晰的答案：“孔子初仕，为中都宰，制为养生送死之节：长幼异食，强弱异任，男女别涂，路无拾遗，器不雕伪。为四寸之棺、五寸之椁，因丘陵为坟，不封不树。”[②] 孔子制定的这些社会礼仪制度，看上去非常朴实与简单，却为何取得了“四方皆则之”的社会效果呢？这些措施的背后蕴含着孔子儒家怎样的治国理政智慧呢？欲对这些问题做出近真与合理的回答，我们就有必要回到孔子生活的现实世界之中，回到孔子儒家所关注的社会问题之中，从孔子生活的时代入手，或许能更好地理解其“养生送死之节”措施的真正内涵。

一、孔子“养生送死之节”的内涵

从《孔子家语·相鲁》篇所记孔子为政中都时的措施来看，“长幼异食，

①《论语·子路》，《四书章句集注》，北京：中华书局1983年版，第144页。

② 杨朝明、宋立林：《孔子家语通解》，济南：齐鲁书社2009年版，第2页。

强弱异任，男女别涂，路无拾遗，器不雕伪”，属于孔子儒家“养生”的范畴；“为四寸之棺、五寸之椁，因丘陵为坟，不封不树”，则属于“送死”的内容。尽管德国哲学家黑格尔说，孔子和他弟子们的谈话中所表达的，是一种“常识道德”，是“实际的世间”智慧，是一些“善良的、老练的、道德的教训”，似乎并不存在“思辨的哲学”①，但其对于基层社会的治理来说却是极其有效的。有学者说：“为官中都宰时，孔子制定礼仪，培育厚朴风俗，使社会养老爱幼，男女有别，死葬有制。”②这里所说的“养老爱幼”“死葬有制”，正是孔子儒家“制为养生送死之节”的本义。

孔子任中都宰期间，中都邑的社会治理状况如何，由于传世文献记载“阙如”，后世已经无从详知。然而，中都作为鲁国下属的一个基层单位，其当地的社会风俗理应受到鲁国乃至整个东周社会大环境的影响。从传世文献的记载来看，孔子生活的时代是一个“礼坏乐崩”的时代。司马迁评价说：“孔子之时，周室微而礼乐废，《诗》《书》缺。”③这句话的意思是说，大家都不再遵守西周初年圣王所制定的礼乐制度，社会上出现了“礼乐征伐自诸侯出”，甚至是“陪臣执国命”的“天下无道”的混乱局面。④针对当时混乱的社会状况，孔子制定了“养生送死”的应对之礼，以期待社会能重归有序的状态。从治理的实际效果来看，孔子无疑是抓住了治理社会的核心与根本，所以其措施不仅治理中都地区有效，治理鲁国有效，而且治理天下亦同样有效。⑤

当然，这里的“节”并非完全意义上的“礼法”“礼制”，正如《说文解字》

①〔德〕黑格尔著，贺麟、王太庆等译：《哲学史演讲录》（第一卷），上海：上海人民出版社2013年版，第117—118页。

② 王国轩、王秀梅译注：《中华经典名著全本全注全译丛书：孔子家语》，北京：中华书局2009年版，第1页。

③《史记·孔子世家》，北京：中华书局1982年第2版，第1935页。

④《论语·季氏》，《四书章句集注》，北京：中华书局1983年版，第171页。

⑤ 参见《孔子家语·相鲁》篇记鲁定公谓孔子曰：“学子此法以治鲁国，何如？”孔子对曰：“虽天下可乎？何但鲁国而已哉！”

中解释说："节，竹约也。约，缠束也。竹节如缠束之状。……《吴都赋》曰：'苞笋抽节，引伸为节省、节制、节义字。'"[①] 其实，孔子在与鲁国贤人林放的对话中就已透露出类似的信息。《论语·八佾》记载，当林放问"礼之本"时，孔子回答说："大哉问！礼，与其奢也，宁俭；丧，与其易也，宁戚。"朱熹注解说："林放……见世之为礼者，专事繁文，而疑其本之不在是也，故以为问。孔子以时方逐末，而放独有志于本，故大其问。盖得其本，则礼之全体无不在其中矣。"[②] 孔子认为，剥离繁文缛节的礼仪形式，才能获得"礼之本"，才能抓住问题的核心。换句话说，孔子所强调的礼之"俭"和丧之"戚"，从根本上说是在强调礼对人们行为的节制与约束。

中华礼制的本质是要节制与约束人们的日常之心，使人们的行为能符合特定的或者是约定俗成的礼仪规范。在限制人之行为的同时，礼制亦是对人自身的一种保护。据《左传·定公元年》记载，"公之丧至自乾侯……"，季孙"使役如阚公氏，将沟焉"。鲁国大夫荣驾鹅批评说："生不能事，死又离之，以自旌也？纵子忍之，后必或耻之。"季孙请教荣驾鹅说："吾欲为君谥，使子孙知之。"荣驾鹅对曰："生弗能事，死又恶之，以自信也？"[③] 应该说，季孙对待鲁昭公的言行是违反"养生送死之节"原则的，而大臣荣驾鹅的建议既是对季孙违礼行为的节制与约束，同时也是对季孙的保护，使其免于遭受后世的讥讽。与荣驾鹅的建议不同，孔子为政期间"沟而合诸墓"的行为，则是用实际行为掩饰"夫子之不臣"（《孔子家语·相鲁》）。

在孔子看来，季孙氏作为执政大夫，其行为甚至会引导鲁国的社会风气。孔子"沟而合诸墓"，还对他进行反复劝诫，目的即引导其为政以德。如《论语·颜渊》篇记载：

①〔汉〕许慎撰，〔清〕段玉裁注：《说文解字注》，上海：上海古籍出版社1981年版，第189页。

②〔宋〕朱熹：《四书章句集注》，北京：中华书局1983年版，第62页。

③ 杨伯峻：《春秋左传注》，北京：中华书局2009年第3版，第1526—1527页。

季康子问政于孔子。孔子对曰:“政者,正也。子帅以正,孰敢不正?”

季康子患盗,问于孔子。孔子对曰:“苟子之不欲,虽赏之不窃。”

季康子问政于孔子曰:“如杀无道,以就有道,何如?”孔子对曰:“子为政,焉用杀?子欲善,而民善矣。君子之德风,小人之德草。草上之风,必偃。”[①]

这些看似是对季孙氏个人的劝诫,其实背后蕴含着孔子的期许,即对鲁国社会淳厚民风的培育,也是其对天下有道秩序的重构。这种期许的实现需要从培养人们的孝悌观念入手,所以当孟懿子问孝时,孔子回答说:“生,事之以礼;死,葬之以礼,祭之以礼。”[②]

孔子强调“事之以礼”“葬之以礼”“祭之以礼”,并非单纯要求人们按照礼之“仪”的规定去做,更重要的是要人心存敬畏,这是中华礼制的根本与灵魂。《礼记·曲礼》开篇就说:“毋不敬,俨若思,安定辞,安民哉!”其中的“毋不敬”至关重要,清人孙希旦解释说:“此篇所记,多礼文之细微曲折,而上篇尤致详于言语、饮食、洒扫、应对、进退之法,盖将使学者谨乎其外,以致养乎其内;循乎其末,以渐及乎其本。故朱子谓为小学之支与流裔。而首篇‘毋不敬’之一言,则尤贯彻乎精粗内外,而小学、大学皆当以此为本者也。”[③] 如果心无敬畏,礼越多社会越乱。比如春秋末年普遍流行的“礼仪三百,威仪三千”(《礼记·中庸》),并不能阻止社会秩序的崩坏,这也是孔子儒家极力强调“礼之本”的根本原因。

当然,“梦见周公”的孔子,其所制的“养生送死之节”无疑是要述周公之意的。这些礼节的内核或者说灵魂自然就是周公所制的周礼。正如梁漱溟先生说:“周公及其所代表者,多半贡献在具体创造上,加礼乐制度之制

①《论语·颜渊》,《四书章句集注》,北京:中华书局1983年版,第137—138页。

②《论语·为政》,《四书章句集注》,北京:中华书局1983年版,第55页。

③〔清〕孙希旦撰,沈啸寰、王星贤点校:《礼记集解》,北京:中华书局1989年版,第1页。

作等，孔子则似是于昔贤制作，大有所悟，从而推阐其理以教人。道理之创发，自是更根本之贡献，启迪后人于无穷。”[①] 孔子推阐周公之意，他最终的目标就是要实现周公之“大同”[②] 梦想。如果将二者进行对比，我们会惊奇地发现孔子的“养生送死之节”正是《礼记·礼运》“大同”篇的简化版，是早期儒家之梦想于现实生活中的操作版，这一思想对此后中国社会特别是后世儒学产生了深远的影响。

二、养生之节：“现实世界”的关怀

孔子儒家是三代礼乐文明的继承者，其所关注的首要问题是民生，是普通百姓的疾苦，也就是孔子所说的“养生”问题。从孔子“长幼异食，强弱异任，男女别涂，路无拾遗，器不雕伪”的措施来看，他的“养生”论与后世的“养生”论不同，而更多的是要人们遵循自然与社会的基本规矩。孔子关注百姓的现实生活，关注天下苍生的福祉。如《论语·宪问》记载，当子路“问君子”时，孔子答曰：“修己以敬。”子路曰：“如斯而已乎？”孔子答曰：“修己以安人。”子路曰：“如斯而已乎？”孔子答曰：“修己以安百姓。修己以安百姓，尧舜其犹病诸！”杨树达先生解释说：“《论衡·宣汉》篇曰：‘夫太平以治定为效，百姓以安乐为符。’孔子曰：‘修己以安百姓，尧舜其犹病诸！’百姓安者，太平之验也。”[③] 百姓现实生活的安乐是孔子儒家毕生的追求。

在孔子制定的“养生”礼制中，“长幼异食，强弱异任，男女别途”所侧重体现的是其对人性的要求。食物要按照年龄大小分配，任务要按照能力

---

① 梁漱溟：《中国文化要义》，上海：上海人民出版社 2011 年版，第 99 页。

② 参见《礼记·礼运》：“大道之行也，天下为公，选贤与能，讲信修睦，故人不独亲其亲，不独子其子；使老有所终，壮有所用，幼有所长，矜寡、孤独、废疾者皆有所养；男有分，女有归。货，恶其弃于地也，不必藏于己。力，恶其不出于身也，不必为己。是故谋闭而不兴，盗窃乱贼而不作。故外户而不闭。是谓大同。”

③ 杨树达：《论语疏证》，上海：上海古籍出版社 2013 年版，第 371 页。

大小分配，出行要按照男女之别分道而行。就长幼异食而言，孟子的说法可能更为明确，《孟子·梁惠王上》中说：“五亩之宅，树之以桑，五十者可以衣帛矣；鸡豚狗彘之畜，无失其时，七十者可以食肉矣；百亩之田，勿夺其时，数口之家可以无饥矣；谨庠序之教，申之以孝悌之养，颁白者不负戴于道路矣。”朱熹注解说：“五十始衰，非帛不暖，未五十者不得衣也。……七十非肉不饱，未七十者不得食也。……衣帛食肉但言七十，举重以见轻也。……少壮之人，虽不得衣帛食肉，然亦不至于饥寒也。此言尽法制品节之详，极财成辅相之道，以左右民，是王道之成也。”①在早期儒家看来，“长幼异食”应是王道大行的基础与前提。

“男女别途”是从维护社会安定的角度设定的规矩。孔子之所以将它视为基本的礼节，应与当时社会秩序的混乱状况密切相关。《左传·文公十六年》记曰：“公子鲍美而艳，襄夫人欲通之。”又《左传·桓公元年》记曰：“宋华父督见孔父之妻于路，目逆而送之，曰：‘美而艳。’”对于第二条案例，杨伯峻先生注解说：“逆，迎也。人从对面来，先以目迎之；既过，则以目送之。美言其面目姣好，艳言其光彩动人。”②应该说，“好色”是成年男女的通病，自古已然。正像《周易·既济》中说的“君子以思患而豫防之”，深谙《易》之精髓的孔子在制定为政之策时，一定会将这一思想灌注其中，故制定“男女别途”的礼节，要求男女行路时各走一边，互不干涉，引导人们严守礼教。

当然，孔子制定“养生”之节，在限制人们的某些不恰当的行为的同时，更多的是对现实生活中的人们给予更多的保护。如《礼记·檀弓上》中记载了两则有关丧礼的场景：

子路有姊之丧，可以除之矣，而弗除也。孔子曰：“何弗除也？”

① 〔宋〕朱熹：《四书章句集注》，北京：中华书局1983年版，第204页。

② 杨伯峻：《春秋左传注》，北京：中华书局2009年第3版，第83、620页。

子路曰："吾寡兄弟而弗忍也。"孔子曰："先王制礼。行道之人皆弗忍也。"子路闻之，遂除之。

伯鱼之母死，期而犹哭。夫子闻之，曰："谁与哭者？"门人曰："鲤也。"夫子曰："嘻，其甚也！"伯鱼闻之，遂除之。[①]

正如孔子所说："先王制礼。行道之人皆弗忍也。"历代先王早已经考虑到人们"皆弗忍"的状况，于是在制定相应礼节时，尽量遏制人们的"弗忍"之心，使人们能走出悲痛，走上正常的生活轨道。有德行修养的子路和伯鱼听取了孔子的建议，按照传统礼制规定逐渐解除了对亲人的哀思之苦。

从子路和伯鱼等人的行为来看，他们并非不懂得礼制，只是从为亲人守孝的角度出发有不忍之心。如果说这种行为还不会对现实生活中的人们产生伤害的话，那么子夏因丧子而失明就存在比较严重的问题。据《礼记·檀弓上》记载，子夏"丧其子而丧其明"，曾子前来吊唁，说："吾闻之也，朋友丧明则哭之。"曾子哭，子夏亦哭，这无疑会加重子夏眼睛的伤情，所以曾子将"丧尔子，丧尔明"作为斥责子夏的一条重要罪状。孙希旦解释说："张子曰：子夏丧明，必是初丧亲时尚强壮，其丧子，血气渐衰，故丧明。……愚谓此《记》所言，有无不可知。然曾子之尽言以规过，子夏之闻义而遽服，此则非贤者不能。"[②]丧子之痛是人之常情，但使自己失明就有点过头了，而孔子的"养生"之节就是防止类似事情的发生，也就是《吕氏春秋》中说的"知生也者，不以害生，养生之谓也"[③]。

如果说子路、伯鱼和子夏等人之事涉及的是亲人的话，那么"子贡赎人"则属于维护社会稳定的典型案例。据《孔子家语·致思篇》记载：

---

①〔清〕孙希旦撰，沈啸寰、王星贤点校：《礼记集解》，北京：中华书局1989年版，第183、185页。

②〔清〕孙希旦撰，沈啸寰、王星贤点校：《礼记集解》，北京：中华书局1989年版，第191—192页。

③ 许维遹撰，梁运华整理：《吕氏春秋集释》，北京：中华书局2009年版，第220页。

> 鲁国之法，赎人臣妾于诸侯者，皆取金于府。子贡赎之，辞而不取金。孔子闻之曰："赐失之矣。夫圣人之举事也，可以移风易俗，而教导可以施之于百姓，非独适身之行也。今鲁国富者寡而贫者众，赎人受金则为不廉，则何以相赎乎？自今以后，鲁人不复赎人于诸侯。"①

在孔子看来，圣人在制定这样一条法律时，考虑的是如何移风易俗，考虑的是如何施之于百姓。如果因为子贡自己不从鲁国府库领赎金而破坏了相应的礼制法规，那么其后果将是不再有鲁人"赎人臣妾于诸侯"，最终受害的还是鲁国的普通百姓。虽然我们无法详知孔子为政中都时的更为具体的措施，但至少这些有利于鲁国君民的法律、法规是他要提倡和坚守的。

孟子对"养生"做了进一步的阐发，《孟子·梁惠王上》中说："不违农时，谷不可胜食也；数罟不入洿池，鱼鳖不可胜食也；斧斤以时入山林，材木不可胜用也。谷与鱼鳖不可胜食，材木不可胜用，是使民养生丧死无憾也。养生丧死无憾，王道之始也。"朱熹解释说："此皆为治之初，法制未备，且因天地自然之利，而撙节爱养之事也。然饮食宫室所以养生，祭祀棺椁所以送死，皆民所急而不可无者。今皆有以资之，则人无所恨矣。王道以得民心为本，故以此为王道之始。"②尽管孟子说"养生丧死无憾"，但从内容上看更侧重于"养生"，就是要关注现实世界百姓的基本生活。

战国时期的大儒荀子则从礼之"起"的角度，论证礼制的合法性问题。《荀子·礼论》中说："礼起于何也？曰：人生而有欲，欲而不得，则不能无求。求而无度量分界，则不能不争；争则乱，乱则穷。先王恶其乱也，故制礼义以分之，以养人之欲，给人之求，使欲必不穷乎物，物必不屈于欲，

① 杨朝明、宋立林：《孔子家语通解》，济南：齐鲁书社2009年版，第92页。

②〔宋〕朱熹：《四书章句集注》，北京：中华书局1983年版，第203—204页。

两者相持而长，是礼之所起也。”[①] 清末学者王先谦注解说：“先王为之立中道，故欲不尽于物，物不竭于欲，欲与物相扶持，故能长久，是礼所起之本意者也。”[②] 尽管荀子的“养生”与孔子的“养生”有别，但从礼制的源头上探讨现实生活中的“养生”问题，则是对孔子“养生”论的补充与说明。

应该说，以孔子为代表的早期儒家对“养生”的阐释，体现了他们对现实世界的关注。他们认为首先应该满足百姓的物质生活，并用礼节约束人们的行为。如《论语·子路》中记载了孔子初到卫国，就与弟子冉有展开了一场别开生面的对话。“子曰：‘庶矣哉！’冉有曰：‘既庶矣，又何加焉？’曰：‘富之。’曰：‘既富矣，又何加焉？’曰：‘教之。’”[③] 从二人对话的内容看，孔子提出“庶”“富”“教”三个层阶，最终落实到“教化”上，用孟子的话说就是“父子有亲，君臣有义，夫妇有别，长幼有序，朋友有信”[④]，以防止“近于禽兽”局面的产生，而教化的正当途径就是“立学校，明礼义”[⑤]。

三、送死之节：“现实世界”的心安

除解决“养生”的问题外，现实世界中的人们还必须应对“送死”之痛。尽管孔子曾说“未知生，焉知死”[⑥]，但现实生活中孔子儒家并没有回避“送死”这一问题。所以，孔子在为政中都期间，制定的政策就包括“为四寸之棺、五寸之椁，因丘陵为坟，不封不树”等内容。显然，这一套礼仪制度涵

---

① 荀子说：“故礼者，养也。刍豢稻粱，五味调香，所以养口也；椒兰芬苾，所以养鼻也；雕琢、刻镂、黼黻、文章，所以养目也；钟鼓、管磬、琴瑟、竽笙，所以养耳也；疏房、檖貌、越席、床笫、几筵，所以养体也。”

②〔清〕王先谦撰，沈啸寰、王星贤点校：《荀子集解》，北京：中华书局1988年版，第346页。

③《论语·子路》，《四书章句集注》，北京：中华书局1983年版，第143页。

④《孟子·滕文公上》，《四书章句集注》，北京：中华书局1983年版，第259页。

⑤〔宋〕朱熹：《四书章句集注》，北京：中华书局1983年版，第144页。

⑥《论语·先进》，《四书章句集注》，北京：中华书局1983年版，第125页。

盖了“送死”的主要内容，如丧葬时棺椁的规格、坟墓的规模等。《礼记·王制》中的说法正与此相应：“庶人县封，葬不为雨止，不封不树。丧不贰事，自天子达于庶人。”郑玄注解说：“虽雨犹葬，以其礼仪少。封，谓聚土为坟。不封之，不树之，又为至卑无饰也。”[①] 郑玄的解释应该是接近孔子原意的，也就是在丧葬时要尽力做到“至卑无饰”。

那么，在“送死”时，人们应该采用怎样的礼仪与形式呢？当林放问“礼之本”时，孔子的回答也涉及“送死”的内容，即“丧，与其易也，宁戚”（《论语·八佾》）。理解这句话的关键在于“易”字，有学者认为“易”应为“具”，依据是《礼记·檀弓上》中的“丧具，君子耻具”。朱熹解释为：“易，治也。……在丧礼，则节文习熟，而无哀痛惨怛之实者也。”[②] 郑玄认为：“易，和易也。”即“丧失于和易，不如衰戚也”。皇侃同意包咸的说法，进而阐释说：“易，和易也。戚，哀过礼也。凡丧有五服轻重者，各宜当情，所以是本。若和易及过哀，皆是为失。会是一失，则易不如过哀，故云‘宁戚’也。”[③] 意思是说，在“送死”的环节上，与其用复杂的礼仪与形式，不如从内心深处表达出自己的“哀戚之情”。

其实，无论是“至卑无饰”，还是“哀戚之情”，都说明春秋末期、战国初期丧葬之礼仪形式的烦琐与铺张。杜绝这类现象，首要的是对“有位之人”的节制，这亦是对底层百姓的一种保护。从制度层面上杜绝攀比之风的蔓延，无疑是对“现实世界”的庇护。年轻时的孔子在安葬母亲时，并未严格遵循“不封不树”的古礼。据《礼记·檀弓上》记载：“孔子既得合葬于防，曰：‘吾闻之，古也墓而不坟。今丘也，东西南北之人也，不可以弗识也。’于是封之，崇四尺。孔子先反，门人后，雨甚至，孔子问焉，曰：‘尔来何迟也？’曰：‘防墓崩。’孔子不应。三，孔子泫然流涕曰：

①［清］孙希旦撰，沈啸寰、王星贤点校：《礼记集解》，北京：中华书局 1989 年版，第 341—342 页。

②［宋］朱熹：《四书章句集注》，北京：中华书局 1983 年版，第 62 页。

③［梁］皇侃撰，高尚榘校点：《论语义疏》，北京：中华书局 2013 年版，第 52 页。

'吾闻之，古不修墓。'"[①]尽管孔子以"东西南北之人"为由给父母封土起坟找到了合理、正当的理由，但出现了"防墓崩"的结局。孔子认为，这应是对他违反古礼行为的警示。

有了"防墓崩"的启示，孔子在设计丧葬制度时一定会对古礼有所损益。然而，春秋战国时期的人们，尤其是有位、有财者却未必都能接受孔子设计的礼法，他们更倾向于选择"尽于人心"。如鲁平公的嬖人臧仓者就曾批评孟子"后丧踰前丧"，这里的"踰"并非"前以士，后以大夫；前以三鼎，而后以五鼎"，而是"棺椁衣衾之美"。在孟子看来，这并非"踰"，而是前后"贫富不同"。[②]孟子还辩解说："古者棺椁无度，中古棺七寸，椁称之。自天子达于庶人。非直为观美也，然后尽于人心。不得，不可以为悦；无财，不可以为悦。得之为有财，古之人皆用之，吾何为独不然？且比化者，无使土亲肤，于人心独无恔乎？吾闻之君子：不以天下俭其亲。"[③]

不仅孟子儒家如此，即便是"治丧也，以薄为其道"的墨家，也同样存在"葬其亲厚"的情况。据《孟子·滕文公上》记载，孟子批评墨者夷之，说："吾闻夷子墨者。墨之治丧也，以薄为其道也。夷子思以易天下，岂以为非是而不贵也？然而夷子葬其亲厚，则是以所贱事亲也。"夷之则回应说："儒者之道，古之人'若保赤子'，此言何谓也？之则以为爱无差等，施由亲始。"朱熹注解说："庄子曰：'墨子生不歌，死无服，桐棺三寸而无椁。'是墨之治丧，以薄为道也。易天下，谓移易天下之风俗也。夷子学于墨氏而不从其教，其心必有所不安者，故孟子因以诘之。"[④]无论是孟子的"尽于人心"，还是夷之的"葬其亲厚"，背后所体现的并非仅仅是财力与地位，而更多的是现实世界中"孝子贤孙"所求的"心安"。

---

① 孙希旦撰，沈啸寰、王星贤点校：《礼记集解》，北京：中华书局1989年版，第168—169页。

②《孟子·梁惠王下》，《四书章句集注》，北京：中华书局1983年版，第224页。

③《孟子·公孙丑下》，《四书章句集注》，北京：中华书局1983年版，第245—246页。

④〔宋〕朱熹：《四书章句集注》，北京：中华书局1983年版，第262页。

即便是主张“因丘陵为坟，不封不树”的孔子，仍然会坚持守丧三年的礼制，且对破坏规矩的弟子宰我等人提出严厉的批评。如《论语·阳货》记载：

宰我问：“三年之丧，期已久矣。君子三年不为礼，礼必坏；三年不为乐，乐必崩。旧谷既没，新谷既升，钻燧改火，期可已矣。”子曰：“食夫稻，衣夫锦，于女安乎？”曰：“安。”“女安则为之！夫君子之居丧，食旨不甘，闻乐不乐，居处不安，故不为也。今女安，则为之！”宰我出。子曰：“予之不仁也！子生三年，然后免于父母之怀。夫三年之丧，天下之通丧也。予也有三年之爱于其父母乎？”①

从质问宰我“女安乎”的语气来看，孔子力主为父母行三年之丧，其背后所追求的是子女内心的安顿。而为父母守孝三年，是要回馈父母的三年之养，最终的指向是对现实世界的人心的护佑。

尽管孔子主张简化与节制形式，加重“送死”时悲痛的情意，但这并非意味着就要放弃固有的标准与礼制。正如曾子所说的“慎终追远，民德归厚矣”②，在孔子儒家看来，逝者去而不返，且益去益远，“送死”之礼如有不尽之意，人们将无可追悔。正如钱穆先生说：“儒家不提倡宗教信仰，亦不主张死后有灵魂之存在，然极重葬祭之礼，因此乃生死之间一种纯真情之表现，即孔子所谓之仁心与仁道。孔门常以教孝导达人类之仁心。葬祭之礼，乃孝道之最后表现。对死者能尽我之真情，在死者似无实利可得，在生者亦无酬报可期，其事超于功利计较之外，乃更见其情意之真。”③其实，无论是“送死”，还是“祭祀”，都是主张首先要使参与活动的人能够心安，然后推而广之，使周围的人心安，最终实现孔子儒家心目中的“民德归厚”。

很显然，这里的“民德归厚”并非彼岸世界的事情，而是此岸世界的事

①《论语·阳货》，《四书章句集注》，北京：中华书局1983年版，第180—181页。
②《论语·学而》，《四书章句集注》，北京：中华书局1983年版，第50页。
③ 钱穆：《论语新解》，北京：生活·读书·新知三联书店2002年版，第13页。

情。尽管我们还无法确切地知道孔子时代“养生送死”制度的真实状况和具体细节，但从“礼坏乐崩”的时代大背景中去细细体会，我们仍可进一步推测，由于周王室的衰微，旧的秩序已经被打破，新的秩序尚未形成，整个社会处于极度混乱的状态，人与人之间追寻的是“利”、是“欲”。正如钱穆先生说：“如何保养我们的身体，如何安放我们的心，这是人生问题中最基本的两大问题。前一问题为人兽所共，后一问题乃人类所独。”[①] 而孔子在为政中都期间的“制为养生送死之节”，首要解决的就是这两个问题。解决了人们现实生活中最核心的两个问题，那么取得“四方皆则之”的效果，自然也在情理之中。由此可以我们可以得出这样的结论，孔子的“制为养生送死之节”具有跨越国界、超越时空的永恒价值。

① 钱穆：《人生十论》，北京：生活·读书·新知三联书店 2009 年版，第 77 页。

灾妖不胜善政：孔子的灾异观

从远古时代一路走来，中华民族曾经历过不少重大灾异的考验，如汉武帝在位50余年间，各类天灾发生43次；唐太宗时期，只有贞观五年（631年）没有发生大的灾害；清康熙年间，仅大地震就发生了8次……中国人依靠自己的智慧，战胜了这些灾异，使中华文明绵延不绝。那么，中国传统社会是如何应对灾异的？我们今天应该从古人那里汲取怎样的智慧呢？

我们不妨从儒家学派的创始人、中国古代杰出的思想家孔子那里汲取中国古代解决灾异的智慧。但细读《论语》，人们似乎找不到孔子有关灾异的明确论述。而当人们研读《孔子家语》时，《五仪》篇中孔子所说的“灾妖不胜善政，寤梦不胜善行”，就像静夜里敲响的木铎，振聋发聩，发人深省。特别是“灾妖不胜善政”一语，就应是两千多年前的孔子应对灾异的明确态度，即使今天读来也会使人振奋不已。

这是孔子在与鲁哀公问对时提出的观念。鲁哀公问孔子说：“夫国家之存亡祸福，信有天命，非唯人也。”孔子回答说：“存亡祸福皆己而已，天灾地妖不能加也。”鲁哀公认为国家的存亡祸福是由天命决定的，人力根本无法改变，这似乎也是当时社会的主流观点。与这一观点不同，孔子认为，天灾地妖并不能决定国家的存亡祸福，决定国家命运的是人。为使鲁哀公更容易理解他的观点，孔子接着讲述了两则殷商时期与灾异有关的故事。

一则故事发生在商纣王时期。据说曾有一只小鸟在国都的城墙上生下一只大鸟。占卜者听闻之后，就对纣王说："凡以小生大，则国家必王而名必昌。"纣王听后非常高兴，于是"介雀之德，不修国政，亢暴无极"，不久"朝臣莫救，外寇乃至"，最终武王伐纣，商朝灭亡。另一则故事发生在商王太戊时期。据说太戊即位后不遵守法纪的约束，肆意妄为，不久朝堂上就出现了反常的现象："桑榖于朝，七日大拱。"占卜者对太戊说："桑榖野木而不合生朝，意者国亡乎！"太戊听后非常震惊，也很懊悔，于是"侧身修行，思先王之政，明养民之道"，最终达到了"三年之后，远方慕义，重译至者，十有六国"的效果。

孔子讲述这样的故事或许是要劝诫鲁哀公采取积极有效的措施，应对鲁国发生的重大灾异。尽管我们还不能确定二人讨论的是鲁国发生的哪场大的灾异，但从鲁哀公的担忧中，可以推测这次灾异一定非常严重，甚至会危及鲁国的命运。上海博物馆藏战国竹简《鲁邦大旱》公布之后，学者据其考证，这次旱灾可能发生在鲁哀公十五年（公元前480年），这或许也就是鲁哀公向孔子请教这一问题的大致时间。其实，鲁哀公君臣面对的是否就是此次旱灾，现在看来已经不那么重要。重要的是令后世有幸从此次对话中领略到孔子"灾妖不胜善政，寤梦不胜善行"的智慧。从传世文献的记载来看，这一思想一直影响着后世，成为激励中华民族战胜各类灾异的精神动力。正像汉武帝、唐太宗和清圣祖等人在位期间虽然都经历了各类重大的灾异，但是他们却将灾异转化成了治理国家的动力，使社会呈现出盛世景象，这或许就是孔子所说的"以已逆天时，得祸为福者也"[①]。

① 杨朝明、宋立林：《孔子家语通解》，济南：齐鲁书社2009年版，第68页。

鲁国社会与孔子学说互动研究

班固在《汉书·艺文志》中说："儒家者流，盖出于司徒之官，助人君顺阴阳明教化者也。游文于六经之中，留意于仁义之际，祖述尧舜，宪章文武，宗师仲尼，以重其言。"[①] 即使在今天，"祖述尧舜，宪章文武，宗师仲尼"仍可以用来概括儒学的特点。儒学创始于孔子，自然也以孔子为里程碑。孔子将上古三代明王作为其学说之根，除此之外，其生于斯长于斯的鲁国的固有文化传统给予其怎样的启发，其学说又对鲁国产生了怎样的影响，即孔子学说与鲁国社会形成了怎样的"互动"关系，似乎人们还没完全说清楚。本文试分析鲁国"礼仪之邦"社会的形成、"礼坏乐崩"的社会秩序与孔子学说的诞生，以及孔子学说与鲁国社会之关系。

一、鲁之建国与"礼仪之邦"的形成

由于周公在周初的显赫功绩和特殊地位，其封国鲁国自然拥有了西周时期其他诸侯国所没有的优势。然而，鲁国"礼仪之邦"特殊文化的形成不仅与周公有关，还与此前上古三代流传下来的丰富的文化遗存密切相关，这些文化遗存也为孔子学说的形成奠定了基础。

①《汉书·艺文志》，北京：中华书局1962年版，第1728页。

（一）鲁之建国前的文化遗存

鲁都曲阜的地理位置非常特殊：地处鲁中山区与鲁西南平原的交界处，背负泰岳，南面峄山，东连尼防群山，西接沃野千畴的广阔平原，“土地肥腴，资源丰足；四季分明，气候宜人，温度适中，雨量充沛”[①]。曲阜一带也就成为先民生活的理想之地。据研究，上古时期的圣王也多在此留下遗迹，近代考古发掘也证实了这一说法，有学者说：“鲁国在此建国后，一方面要传播周人的文化，另方面自然也要吸收和继承当地已有的文化成果。在这种互相融合的基础上，才形成了当年有很大影响的鲁国文化。同时，反过来说，后来鲁国文化的出现，也需要到它以前的文化中，去找继承关系。”[②]

大家心目中的许多上古圣王都与鲁国有过关联，正如张守节所说：“《帝王世纪》云：‘炎帝自陈营都于鲁曲阜。黄帝自穷桑登帝位，后徙曲阜。少昊邑于穷桑，以登帝位，都曲阜。颛顼始都穷桑，徙商丘。’穷桑在鲁北，或云穷桑即曲阜也。又为大庭氏之故国，又是商奄之地。”[③]虽然“穷桑”今为何地已无法详考，但说它与鲁国有密切关系应没有太大问题。至少在鲁国建国之前，曲阜一带仍被称为“少昊之墟”，并且至今曲阜城东仍有被称为“东方金字塔”的少昊陵。另外，上古时期的圣王舜，与鲁国曲阜有着密切关系，如史迁说：“舜耕历山，渔雷泽，陶河滨，作什器于寿丘，就时于负夏。”[④]寿丘在今天的曲阜，曲阜城东门至今还有寿丘遗址。有学者说：“舜在为帝之前，也是在今曲阜一带发迹的。”又说：“皋陶生于曲阜，当是少昊之后。”[⑤]可见，曲阜一带的先民在远古时代就已留下了丰厚的文化遗产，

---

① 汪永基、孔祥民：《天下第一家》，北京：新华出版社1995版，第7—8页。

② 郭克煜、李启谦：《鲁国建国前曲阜一带的历史考查》，《齐鲁学刊》，1982年第1期，第33—37页。

③《史记·周本纪》，北京：中华书局1982年第2版，第128页。

④《史记·五帝本纪》，北京：中华书局1982年第2版，第32页。

⑤ 郭克煜等：《鲁国史》，北京：人民出版社1994年版，第33页。

这也是鲁国能成就“博学”的孔夫子的文化机缘。

在鲁建国之前，曲阜一带曾是殷商重镇，还一度是商王都。《竹书纪年》记载自商王南庚“三年迁于奄”之后，阳甲、盘庚都即位于此，直至盘庚十四年迁于北蒙，奄俨然成为殷商王畿。[①]奄，即今之曲阜。即使在盘庚迁都之后，曲阜仍是殷商贵族的聚集地。“西周初，以奄国为代表的商王朝的东方旧势力曾追随武庚，纠聚徐戎、淮夷，与管叔、蔡叔一起趁周政权在东方立足未稳之际发动叛乱”,可以说,与殷商在奄地拥有庞大势力密切相关。同时，周成王曾迁“殷遗民”及“东伐淮夷，践奄”[②]等事件，均表明曲阜一带的前朝势力威胁到了周朝的统治。成王将周公封国建于此，也与赋予周公镇压殷遗民反抗、藩卫周王室的职责有关。而在西周王朝初创时，年幼的成王需要周公协助处理政务，因此周公无法离朝就封，“只得让其长子伯禽，一位像他一样忠于周王室，又能征讨领战的年轻将领代父就封”[③]。周代礼乐文化与东方文化结合的序幕由此拉开。

近年来的考古发掘证实了原鲁国境内有丰富的文化遗存。自 20 世纪 80 年代以来，鲁国境内有大批的遗址得到发掘，如山东滕州北辛遗址、曲阜南兴埠遗址、曲阜西夏侯遗址、邹城野店遗址、泗水尹家城遗址、兖州西吴寺遗址、兖州六里井遗址等，有学者说：“这些丰富的文化遗存，也使我们从远古传说中得到的对这一地区古文化的神秘、渺茫而又朦朦胧胧的认识，变得清晰、形象、具体起来。”[④]近年来发掘的北辛、大汶口、龙山以及岳石等文化遗址共同构成完整的中国史前文化发展谱系，也使鲁南地区成为最有希望“建立完整史前文化体系的地区”[⑤]。至迟在龙山文化时期，礼制就已

① 方诗铭、王修龄：《古本竹书纪年辑证》，上海：上海古籍出版社 1981 年版，第 223—224 页。

② 杨朝明：《鲁文化史》，济南：齐鲁书社 2001 年版，第 61—62 页。

③ 刘振佳：《鲁国文化与孔子》，济南：山东友谊出版社 1993 年版，第 4 页。

④ 杨朝明：《鲁文化史》，济南：齐鲁书社 2001 年版，第 38 页。

⑤ 张学海:《从考古发现看山东在我国古史上的地位》,《文史知识》, 1987 年第 10 期，第 14—21 页。

产生，这可以通过山东临朐西朱封和泗水尹家城的龙山时期的大墓等不同的规模和内涵得到印证。有学者总结："虽然当时并无成文法可循，但确实存在某种约定俗成的'规则'，使贫富、高下、贵贱在墓葬形制和随葬品方面表现得如此判然有别而又井然有序。有关的'规则'，实则是已经并非完全处在萌芽状态的'礼制'。"[①]可见，早在大汶口以及龙山文化时期，山东已进入文明阶段，这时期的文化也是鲁建国前殷实而丰厚的文化遗产，并为鲁国"礼仪之邦"的形成奠定了坚实基础。

（二）周公与鲁之"班长"的地位

许慎说："封，爵诸侯之土也。从之土，从寸。寸，守其制度也。公侯百里，伯七十里，子男五十里。"[②]即帝王将土地、人民、爵位、名号等赐给有功的大臣或同姓的亲贵。西周时期的武王、成王和康王都曾陆续分封，实现"以蕃屏周""为周室辅"的目的；分封的对象主要是姬姓、姬姓亲戚、功臣及故旧，对"先圣之后"的"褒封"则体现周人"兴灭国，继绝世，举逸民"[③]的原则。

至于西周王朝分封了多少诸侯，史书记载并不完全相同，《吕氏春秋·先识览》中说"周之所封四百余，服国八百余"；《荀子·儒效》记载周"立七十一国，姬姓独居五十三人焉，周之子孙苟不狂惑者，莫不为天下之显诸侯"[④]；而见于《春秋》经传的则有一百七十余国。按周礼规定："诸侯之于天子也，比年一小聘，三年一大聘，五年一朝。"[⑤]周王室如何安排"述职"诸侯的秩序，由于典籍记载的缺失，现在已无法说得清楚。

---

① 高炜：《陶寺龙山文化木器的初步研究——兼论北方漆器起源问题》，转引自何宏波：《先秦玉礼研究》，北京：线装书局2009年版，第116页。

②〔汉〕许慎撰,〔清〕段玉裁注：《说文解字注》，杭州：浙江古籍出版社2006年第2版，第687—688页。

③《论语·尧曰》，《四书章句集注》，北京：中华书局1983年版，第194页。

④〔清〕王先谦撰，沈啸寰、王星贤点校：《荀子集解》，北京：中华书局1988年版，第134页。

⑤ 杨天宇：《礼记译注》，上海：上海古籍出版社2004年版，第146页。

春秋时期，“政由方伯出”，我们通过历次诸侯会盟班次，或许可推测周初各诸侯国朝班的秩序。其原则为“周之宗盟，异姓为后”[①]，鲁国既为姬姓，又是周公的封国，在诸侯的排位中理应成为“班长”。如《国语·鲁语上》记载，“晋文公解曹地以分诸侯”，重馆人对臧文仲说：“鲁之班长而又先，诸侯其谁望之？”[②]又如《左传·定公四年》记晋文公主持“践土之盟”的诸侯顺序为“晋重、鲁申、卫武、蔡甲午、郑捷、齐潘、宋王臣、莒期”[③]，这在一定程度上体现了周之“宗盟”的原则。

然而，春秋时期这一原则逐渐被打破，如《春秋经·僖公二十八年》记载：“公会晋侯、齐侯、蔡侯、郑伯、卫子、莒子”[④]，可见已按照国之大小与强权实力来排位。究其原因，与此时政治格局的变动有关。有学者说：“至春秋时期，周王室尚依据西周宗盟的原则来处理诸侯国事务，而诸侯们则采取了更为现实的态度。”[⑤]这也从侧面反映了鲁国在周初“宗盟”中的“班长”地位。

（三）鲁国“礼仪之邦”的初步形成

在鲁建国前，曲阜一带已有丰富的文化遗存，而且形成了浓厚的思想文化氛围，这为鲁国“礼仪之邦”的形成奠定了基础，同时也为孔子了解三代礼制的“损益”提供了有益平台。鲁国礼仪文化的特色不仅由周公的地位决定，而且与此前鲁国旧有的文化资源密切相关。伯禽初受封时，周室制定了“启以商政，疆以周索”的基本国策，并分给鲁国“殷民六族，条氏、徐氏、萧氏、索氏、长勺氏、尾勺氏，使帅其宗氏、辑其分族，将其类丑，以法则周公”。[⑥]正如有学者说：“伯禽一支所带来的周文化与殷遗民及当地土著固有的文化

① 杨伯峻：《春秋左传注》，北京：中华书局2009年第3版，第72页。

② 张永祥：《国语译注》，上海：上海三联书店2014年版，第82页。

③ 杨伯峻：《春秋左传注》，北京：中华书局2009年第3版，第1541—1542页。

④ 杨伯峻：《春秋左传注》，北京：中华书局2009年第3版，第449页。

⑤ 巴新生：《西周“宗盟”初探》，《东北师大学报》（哲学社会科学版），1997年第2期。

⑥ 杨伯峻：《春秋左传注》，北京：中华书局2009年第3版，第1536、1539页。

相互融合，共同形成了鲁国的文化。”[①]

关于鲁建国前有怎样的文化传统，因典籍记载缺失，学界至今没有明确结论。然而，至春秋末期殷人的势力及文化传统仍深深地影响着鲁国的政治。如季氏家臣“阳虎专政”，“盟公及三桓于周社，盟国人于亳社，诅于五父之衢”[②]。“周社”为鲁人之社没有问题。商人发迹于亳，殷人祭祀的场所也称之为“亳社”，而“盟国人于亳社”，则表明殷商势力在鲁国仍有举足轻重的地位。在周之初封时，伯禽用了三年才完成“变其俗，革其礼”的改革向周公报政。正如有学者说：“伯禽在鲁，为了强化统治，花费了很大气力改变当地人的风俗，力图把周人的文化传统推广到鲁地。”[③]而鲁国“礼仪之邦”传统的形成自然与伯禽等鲁先公的努力密不可分。

伯禽在改造曲阜本地文化时，又向此地输入了怎样的文化？这又涉及鲁国受封之初所带来的文化基因。由于周公的特殊地位和卓越功勋，鲁国在初封时也就得到了其他诸侯国所没有的特权。为褒赐“周公之德”，鲁国不但有“天子礼乐”，而且还拥有“四代之礼乐”与“四代之学”。如《礼记·明堂位》中说：“成王以周公为有勋劳于天下，是以封周公于曲阜，地方七百里，革车千乘，命鲁公世世祀周公以天子之礼乐。”“凡四代之服、器、官，鲁兼用之，是故鲁，王礼也，天下传之久矣。”又，“米廪，有虞氏之庠也。序，夏后氏之序也。瞽宗，殷学也。頖宫，周学也。”[④]如有学者说：“……齐鲁文明，实为宗周文化之嫡传，而鲁为姬，齐为姜，后来结果，齐一变至于鲁，鲁一变乃至于道；周礼在鲁，遂为中心之中心。……周公及其同僚，建立了宗周的礼乐制度，鲁国继之成为正统……”[⑤]

经过周初统治者特别是鲁国先公的努力，曲阜固有的文化传统得以改造，

---

① 杨朝明：《鲁文化史》，济南：齐鲁书社2001年版，第4页。

② 杨伯峻：《春秋左传注》，北京：中华书局2009年第3版，第1559页。

③ 郭克煜等：《鲁国史》，北京：人民出版社1994年版，第225页。

④ 杨天宇：《礼记译注》，上海：上海古籍出版社2004年版，第391—400页。

⑤ 杨向奎：《宗周社会与礼乐文明》，北京：人民出版社1997年版，第278—279页。

并有周代礼乐文化的新鲜血液输入进来，形成了鲁国礼乐文化的新传统。鲁国成为西周时期宗周在东方的代言人，也成为周礼在春秋时期最完整的保存者。至此，“礼仪之邦”的形象得以形成。

二、鲁国的“礼坏乐崩”与孔子学说的形成

根深蒂固的礼乐文化传统使鲁国社会秩序相对稳定。如《礼记·明堂位》中说：“君臣未尝相弑也，礼、乐、刑、法、政、俗，未尝相变也，天下以为有道之国，是故天下资礼乐焉。”[①] 然而，到春秋时期，整个社会“礼坏乐崩”，鲁国同样也出现“失序”“政由大夫出”甚至“陪臣执国命”的混乱状态。为挽救其“失范”的社会秩序，孔子在吸收鲁国固有的礼乐文化的基础上，创立了具有地域文化特色的学说。

（一）私家兴起与鲁国社会的失范

在诸侯争霸的春秋时期，鲁国不但没有成为霸主之一，而且还受到晋、齐等国的牵制。同时，鲁国也面临着与其他国家同样甚至更为严重的私家兴起问题，包括大夫执政及“陪臣执国命”两个方面，这也是造成鲁国社会“失范”的重要原因之一。

“三桓”专政始于鲁宣公时期。公元前 609 年，鲁文公去世，国内随之出现嫡、庶君位之争，文公庶子最后即位，为鲁宣公。然而，“三桓”也借机先后在其封地内修筑城邑，据此逐渐操纵鲁国内政，从此“公室卑，三桓强”，甚至出现了鲁昭公在与三桓斗争失败后被迫出走的情况。“昭公率师击平子，平子与孟氏、叔孙氏三家共攻昭公，昭公师败，奔于齐，齐处昭公乾侯。其后顷之，鲁乱。”[②] 昭公至去世再也没能回到鲁国，甚至在去世后被季氏葬于“墓道之南”，直到孔子为中都宰时才得以“沟而合

① 杨天宇：《礼记译注》，上海：上海古籍出版社 2004 年版，第 400 页。

②《史记·鲁周公世家》《史记·孔子世家》，北京：中华书局 1982 年第 2 版，第 1536、1910 页。

诸墓”。王肃在注解此语时说：“季平子逐昭公，死于乾侯，平子别而葬之，贬之，不令近先公也。”[①] 鲁国“三桓”专政成为当时私家削弱、取代及瓜分公室的典型代表。

春秋中期以后，鲁国就已出现了“陪臣执国命”的局面。如有学者说：“三桓专鲁政以后，三桓注意力转移至参与国政，他们要考虑如何控制国君，如何统治鲁国，如何处理与其他卿大夫的矛盾，如何处理三桓之间的纠纷等重大问题，家政与邑政自然落入家臣手中。”[②] 鲁国在昭、定、哀之时，家臣、邑宰叛乱事件屡屡发生。如鲁昭公四年叔孙氏家宰竖牛“欲乱其室而有之，强与孟盟”；昭公十二年季孙氏家臣南蒯说“吾出季氏，而归其室于公”；季氏的家臣阳虎专政，“盟公及三桓于周社，盟国人于亳社，诅于五父之衢”；又“阳虎欲去三桓，以季寤更季氏，以叔孙辄更叔孙氏，己更孟氏”[③]；“公山弗扰以费畔”季氏等[④]。当然，此时其他诸侯国同样出现私家兴起的现象，如晋国“佛肸为中牟宰。赵简子攻范、中行，伐中牟。佛肸畔”[⑤] 等等。“陪臣执国命”也成为春秋末期的一大特色，使社会陷入更大的混乱。

追其根源，正是周王自身对宗法制原则的破坏。鲁武公九年，宣王为鲁择君，打破嫡长子继承制，践踏了鲁国周礼的根基——宗法制。这可谓是天子对西周的宗法制自掘坟墓，不但给鲁国稳定带来了巨大冲击，而且造成了“诸侯从是而不睦”的局面。“三桓”专政，特别是南蒯、阳虎等家臣、邑宰的坐大，更加速了“礼坏乐崩”的进程。如有学者说：“天子、诸侯、大夫和陪臣之间等级关系的紊乱，破坏了西周礼乐制度所建立的权力制度与分

---

① 杨朝明、宋立林：《孔子家语通解》，济南：齐鲁书社 2009 年版，第 2—3 页。

② 郭克煜等：《鲁国史》，北京：人民出版社 1994 年版，第 128 页。

③ 杨伯峻：《春秋左传注》，北京：中华书局 2009 年第 3 版，第 1257、1335、1559、1568 页。

④《论语·阳货》，《四书章句集注》，北京：中华书局 1983 年版，第 176 页。

⑤《史记·孔子世家》，北京：中华书局 1982 年第 2 版，第 1924 页。

配制度，因而从根本上改变了旧有的礼制秩序。”[①] 这是孔子本人所亲身体验的社会现实，并为其学说定下了基调。

（二）“礼坏乐崩”与鲁国的消亡

据记载，周公曾“制礼作乐”，但文献“不足征”，我们现在已无法确切地知道其所制礼乐的具体内容。从传世文献记载来看，至少应包含“礼仪三百，威仪三千”的各种仪式以及贯穿在“礼仪”背后的“礼之义”。正如太史克说：“则以观德，德以处事，事以度功，功以事民。”而衡量礼乐是否崩坏的标准在于世人能否把握和遵守礼仪背后的“义”。如晋侯问女叔齐“鲁侯不亦善于礼乎”，女叔齐回答说：“是仪也，不可谓礼。礼，所以守其国，行其政令，无失其民者也。今政令在家，不能取也……”又说：“礼之本末将于此乎在，而屑屑焉习仪以亟。言善于礼，不亦远乎？”[②] 如此看来，晋、鲁两国的国君都已不能把握“礼之本”。可见，周公据以“制礼作乐”的礼“则”已废，这即是真正的“礼坏乐崩”。

有些人并没有把握春秋时期礼乐崩坏的实质，仅仅依据周礼仍是社会各阶层普遍遵循的重要原则以及“曲礼三千”的繁荣假象的出现，就轻易地质疑“礼坏乐崩”，如有学者说：“鼎盛期的礼涉及人们生活、社会的方方面面，极其繁杂……礼的繁缛不仅不是礼的崩坏，恰恰说明了其制度的健全。”[③] 这正是对所谓“礼坏乐崩”的一种误解。无论当时礼的仪式多么繁荣，其实质反而都是对周礼的规定——“天子建国，诸侯立家，卿置侧室，大夫有贰宗，士有隶子弟，庶人、工、商，各有分亲，皆有等衰”[④] 的一种破坏。因为在滥用、僭越的背后是对三代之礼，尤其是“郁郁乎文哉”的周礼维护社会秩序之本质的无知与无畏。而此时的圣贤也敏锐地觉察到礼之“仪”繁荣的背后，是对礼之“义”的准确把握的丧失。如郑国子产

① 夏静：《礼乐文化与中国文论早期形态研究》，北京：中华书局2007年版，第138页。

② 杨伯峻：《春秋左传注》，北京：中华书局2009年第3版，第633—634、1266页。

③ 杨文胜：《春秋时代“礼崩乐坏”了吗？》，《史学月刊》，2003第9期。

④ 杨伯峻：《春秋左传注》，北京：中华书局2009年第3版，第94页。

的“夫礼，天之经也，地之义也，民之行也”、晏子的“礼之可以为国也久矣，与天地并”[1]，他们对“礼”的强调也从一个侧面说明世人对“礼之本”的误解。

作为当时公认的“礼仪之邦”的鲁国，其国君与士大夫对“礼之本”似乎也并不了解。这可以从季孙氏“八佾舞于庭”“以《雍》彻”等行为中得到明证。孔子有感于此，才发出“是可忍也，孰不可忍也”及“‘相维辟公，天子穆穆’，奚取于三家之堂”的感慨。按照周礼，只有天子和鲁国国君才有资格封禅泰山，季孙氏却也“旅于泰山”，孔子感到非常忧虑。当“林放问礼之本”时，孔子大加赞赏，说：“大哉问！”[2] 在经济上，鲁国也面临着赋税改革，如《左传·哀公十一年》记载，季孙氏欲以田赋，使冉有访于孔子，孔子非常反感，并且说：“且子季孙若欲行而法，则周公之典在；若欲苟而行，又何访焉？”[3] 然而，孔子的反对并没有阻止鲁国的赋税改革，更没有阻挡住鲁国的衰弱。在孔子去世后的二百余年后（前249年），鲁国终被楚国所灭，存续近800年的鲁国至此消亡。

（三）孔子担当意识与学说的初步形成

孔子生于鲁长于鲁，也深刻感受着鲁国礼乐的崩坏与国势的衰落，他自觉地担当起扭转鲁国乃至天下失序状态的任务。如孔子“畏于匡”时，他说：“文王既没，文不在兹乎？天之将丧斯文也，后死者不得与于斯文也；天之未丧斯文也，匡人其如予何？”[4] 而孔子自幼好学也成就了其自信心，正如他在晚年所总结说：“吾十有五而志于学，三十而立，四十而不惑，五十而知天命，六十而耳顺，七十而从心所欲，不逾矩。”[5] 如果孔子小时以“好学”“陈俎豆，设礼容”而闻名，那么其十五岁所志于学习的是什么？从“子入太庙，每事问”的记载来推测，他“志于学”的应是周礼。

① 杨伯峻：《春秋左传注》，北京：中华书局2009年第3版，第1457、1480页。

②《论语·八佾》，《四书章句集注》，北京：中华书局1983年版，第62页。

③ 杨伯峻：《春秋左传注》，北京：中华书局2009年第3版，第1668页。

④《论语·子罕》，《四书章句集注》，北京：中华书局1983年版，第110页。

⑤《论语·为政》，《四书章句集注》，北京：中华书局1983年版，第54页。

虽然其“知礼”受到当时人的质疑，但这也为后人提供了了解孔子及当时礼制的信息：一方面证明孔子好学，另一方面“每事问”应符合当时的礼制。古时的太庙可能犹如今天的博物馆，“每逢祭祀开放，任人观礼。作为举行仪式的场所，它能够让人追怀先德、洗涤心灵，能够正人心，施教化，达到‘慎终追远，民德归厚’的目的”[①]。可见，孔子自幼就自觉地担当起以言行救治“礼崩乐坏”社会的责任。

“三十而立”，是说孔子已找到了自己的位置，站稳了脚跟，即此时孔子学说的基点已初步形成。当然，孔子学说有一个不断完善的过程。早年有感于鲁国“礼坏乐崩”的现实，他更多地关注于礼，并提出了其“正名”论。他说：“名不正，则言不顺；言不顺，则事不成；事不成，则礼乐不兴；礼乐不兴，则刑罚不中；刑罚不中，则民无所措手足。”[②]然而，孔子在鲁国为政以及周游列国十四年的经历，都证明无论他如何强调礼的重要性，都没有任何一个君主和国家能够真正予以施行，而且世道人心每况愈下。孔子意识到要从根本上改变现状，必须从人心入手，因此，他开始更多地关注人的修身问题。《论语》中“仁”字出现109次，也间接证明“仁”在其学说中的重要性。“人而不仁如礼何？人而不仁如乐何”，“仁”成为此时期孔子思想的核心。

“备王道，成六艺”[③]应该是儒学的根本特征。无论是孔门后学、汉唐经学，还是宋明理学都继承了孔子所奠定的儒学根基。如果说礼与仁是孔子早年“载之空言”之说，那么其晚年对于《易》及《春秋》的研读、整理则使孔子学说最终定型。孔子说：“加我数年，五十以学《易》，可以无大过矣。”[④]当然，孔子对于《易》的研读与当时占筮之学不同，如马王堆帛书《要》篇说：“后世之士疑丘者，或以《易》乎？吾求其德而已，

① 杨朝明：《论语诠解》，济南：山东友谊出版社2008年版，第182页。

②《论语·子路》，《四书章句集注》，北京：中华书局1983年版，第142页。

③《史记·孔子世家》，北京：中华书局1982年第2版，第1937页。

④《论语·述而》，《四书章句集注》，北京：中华书局1983年版，第97页。

吾与史巫同途而殊归者也。”而孔子晚年对《易》感兴趣，是因为其中也深含着“古之遗言”。通过对《易》的研读，孔子不但领悟到“先王之道”，而且使自己的哲理思维得到提升，这集中体现在其所“正”的《易传》之中。孔子晚年修《春秋》，则将其一生的政治智慧贯穿其中，并认定其为后世“知我者”“罪我者”[①]的依据。

孔子有感于春秋时期天下特别是鲁国的混乱状态，在“据鲁，亲周，故殷，运之三代”[②]的基础上，凝聚出中国历史上最具生命力的学说，奠定了儒家学说的基本内核。它既包含礼、仁等思想，也包含被孔子注入“义”的先王政典“六经”。后世历代儒家也正是通过“六艺”不断地阐发孔子思想，并应对现实社会出现的种种问题。

三、孔子学说与鲁国社会互动影响

除去周游列国十四年外，孔子基本上都生活在鲁国，其思想也主要受到鲁国文化的影响。孔子学说既受到鲁国社会的滋养，也得到鲁国社会的检验。经过后续阐发和传播，儒学形成了“孔门弟子—鲁国—天下”的学术体系，同时，儒学也使鲁国“礼仪之邦”的地位得以凸显。

（一）鲁国社会滋养孔子学说

鲁国在初封时就得到丰厚的待遇，周王给鲁公“大路、大旗，夏后氏之璜，封父之繁弱，殷民六族”；又分给“土田陪敦、祝、宗、卜、史，备物、典策，官司、彝器”。[③]尤其是，如《礼记·明堂位》中所记，“四代之服、器、官，鲁兼用之，是故鲁，王礼也，天下传之久矣”[④]。这在王室衰微、礼乐制度下移的春秋时期，是一笔宝贵的财富。正如《论语·微子》中说：“大师挚

①《孟子·滕文公下》，《四书章句集注》，北京：中华书局1983年版，第272页。

②《史记·孔子世家》，北京：中华书局1982年第2版，第1943页。

③ 杨伯峻：《春秋左传注》，北京：中华书局2009年第3版，第1536—1537页。

④ 杨天宇：《礼记译注》，上海：上海古籍出版社2004年版，第400页。

适齐，亚饭干适楚，三饭缭适蔡，四饭缺适秦。鼓方叔入于河，播鼗武入于汉，少师阳、击磬襄入于海。”[①] 这从一个侧面体现了周王室已失去完整的周礼。而鲁国国君及士大夫所有意保护的完整“天子之礼”，就成为时人了解周礼的最佳途径。

一些当时到过鲁国的士人的评论也证明了鲁国对保存礼乐文化做出的贡献，如吴公子季札赴鲁观周乐，在听完乐师演奏《周南》《召南》《邶》《墉》《卫》《王》《郑》《齐》《豳》《秦》《魏》《唐》《陈》《小雅》《大雅》之后，从诗之义上一一去点评。[②] 如有学者说：“季札论《诗》，侧重于诗的道德意义，这种解诗的方式，对以后孔子产生影响。”[③] 又如《左传·昭公二年》记，晋国“韩宣子来聘”，“观书于大史氏，见《易》《象》与《鲁春秋》，曰：‘周礼尽在鲁矣，吾乃今知周公之德与周之所以王也。’”[④] 这些文化资源成为鲁国的特色，也成为孔子了解周礼的途径，他自幼就受着这种文化的滋养。此外，鲁国先贤对孔子也产生了深远影响，如有学者说：“学者们在论述孔子思想体系的渊源时，无不认为他的思想受到了鲁国特定环境即当时鲁国国情的影响，那么，处在鲁国社会中的著名人物对孔子的影响就更为直接。”[⑤] 如被孔子“数称”的臧文仲、柳下惠等人都曾影响到孔子。

当然，鲁国完整的礼乐资源、仁人贤士的榜样只是外因，在鲁国近八百年的历史中，孔子脱颖而出，这与其“好学”“博学”以及在危机面前勇于担当的意识密切相关。孔子曾说自己“十有五而志于学”，尽管“吾少也贱”，但他所重视的绝不是种地、种菜之类的“鄙事”，而是《诗》《书》《礼》《乐》《易》《春秋》等经典文献，这些也正是孔子熟知“先王之道”的文

①《论语·微子》，《四书章句集注》，北京：中华书局 1983 年版，第 186 页。

② 杨伯峻：《春秋左传注》，北京：中华书局 2009 年第 3 版，第 1161—1164 页。

③ 梁涛、刘宝才：《中国学术思想史·先秦卷》，西安：陕西师范大学出版社 2005 年版，第 79 页。

④ 杨伯峻：《春秋左传注》，北京：中华书局 2009 年第 3 版，第 1226—1227 页。

⑤ 郭克煜等：《鲁国史》，北京：人民出版社 1994 年版，第 324 页。

化载体。孔子自小就对祭祀舞乐极感兴趣，并以“入太庙，每事问”的姿态温习礼乐、启示观礼之人。孔子“发愤忘食，乐以忘忧，不知老之将至”[①]，也是其一生“好学”的真实写照。

孔子晚年时，“鲁终不用”，他“亦不求仕”，而是从鲁国独特的文化底蕴和丰富的典册文献中，找到了最有价值的工作。司马迁记述其“追迹三代之礼，序《书传》，上纪唐虞之际，下至秦缪，编次其事”，“古者《诗》三千余篇，及至孔子，去其重，取可施于礼义……礼乐自此可得而述，以备王道，成六艺”，“孔子晚而喜《易》，序《彖》《系》《象》《说卦》《文言》”。[②]鲁国的这些典册，不但成就了孔子，使其学说更加精深；同时，孔子也成就了这些经典，使其在孔门后学的阐扬下成为儒学经典和中国传统文化的重要载体。

（二）孔子学说得到鲁国社会的检验

孔子一生特别是早年，一直都在积极寻求从政的机会。但直到 51 岁时，孔子才做了中都宰。虽然只是一县之长，却使孔子的从政才能得到充分展现。据史书记载，孔子在中都的主要措施也不过是“制养生送死之节”，具体的也无非是提倡“长幼异食，强弱异任，男女别涂，路无拾遗，器不雕伪”，在葬礼上提倡“为四寸之棺、五寸之椁，因丘陵为坟，不封不树”，并取得“行之一年，而西方之诸侯则焉”的效果。当鲁定公问“学子此法以治鲁国，何如”时，孔子非常自信地说：“虽天下可乎，何但鲁国而已哉！”

孔子升任司空时，采取“别五土之性”的措施，实现“物各得其所生之宜”。更重要的是借昭公“沟而合诸墓”，挽回“季氏葬昭公于墓道之南”的“贬君以彰己罪”的“非礼”过失。在大司寇的任上，他则执行“设法而不用，无奸民”的综合治理。[③]孔子在鲁国为政期间所取得的成就也证明了

---

①《论语·述而》，《四书章句集注》，北京：中华书局 1983 年版，第 98 页。

②《史记·孔子世家》，北京：中华书局 1982 年第 2 版，第 1935—1937 页。

③ 杨朝明、宋立林：《孔子家语通解》，济南：齐鲁书社 2009 年版，第 2 页。

其“苟有用我者，期月而已可也，三年有成”[1] 的自信。

孔子在鲁国为政成功，引起了齐国的担忧。齐大夫黎鉏对景公说：“鲁用孔丘，其势危齐。”而之后孔子在“夹谷之会”上的表现，似乎也验证了齐人的担心。在盟会上，正是因孔子据理力争，鲁国才得以暂时扭转在齐鲁外交中长期处于被动的局势，并迫使齐国人归还了侵占鲁国的郓、汶阳及龟阴等地。为离间孔子与鲁国国君及三桓，齐人选“国中女子好者八十人，皆衣文衣而舞《康乐》，文马三十驷，遗鲁君”，并“陈女乐文马于鲁城南高门外”。齐人的离间之计收到了成效。在孔子看来，鲁国国君接受了美女、车马，特别是“郊祭”之后不按礼制“致膰乎大夫”，说明鲁之礼乐的崩坏已到了无可挽救的地步，他不得不离开鲁国，开始其长达十四年之久的列国之行。[2]

当然，在鲁国，除了孔子本人为政之外，孔子学说还可以由建言献策、孔门弟子为政等产生影响。孔子晚年作为鲁国“国老”，与鲁哀公结下了特殊的君臣关系。同时，孔子的很多弟子都有在鲁国为官的经历，如《论语·阳货》中说：

> 子之武城，闻弦歌之声。夫子莞尔而笑，曰：“割鸡焉用牛刀？”子游对曰：“昔者偃也闻诸夫子曰：‘君子学道则爱人，小人学道则易使也。’”[3]

而曾“陵暴孔子”的子路能忠实地执行孔子的为政思想，也更显出孔子政治智慧的高超。《论语·微子》中记载子路说：“不仕无义。长幼之节，不可废也；君臣之义，如之何其废之？欲洁其身，而乱大伦。君子之仕也，

①《论语·子路》，《四书章句集注》，北京：中华书局 1983 年版，第 144 页。
②《史记·孔子世家》，北京：中华书局 1982 年版，第 1915—1918 页。
③《论语·阳货》，《四书章句集注》，北京：中华书局 1983 年版，第 176 页。

行其义也。”[①] 通过孔子本人及孔门弟子的为政实践，孔子学说得到了检验，而且在鲁国乃至后世都产生了深远影响。

（三）孔子学说巩固鲁国“礼仪之邦”的地位

凭借其特殊的文化遗产及作为周公之封国的地位，鲁国在建国时就已完全具备成为“礼仪之邦”的条件。因此，在王室衰微、“礼坏乐崩”的春秋之世，鲁国也曾一度成为周礼的中心。然而，随着政治、经济地位的下降，鲁国也逐渐丧失了文化中心的地位。至迟在孔子之时，鲁国执政者已不了解礼乐文化的特质。如季孙氏“八佾舞于庭”“以《雍》彻”等行为均体现了其对“礼之本”的僭越和无知。

其实，鲁国的诸侯、士大夫不但不懂得“礼之本”，而且连具体礼仪也不能完全知晓。如《左传·昭公七年》中说：“公如楚。……孟僖子为介，不能相仪。及楚，不能答郊劳。”这对于作为“礼仪之邦”的鲁国来说是莫大的讽刺。因此，孟僖子在弥留之际发出了“礼，人之干也。无礼，无以立”的感慨，并叮嘱：“我若获没，必属说与何忌于夫子，使事之，而学礼焉，以定其位。”[②] 其子孟懿子和南宫敬叔也遵父命跟孔子学礼。鲁国国君亦是如此，如《左传·定公十五》年中说：

> 十五年春，邾隐公来朝。子贡观焉。邾子执玉高，其容仰；公受玉卑，其容俯。子贡曰：“以礼观之，二君者，皆有死亡焉。夫礼，死生存亡之体也，将左右、周旋，进退、俯仰，于是乎取之；朝、祀、丧、戎，于是乎观之。今正月相朝，而皆不度，心已亡矣。嘉事不体，何以能久？高、仰，骄也；卑、俯，替也。骄近乱，替近疾，君为主，其先亡乎！”[③]

孟僖子及定公在礼乐制度上的言行，均体现着周代礼乐制度的断裂，“礼

①《论语·微子》，《四书章句集注》，北京：中华书局1983年版，第185页。

② 杨伯峻：《春秋左传注》，北京：中华书局2009年第3版，第1287、1295—1296页。

③ 杨伯峻：《春秋左传注》，北京：中华书局2009年第3版，第1600—1601页。

坏乐崩”几乎到了无法挽回的地步，鲁国也已逐渐丧失其“礼仪之邦”的地位。

显然，孔子对礼乐之“本”的强调及阐发也难以阻挡这一趋势。但孔门弟子中如有谁能理解“礼之本”，孔子就会表现出难得的兴奋与喜悦。如当子贡理解《诗》之本时，孔子说：“赐也，始可与言《诗》已矣！告诸往而知来者。”[①] 当子夏领悟《诗》之本时，孔子说：“起予者商也，始可与言《诗》已矣！”[②] 在孔子引导下，孔门弟子不断地阐扬孔子学说，孔子庙堂也成为后世儒者共有的精神家园。如司马迁说：“鲁世世相传以岁时奉祀孔子冢，而诸儒亦讲礼乡饮大射于孔子冢”，并在孔子故居设庙，“藏孔子衣冠琴车书，至于汉二百余年不绝”。而至汉高祖刘邦“以太牢祠”后，“诸侯卿相至，常先谒然后从政”。[③] 此外，邹国另一位“私淑”孔子的大儒孟子也以自己的方式解读三代以来的礼乐文化，并使儒学成为战国中期颇具影响力的学派，“邹鲁之士”“缙绅先生”也成为此后中国文化精英以及中国传统文化传承之脊梁的代名词。总之，孔子及后世儒家接力棒式的文化传递，不仅部分地挽回了鲁国文化颓废的趋势，而且使鲁国乃至鲁国灭亡之后山东地区“礼仪之邦”的文化重心地位得到了巩固。

结　语

自立国之初，鲁国不但从周王室那里得到其他诸侯国所没有的“礼乐”文化特权，而且也得到曲阜本地固有的先进文化的滋养。在以上双重文化的影响下，鲁国成为起点高、发展快的东方新型文化重心，可谓是西周王室在东方的文化样板、武力屏障。然而，随着春秋时期“礼坏乐崩”局面的加剧，“礼仪之邦”鲁国的社会秩序受到前所未有的冲击。孔子之时，鲁国的执政者已不能完全理解周代礼乐文化的本质，并做出了诸多“违礼”的事情。在

①《论语·学而》，《四书章句集注》，北京：中华书局1983年版，第53页。
②《论语·八佾》，《四书章句集注》，北京：中华书局1983年版，第63页。
③《史记·孔子世家》，北京：中华书局1982年第2版，第1945—1946页。

“三桓”执政、“陪臣执国命”的情况下，甚至出现了国君被迫出走乃至身死他乡的“失范”现象。

孔子学说正是立足于“礼坏乐崩”的鲁国社会，从三代文化特别是鲁国丰富深厚的礼乐文化中汲取营养，以探索社会的管理方式为切入点，形成了“据鲁，亲周，故殷，运之三代”[①]的思想特质。当然，“难以进取，可与守成”的孔子学说并不能阻挡住鲁国礼乐崩坏乃至亡国的趋势，但在文化上，孔子及其后学以及后来的儒家却通过各种实践奠定、巩固了鲁国作为“礼仪之邦”的地位。特别是，孔子学说与后来“私淑”孔子的孟子学说一起，形成了人们所熟知的具有明显鲁国地域特色的儒家文化。总之，孔子学说与鲁国社会结下了不解之缘，它既来源于鲁国现实社会，又高于鲁国现实社会。这种互动既给孔子学说带来了地域特色，又使鲁国“礼仪之邦”之地位更加巩固，特别是孔子学说作为一种地域文化，并没有随着鲁国的消亡而消亡，而是在与诸子百家的争鸣中脱颖而出，成为一时显学，并逐渐成为中国传统文化的主干。

［原载于《燕山大学学报（哲学社会科学版）》2014 年第 1 期］

①《史记·孔子世家》，北京：中华书局 1982 年第 2 版，第 1943 页。

初识“清华简”《虞夏殷周之治》篇

2018年11月出版的《清华大学藏战国竹简·捌》共公布了八篇竹书文献，多数都与古圣先王为政治国相关。其中，《虞夏殷周之治》共三支简，107个字，涉及虞、夏、商、周四代的礼乐制度，特别是夏、商、周三代的服饰、祭器、乐舞等。整理后公布的简文如下：

曰昔又（有）吴（虞）是（氏）用索（素）。頣（夏）后受之，乍（作）政用俉（御），百（首）备（服）收，祭器四罗（琏），乍（作）乐《羿𢽾（管）》九成，母（海）外又（有）不至者。殷人弋（代）之以晶，教民以又（有）禮＝（威威）之，百（首）备（服）乍（作）导（冔），祭器六匿（簠），乍（作）乐《䣙（韶）》、《隽〈隻〉（濩）》，母（海）内又（有）不至者。周人弋（代）之用两，教民以宜（仪），百（首）备（服）乍（作）曼（冕），祭器八𣪊（簋），乍（作）乐《武》《象》，车大逄（辂），型繶（钟）未弃（弃）文章，母（海）外之者（诸）侯逿（归）而不䢅（来）。

据此篇整理“说明”可知，该竹书简文“原无序号，无标题，现题据文意拟定”，根据文意可得出“（四代）礼乐由朴素一步步走向奢华，以致从夏代的‘海外有不至者’，到商代的‘海内有不至者’，周代的‘海外之诸侯归而不来’，来阐发崇俭戒奢的治国思想”的结论。由于传世文献《韩非子·十过》《说苑·反质》所记载的秦穆公和由余的对话与该篇竹书简文的内容相类似，有学者提出该简文的学术价值可能并不大，只是对“夏、商、周的礼乐制度有一定的文献价值”。[①]

初识“清华简”此篇竹书文献，不少学者可能都会对其中有虞氏时期的“用索”非常感兴趣。此处的“索”被整理者释读为“素”，应该是正确的，因为传世文献中有不少相关的记载，如《礼记·檀弓下》记有“奠以素器，以生者有哀素之心也”，东汉时期的大儒郑玄注解说：“凡物无饰曰素。”[②]因此，有虞氏时期的礼制“用（索）素”既与上古时期的客观历史相符合，也与后世学者心目中圣王时期的观念历史相一致。学者在整理新出文献的同时，通常都会梳理传世文献中是否有相关记载，以此来阐释出土文献的学术价值，这是简帛文献学通行的方法。

传世典籍《韩非子》和《说苑》中都有与此篇文献相关的记载。如《韩非子·十过》中记戎王的使臣由余对秦穆公说：

> 臣闻昔者尧有天下，饭于土簋，饮于土铏。其地南至交趾、北至幽都，东西至日月之所出入者，莫不宾服。尧禅天下，虞舜受之。作为食器，斩山木而财之，削锯修其迹，流漆墨其上，输之于宫，以为食器，诸侯以为益侈，国之不服者十三。舜禅天下而传之于禹，禹作为祭器，墨漆其外，而朱画其内，缦帛为茵，蒋席，颇缘，觞酌有采而樽俎有饰，此弥侈矣，而国之不服者三十三。夏后氏没，殷人受之，作为大路而建九旒，食器雕琢，觞酌刻镂，四壁垩墀，茵席雕文，此弥侈矣，而国之不服者五十三。[③]

① 李学勤主编：《清华大学藏战国竹简·捌》，上海：中西书局2018年版，第161—162页。

② 阮元校刻：《十三经注疏·礼记》，北京：中华书局2009年版，第2818页上。

③〔清〕王先慎撰，钟哲点校：《韩非子集解》，北京：中华书局1998年版，第70—71页。

《说苑·反质》中记载的内容与此篇基本相同，文意相似，只是文辞上略有差异。将这些文献与“清华简”进行一一比对，我们发现其间有非常大的出入，其中有些差别甚至是不可调和的。

一、有虞氏“用索（素）”，还是唐尧、虞舜皆“用索（素）”

“清华简”《虞夏殷周之治》开篇就说“曰昔又（有）吳（虞）是（氏）用索（素）”，紧接着对三代时期的礼乐制度进行了简要描述，其顺序为：有虞氏—夏后氏—殷人—周人，构成后世所称的“四代”礼乐；而《韩非子》和《说苑》所记内容的起点则是“唐尧氏用索（素）”，然后同样对此后的礼乐制度进行了简要叙述，其顺序为唐尧—虞舜—夏后氏—殷人，不涉及周人的礼乐制度及社会状况。尤为重要的是《韩非子》《说苑》等传世文献直接说明了唐尧氏“用索（素）”的社会情况：“饭于土簋，饮于土铏。其地南至交趾、北至幽都，东西至日月之所出入者，莫不宾服。”这是“清华简”《虞夏殷周之治》竹书简文中所没有的。

与《韩非子》《说苑》相似，《墨子·节用中》亦有唐尧氏“用索（素）”的相关记载：

> 古者圣王制为饮食之法，曰：“足以充虚继气，强股肱，耳目聪明，则止。”不极五味之调，芬香之和，不致远国珍怪异物。何以知其然？古者尧治天下，南抚交趾，北降幽都，东西至日所出入，莫不宾服，逮至其厚爱。黍稷不二，羹胾不重，饭于土塯，啜于土形，斗以酌。俛仰周旋威仪之礼，圣王弗为。[①]

墨子这里所记述的不仅特指唐尧氏，而且泛指上古时期的所有圣王。尧

①〔清〕孙诒让撰，孙启治点校：《墨子间诂》，北京：中华书局2017年版，第162—164页。

舜之前的统治者被尊称为上古圣王，首先是因为他们深谙于“饮食之法”，懂得知“止”的神韵，懂得止于“充虚继气，强股肱，耳目聪明”的界限，并不过分地追求食物的色、香、味，不追求食材的奇、怪、异等。而这种懂得知“止”的饮食观，逐渐征服了周围的百姓，征服了远近的诸侯，从而终使天下的百姓折服。

尽管《墨子》并没有明确说明这里的“圣王”是否包括有虞氏，但既然有泛指的倾向，故理应包括在内。所以，“清华简”《虞夏殷周之治》开篇论述有虞氏“用索（素）”，应该引起人们对《韩非子·十过》《说苑·反质》等传世文献中有关有虞氏“斩山木而财之，削锯修其迹，流漆墨其上，输之于宫，以为食器，诸侯以为益侈，国之不服者十三”等记载的重新关注与研究。换句话说，有虞氏治理下的中国社会应当也是《诗经·北山》中描述的“溥天之下，莫非王土。率土之滨，莫非王臣”[①]，有虞氏其人应当是“孝友闻于四方，陶渔事亲。宽裕而温良，敦敏而知时，畏天而爱民，恤远而亲近”[②]。尽管欲否定传世文献中有虞氏“国之不服者十三”的记载还需要更为翔实的文献来证明，但这条新材料的发现至少对我们研究上古三代时期的礼制状况提供了非常宝贵的参考。

如果《墨子·节用中》所记上古圣王包括有虞氏的推论能够成立，那么我们是不是可以进一步推论，传世文献中有关唐尧氏治理天下时的“莫不宾服”的记载，同样可以用于补缺“清华简”《虞夏殷周之治》中“又（有）吴（虞）是（氏）用索（素）”之后的内容呢？这样一来，此篇竹书文献就会更加完整，也与后文描述的夏、商、周三代的礼制互相照应。沿着这样的思路，检索传世文献资料，我们发现《史记》中有一条非常重要的佐证材料。《史记·秦始皇本纪》记秦二世胡亥答复李斯等人关于停止修建阿房宫的请求时，引用了韩非子的话，说：“吾闻之韩子曰：‘尧舜采椽不刮，茅茨不

① 周振甫：《诗经译注》，北京：中华书局2010年版，第312页。

② 杨朝明、宋立林：《孔子家语通解》，济南：齐鲁书社2009年版，第281页。

翦，饭土熘，啜土形，虽监门之养，不觳于此。禹凿龙门，通大夏，决河亭水，放之海，身自持筑臿，胫毋毛，臣虏之劳不烈于此矣。”[①] 这里将尧、舜，甚至夏后氏的大禹，都同样视为是“用索（素）”的典范。

从《史记·秦始皇本纪》的记载来看，秦二世胡亥引用的韩非子的原话，应该是出于秦国史官之语，或者是来自秦国府库中的档案，大体是不会有错的。而《韩非子·十过》中有关唐尧氏“用索（素）”的记载则是戎王的使臣由余与秦穆公之间的对话，同样是发生在秦国，二者在很大程度上应该指的是同一件事情。由此推理，二者可能是同源材料。但为何存在如此大的差异，而且这种差异还是不可调和的？究竟是《韩非子·十过》记录有误，还是司马迁看到了不同的文献资料，目前还无法做出更为明确的判断，或许未来能有更多的新文献面世，为解决这一难题带来新契机。基于此，要用《史记·秦本纪》中的相关记载，来佐证《韩非子》《说苑》所记载的唐尧氏治理下的社会状况，以补缺《虞夏殷周之治》中有虞氏“用索（素）”的社会状况，还是需要更多、更有力的文献资料做证据。

尽管如此，《虞夏殷周之治》这篇竹书文献的面世，仍然具有重要的意义和价值。这篇竹书文献，至少可以成为对《韩非子》《说苑》等传世文献中有关有虞氏“作为食器，斩木而裁之。销铜铁，修其刃，犹漆黑之以为器。诸侯侈。国之不服者十有三”[②] 的记载的有力挑战。在新出文献的刺激下，人们会重新认识作为圣王的有虞氏，使舜帝重新回到“用索（素）”的上古圣王行列中，为有虞氏治理下的中国社会曾是“饭于土簋，饮于土铏”“莫不宾服”提供有力的证据，并且能使其在孔子儒家上古圣王序列中的地位更加牢固。

二、从《虞夏殷周之治》看三代时期的礼制损益关系

“清华简”《虞夏殷周之治》竹书简文中出现了大量体现夏、商、周三

①《史记》，北京：中华书局1982年第2版，第271页。

②〔汉〕刘向撰，向宗鲁校证：《说苑校证》，北京：中华书局1987年版，第520页。

代时期礼制的新名词，包括各个时代重新制定的关于服饰、乐器、乐舞等的礼制。以颁布的服饰制度为例，夏后氏时代的首（元）服是收，殷代的首（元）服是作冔，周人的首（元）服是冕。这里的“首（元）服”，按照人们通常的理解应当是“冠”。《仪礼·士冠礼》记载：“委貌，周道也；章甫，殷道也；毋追，夏后氏之道也。周弁，殷冔，夏收。”汉代大儒郑玄注解说：“弁名出于盘。盘，大也，言所以自光大也。冔名出于幠。幠，覆也，言所以自覆饰也。收，言所以收敛发也。其制之异，亦未闻。”[①]在郑玄看来，三代首（元）服尽管不同，但其本质内涵是一致的，也就是孔子所说的“三代之礼一也，民共由之”（《礼记·礼器》）。

“三代之礼一也”，用清代学者孙希旦的话说，就是“三代之礼，异于迹而不异于道。或素或青者，服色异尚，圣人之所得而变革者也”[②]。孔子对此亦早有精辟而准确的阐释，他说：“殷因于夏礼，所损益，可知也；周因于殷礼，所损益，可知也；其或继周者，虽百世可知也。”[③]后世学者对这句话的理解可谓千差万别，钱穆先生的解释或许更接近于历史的本真，他说：“孔子论学极重礼，人类社会亦时时必有礼，此乃历史之常。但礼必随时代而变，此乃礼之时。而变之中仍存有不变者，此乃礼之意。”[④]《虞夏殷周之治》竹书简文中所标识的三代时期不同的服饰、祭器和舞乐，都应是随时而变、因革损益后的历史产物。

通常所说的“损益”，是指在新的朝代建立之后，新的最高统治集团都会对此前的礼制进行变革。传统上认为，夏、商、周三代组成了一个“因革损益”的大循环圈。汉代大儒马融解释说：“所因，谓三纲五常。所损益，谓文质三统。”南朝时期的学者皇侃解释说：“夫文质再而复，正朔三而改。

---

① 阮元校刻：《十三经注疏·仪礼》，北京：中华书局2009年版，第2068页下。

② 孙希旦撰，沈啸寰、王星贤点校：《礼记集解》，北京：中华书局1989年版，第653页。

③《论语·为政》，《四书章句集注》，北京：中华书局1983年版，第59页。

④ 钱穆：《论语新解》，北京：生活·读书·新知三联书店2012年版，第44—45页。

质文再而复者，若一代之君以质为教者，则次代之君必以文教也。以文之后君则复质，质之后君则复文，循环无穷。”[①] 南宋时期的大儒朱熹则认为马融所说的“三统”指的是“夏正建寅为人统，商正建丑为地统，周正建子为天统”，认为“所损益，不过文章制度小过不及之间”[②]，这应该更接近于三代时期的客观历史。

就“清华简”《虞夏殷周之治》竹书文本而言，其主要涉及夏、商、周三代时期的一些具体礼制，夏后氏受命之后，采用的首（元）服为“收”，祭器用的是“四罗（琏）”，并制作新的九成舞乐《孪龣（管）》；殷人受命之后，采用的首（元）服为“孠（冔）”，祭器用的是“六匿（簠）”，并制作新的祭祀舞乐《郘（韶）》《隹〈隻〉（濩）》；周人受命后同样如此，采用的首（元）服为“曼（冕）”，祭器用的是“八毁（簋）”，制作了新的祭祀舞乐《武》《象》，而且“车大逄（辂），型繿（钟）未弃（弃）文章”，形成“监于二代”“郁郁乎文哉”（《论语·八佾》）的周代礼乐制度。其实，我们不仅要关注礼仪的这些细节，而且更应该关注夏、商、周三代时期统治者制定这些礼制的初衷或本意。礼乐制定的初衷在竹书文字中有所体现，即夏后氏的“乍（作）政用倍（御）”、殷人的“弋（代）之以晶，教民以又（有）褀$_=$（威威）之”以及周人的“弋（代）之用两，教民以宜（仪）”。

“清华简”《虞夏殷周之治》篇中的夏后氏“乍（作）政用倍（御）”中的“倍”，在上博简《曹沫之陈》简二四中曾被释读为“伍”，批注为“古代军队编制的最低一级，由五人而编成”[③]。结合《虞夏殷周之治》的简文：“殷人弋（代）之以晶”和“周人弋（代）之用两”，把“倍”释读为“五”可能更符合简文的文意。当然，此处的“用倍（五）”“以晶（三）”和“用两”究竟是何意，目前我们还没有完全研究清楚，仍然需要学者进行深入细

①〔梁〕皇侃撰，高尚榘校点：《论语义疏》，北京：中华书局2013年版，第43页。

② 朱熹：《四书章句集注》，北京：中华书局1983年版，第59页。

③ 马承源主编：《上海博物馆藏战国楚竹书（四）》，上海：上海古籍出版社2004年版，第258页。

致的讨论与求证。结合竹书文本的上下文意思，我们初步判定，这些数字蕴含的极有可能是夏、商、周三代统治者各自为政治国的思想理念。这可以从殷人的“教民以又（有）禠＝（威威）之”和周人的“教民以宜（仪）”中获得一些有价值的启示。由于夏后氏更多地承袭了有虞氏的“用索（素）”理念，所以这里才没有记载更多的关于他如何教民的问题。

新的政权会采取怎样的为政理念、制定怎样的礼仪制度，既与统治者接受此前礼乐文化影响的程度有关，也与自身文化传统的高度有关。从“清华简”《虞夏殷周之治》竹书简文中三代礼制的差异来看，主要涉及服饰、祭器、舞乐等表层的礼仪，每种新的礼仪制度大体是本氏族此前文化传统礼仪的升华版。美国人类社会学家罗伯特·芮德菲尔德曾认为，社会上同时存在两个文化传统：大传统（Great tradition）和小传统（Little tradition）。大传统是“在学堂或者庙堂之内培育出来的”，小传统则“在它诞生的那些乡村社区的无知的群众的生活里摸爬滚打挣扎着持续下去”。[①] 这一理论可以用于诠释上古三代时期礼乐文化的更替，不同的是在成为“大传统”之前，它们都是此前“大传统”下的“小传统”，都在同一氏族联盟的统治下遵循着各自的文化传统向前演进。

这种阶梯型的演进，既要遵循本氏族的文化规律，又要受到此前最高政权礼乐制度的影响。比如夏代所用的首（元）服，在很大程度上是本氏族的文化传统。在受命获得最高权力后，夏后氏便仿效唐尧、虞舜时期的首（元）服制度，对夏代服饰进行制作，设计庙堂祭器，制定祭祖乐舞，从而形成文化的“大传统”。商、周氏族集团获得最高权力后，他们同样仿效此前的礼乐制度进行一系列的礼仪创制。这里的礼仪创制亦应包括上文所说的服饰、祭器和乐舞等。如商人的冔、周人的冕，一定受到夏后氏“收”的影响；商人的“六匿”、周人的“八簋”一定受到夏后氏“四罗（琏）”的启发；商人的《韶》《隻〈隻〉（濩）》、周人的《武》《象》也理应有夏后氏《 羿

① 〔美〕罗伯特·芮德菲尔德著，王莹译：《农民社会与文化：人类学对文明的一种诠释》，北京：中国社会科学出版社2013年版，第95页。

龢（管）》的影子。应该说，在“大传统”和“小传统”交替的过程中，新旧礼制的因革损益一定是真实存在的（只是因革损益的程度不同），也正因为这种传统，中国传统文化才能一脉相承、生生不息。

三、重估《虞夏殷周之治》竹书文献的性质

《虞夏殷周之治》中对夏后氏受命后的“畧（海）外又（有）不至者”、殷人受命后的“畧（海）内又（有）不至者”以及周人受命后的“畧（海）外之者（诸）侯逯（归）而不耋（来）”的记载，颠覆了以往人们对“三代明王”时期“大道之行，天下为公”“奸谋闭而不兴，盗窃乱贼不作”（《孔子家语·礼运》）的认知。那么，这篇文献到底反映了怎样的主旨呢？参与整理此篇文献的石小力先生认为：“本篇的主题较为明确，即以虞、夏、商、周礼乐的奢俭为例来劝谏君王以俭兴国，以奢失国。从简文看，虞、夏、商、周的礼乐等各方面由朴素一步步走向奢华，导致……越来越多的诸侯不来朝见和归附，这反映了道家崇俭戒奢的治国思想。”[①] 这种判断得到了不少学者的认同。

这种思想的确是在借前朝代为例“劝谏君王以俭兴国”，但是否能得出“道家崇俭戒奢的治国思想”的结论还应当慎重，因为我们目前还没有确切的文献材料坐实这篇文献是出自战国时期的道家学派。石小力先生也认为，“借由前代的治理得失来劝谏君王，这本来就是臣子劝谏君王最常见的套路”[②]。虽然这篇文献中所陈述的朝代与《韩非子》《说苑》略有不同，但从对话的人物——秦穆公和由余的活动时间来看，秦穆公去世之年为公元前 621 年，属于春秋中期，距老子出生的公元前 571 年还有半个世纪之久，说明至少在老子之前这一思想就已经存在了。而且从《韩非子》等所记由余“昔闻”的

① 石小力：《清华简〈虞夏殷周之治〉与上古礼乐制度》，《清华大学学报》（哲学社会科学版），2018 年第 5 期。

② 石小力：《清华简〈虞夏殷周之治〉与上古礼乐制度》，《清华大学学报》（哲学社会科学版），2018 年第 5 期。

描述来看，他也只是听说，这一思想理应有更为久远的源头。因此，简单地判定这篇文献属道家学派还缺乏足够的证据。

春秋战国之际，很多思想家都主张上古圣王具有“用索（素）”思想。《墨子·节用中》中的相关记载较为系统，除前面已经提及的“制为饮食之法”外，还包括制为节用之法、制为衣服之法、制为兵器之法、制为节葬之法和制为宫室之法等等。以“制为节用之法”为例，《墨子》中说：“古者圣王制为节用之法，曰：‘凡天下群百工，轮、车、鞼、匏、陶、冶、梓、匠，使各从事其所能。’曰：‘凡足以奉给民用，则止。’诸加费不加于民利者，圣王弗为。”又如“制为节葬之法”：“衣三领，足以朽肉，棺三寸，足以朽骸，堀穴深不通于泉，流不发泄，则止。死者既葬，生者毋久丧用哀。”[①]而且与《虞夏殷周之治》这篇文献一起公布的还有《治邦之道》篇，集中论述的就是墨子及其后学的治国理政思想。

那么，《墨子》这一思想有没有什么师承或者来源呢？按照《淮南子要略》的说法，墨子曾“学儒者之业，受孔子之术”[②]，墨子及其后学的这一思想有没有可能与孔子儒家有关呢？孔子对其学说和为政能力极为自信，曾说：“苟有用我者，期月而已可也，三年有成。”据《史记·孔子世家》记载，在孔子为中都宰一年后，其地便呈现出“四方皆则之”的景象。至于孔子采取了怎样的治理之策，司马迁没有明确说明。而《孔子家语·相鲁》开篇则给出了清晰的答案，说：

> 孔子初仕，为中都宰，制为养生送死之节：长幼异食，强弱异任，男女别涂，路无拾遗，器不雕伪。为四寸之棺、五寸之椁，因丘陵为坟，不封不树。行之一年，而西方之诸侯则焉。[③]

---

①〔清〕孙诒让撰，孙启治点校：《墨子间诂》，北京：中华书局2017年版，第161—166页。

② 何宁：《淮南子集释》，北京：中华书局1998年版，第1459页。

③ 杨朝明、宋立林：《孔子家语通解》，济南：齐鲁书社2009年版，第2页。

孔子制定的“器不雕伪”“因丘陵为坟，不封不树”等措施，也应是一种“养生送死之节”中的“用索（素）”思想。我们过去视《孔子家语》为“典型伪书”，导致其文献价值没有得到足够的重视。近年来，人们逐渐认识到该书的价值，甚至对其重视程度还有超过《论语》的趋势，《孔子家语》被称为“孔子研究第一书”[①]。其实，《论语》中亦有孔子“用索（素）”思想的相关论述，如《八佾》篇记“林放问礼之本”，孔子回答说：“大哉问！礼，与其奢也，宁俭；丧，与其易也，宁戚。”晋代范宁《论语注》曰：“礼奢而备，不若俭而不备之愈也。丧易而文，不如戚而不文之愈也。俭者物之质，戚者心之诚，故为礼之本。”[②]孔子对“礼之本”的强调与墨子所说的圣王“制法”之本是相通的。

由此可见，儒、墨、道、法等各学派学者都认为上古圣王是“用索（素）”的，有的甚至还主张“用索（素）”是治国之礼制的根本。尽管《虞夏殷周之治》竹书简文与各传世文献的记载或多或少都有些差异，但这些差异可能因为源自不同学者的理解，也可能是因为他们看到的是不同的典籍版本，而这些说法在本质上却是一致的，极有可能存在着共同的祖本。这一祖本可能是源自王官之学对三代以来“去无用之费”（《墨子·节用上》）的治国思想的凝练与提升。既然这一思想是春秋战国时期学者的共识，那么我们今天的研究就不应该简单地用贴标签式的方法，在没有充分证据的前提下，将这类文献先入为主地判定为某一特定学派的典籍，而是要回到竹书简文的本身，回到与传世文献记载的比对之中，将注意力放在挖掘新出土文献对研究上古三代时期礼乐制度的价值上来。

---

① 王德成：《孔子研究第一书——〈评孔子家语〉》，《光明日报》2008 年 2 月 16 日第 5 版；刘续兵：《〈孔子家语〉：从“典型伪书”到“孔子研究第一书”》，《社会科学报》2014 年 2 月 13 日第 5 版。

② 程树德撰，程俊英、蒋见元点校：《论语集释》，北京：中华书局 1990 年版，第 146 页。

诸葛亮与儒家处世哲学

由于元明清时期文学作品、民间传说、稗官野史等的渲染，诸葛亮的人物形象逐渐被刻画成具有道家、兵家、法家，甚至巫师等多重面相的“集合体”。与民间文化所塑造的诸葛亮形象不同，历代统治者、传统士大夫等却极力把其“圣”化，并于清雍正二年（1724年）通过“廷议”将其请进儒家的最高殿堂：孔庙，从祀孔子于两庑，成为唯一获得此殊荣的三国两晋时期人物。然而，当前不少学者却囿于其“自比于管仲、乐毅”“好为《梁父吟》”（《三国志·诸葛亮传》，911页）[①]等语，对诸葛亮的儒家身份予以否定。不少学者认为诸葛亮能成为“儒者”应是后世对之“伟儒”化[②]、“褒扬”[③]、“诠释”甚至“造神”[④]的结果，最终把他塑造成为具有“儒者气象”的“王佐之才”[⑤]，直至“圣人”[⑥]。那么，诸葛亮在当时人心目中的形象究竟怎样？其“儒者”身份是不是出于后世的塑造？欲对此

① 本文所引《三国志》内容，参考版本均为中华书局1982年第2版，正文中不设脚注，括注篇名及页码。

② 熊梅：《论诸葛亮形象的伟儒倾向》，《青海社会科学》，2011年第2期。

③ 王晓林：《历代对诸葛亮的褒扬》，《文史杂志》，2007年第4期。

④ 黄丽峰：《古代文人对诸葛亮的评价及其思维走向》，《中州学刊》，2005年第4期。

⑤ 许家星、王少芳：《“儒者气象”——宋代理学视野下的诸葛亮形象及其思考》，《西南大学学报》（社会科学版），2007年第6期。

⑥ 朱子彦：《诸葛亮忠于蜀汉说再认识》，《文史哲》，2004年第5期。

类问题做出近真地回答，我们就有必要对三国两晋时期文献中所记载的诸葛亮形象进行重新梳理，从精神世界、处世之道及历史功业等方面阐释其践履儒家精神的情况，以还原其儒者的本来面目。

一、“自我而作”的“君子”

诸葛亮出山前曾以“管仲、乐毅”等自喻，说明其建功立业的愿望非常强烈。他出山后也的确取得了“泽及百世”的成就，得到时人“当世伊、吕”(《三国志·彭羕传》，996页）及“参伊、周之巨勋”（《三国志·诸葛亮传》，927页）等赞誉。但就现实的功业而论，诸葛亮远不及“霸诸侯，一匡天下”（《论语·宪问》）的管仲，更无法与伊尹、周公等古圣先贤相比肩。这一明显的“悖论”成为后世学者批评甚至是欲把其拉下“圣坛”的重要依据。然而，除治国、临民、用兵等事功外，诸葛亮究竟留给后世怎样的文化遗产？这些遗产又给予传统社会甚至今天怎样的启迪？此类问题似乎并未能引起后世学者足够的重视。厘清这些问题，既有助于我们理解精神世界的诸葛亮是如何真诚地践履早期儒家思想，进而成为“自我而作”的君子的，也有助于我们理解诸葛亮何以被后世尊崇为“不朽”。

与单纯的“事功”相比，儒家更看重“德”，即穆叔豹说的“太上有立德，其次有立功，其次有立言”[①]。由于诸葛亮对蜀汉无限“忠诚”，传统社会便把他尊奉为鞠躬尽瘁、忠贞冠世的典范。除此之外，对于诸葛亮身上体现出的其他品格，学术界进行了激烈的讨论，如有学者认为是“审时度势、弘思远益、应权通变的策略思想”[②]，有学者认为是“‘自强不息’的奋斗精神”[③]，

①《左传·襄公二十四年》，杨伯峻：《春秋左传注》，北京：中华书局2009年第3版，第1088页。

② 梁中实：《论诸葛亮“应权通变”的策略思想》，《烟台师范学院学报》（哲学社会科学版），1995年第2期。

③ 李殿元：《论“自强不息”精神对诸葛亮的影响》，《成都大学学报》（社会科学版），1995年第3期。

还有学者认为是《诸葛亮家书》中“教诲子孙、外甥”的“君子之行”[1]，等等。实际上，诸葛亮倍受尊崇的重要原因，应是其不受外界干扰的“君子”人格，以及由此产生的精神财富。当然，对于诸葛亮精神世界的探索，东晋时期的史学家习凿齿在其《诸葛武侯故宅铭》中就曾发出“罔窥其奥”的感慨。唐代中叶著名的宰相裴度最早在其《蜀相诸葛武侯祠堂碑》中提出诸葛亮具有“知地无常形，人无常性，自我而作，若金在镕”的处世品格。

诸葛亮之所以能成为“自我而作”的君子，首先与其青少年时期接受的教育有关。由于长期战乱，东汉时期儒学受到了重创，但出身于“奉儒守官”[2]之家的诸葛亮并未受到根本影响，自幼研习的儒家经典应是其成为“逸群之才，英霸之器”（《三国志·诸葛亮传》，930 页）的基石。文献并没有记载诸葛亮迁居襄阳后读过哪些书，但从刘备留给后主的遗诏中的“闻丞相为写《申》《韩》《管子》《六韬》一通已毕，未送，道亡，可自更求闻达”[3]等语来看，既然诸葛亮能手抄此类诸子著作，那么他至少对这些典籍不会厌恶。当然，与好友石广元、徐元直、孟公威等读书“务于精熟”相比，诸葛亮唯独“独观其大略”（《三国志·诸葛亮传》注引《魏略》，911 页），即余明侠先生所说的“不像一般汉代儒生那样寻章摘句训诂名物，而是深入思考领会其精神实质”[4]。由于诸葛亮能纵横地驾驭各家学说，自然形成思想融会贯通的特点。这与“学无常师”的孔子是相似的，而“若金在镕”正是对其集众家之所长的说明。

当然，在以“传经”为主的汉唐时期，由于诸葛亮所读典籍非常庞杂，再加上他“好为《梁父吟》”以及“自比于管仲、乐毅”，其儒者的身份

---

① 岳孝利：《〈诸葛亮家书〉的思想内涵》，《山东省农业管理干部学院学报》，2006 年第 2 期。

② 余明侠：《诸葛亮评传》，南京：南京大学出版社 2011 年版，第 21 页。

③《诸葛亮集·附录》，张连科、管淑珍：《诸葛亮集校注》，天津：天津古籍出版社 2008 年版，第 338 页。

④ 余明侠：《诸葛亮评传》，南京：南京大学出版社 2011 年版，第 50 页。

自然倍受学者的质疑。然而，传“经”并非衡量是否为儒者的唯一标准，“传道”和“践履”同样是传统儒士的重要使命。诸葛亮深谙儒家“变通之道”，如同时代的魏国征士傅干就给予其“达治知变，正而有谋”（《三国志·先主传》注引《傅子》，883页）的评价。正因如此，诸葛亮成为三国两晋时期乃至整个传统社会“应权通变”的典范，如有学者说：“诸葛亮的高明和可贵之处在于他将这一原则灵活地贯彻到全部治国用兵的实践活动之中，凭借着历史为他提供的有限的条件，创造出许多务实通变的人间奇迹，令时人与后世叹为观止。”[①]从传世文献中所记的政绩来看，诸葛亮的确做到了不为外物所惑的“应权通变”，这是他能成为“自我而作”君子的前提。

诸葛亮坚守的“知其不可为而为之”的精神，则彰显了其“自强不息”的君子品格。刘备“托孤”后，“政事无巨细，咸决于亮”（《三国志·诸葛亮传》，918页），意味着事关蜀汉兴衰成败的政策均与诸葛亮有关。以北伐为例，由于荆州失守，诸葛亮《隆中对》中的既定方针——“天下有变，则命一上将将荆州之军以向宛、洛，将军身率益州之众出于秦川”（《三国志·诸葛亮传》，913页）的基础早已不复存在，但他却前后五次出师北伐。如有学者说：“五次北伐，一次比一次更坚定，直到最后病逝于前线，集中而完整地表现了诸葛亮不负初衷、忠贞不移地献身于事业的高风亮节，以及绝不因困难就放弃主观努力的自强不息之不懈奋斗精神。”[②]“不负初衷”正体现了诸葛亮“自我而作”的君子人格。

诸葛亮的“淡泊”与“宁静”品格更是其成为“自我而作”君子的决定性因素。诸葛亮虽然官至丞相，但他对子侄的勤俭教育却从未松懈。如他在《诫子书》中说：“夫君子之行，静以修身，俭以养德，非澹泊无以明志，非宁

① 梁中实：《论诸葛亮“应权通变”的策略思想》，《烟台师范学院学报》（哲学社会科学版），1995年第2期。

② 李殿元：《论“自强不息”精神对诸葛亮的影响》，《成都大学学报》（社会科学版），1995年第3期。

静无以致远。”[①] 即教育弟子要以“静”来做学问，以“俭”来养德。尽管这一思想是否来自“黄老道家思想”、诸葛亮是否为“秦汉新道家的殿军”[②]等观点值得商榷，但他的确做到了“清正廉洁”。又如诸葛亮曾向后主刘禅上表公布了个人财产，说：“成都有桑八百株，薄田十五顷，子弟衣食，自有余饶。至于臣在外任，无别调度，随身衣食，悉仰于官，不别治生，以长尺寸。若臣死之日，不使内有余帛，外有赢财，以负陛下。”（《三国志·诸葛亮传》，927 页）至诸葛亮死时，其财产也正“如其所言”。应该说，不为财物所困应是诸葛亮“自我而作”的前提。

此外，诸葛亮治理国家从不跟风，坚守“自我而作”的原则。以“大赦”为例，三国时期共有 75 次：魏 25 次，吴 35 次，蜀 15 次。其中，诸葛亮为丞相期间仅有两次：章武元年的“改元”和章武三年的“后主袭位于成都”。诸葛亮一反常态地“惜赦”，或许与他的德治思想有关。尽管诸葛亮遭到时人的批评，但赞誉者仍是多数，如《三国志·后主传》注引《华阳国志》中记载：“丞相亮时，有言公惜赦者，亮答曰：‘治世以大德，不以小惠，故匡衡、吴汉不愿为赦。先帝亦言吾周旋陈元方、郑康成间，每见启告，治乱之道悉矣，曾不语赦也。若刘景升、季玉父子，岁岁赦宥，何益于治！’”陈寿也曾给予其“军旅屡兴而赦不妄下，不亦卓乎”（《三国志·后主传》，903 页）的赞誉。诸葛亮的“惜赦”还得到后世唐太宗的肯定：“诸葛亮理蜀十年不赦，而蜀大化。”[③] 诸葛亮认为，“大赦”必须谨慎，否则必将重蹈刘焉父子“德政不举，威刑不肃”（《三国志·诸葛亮传》裴注，917 页）的覆辙。

总之，诸葛亮是传统社会中具有独到见解的“君子”和“佐世良才”，在困难面前总能表现出“自强不息”的优秀品格。如刘备新丧，魏国名臣纷

---

① 张连科、管淑珍：《诸葛亮集校注》，天津：天津古籍出版社 2008 年版，第 109 页。

② 熊铁基：《秦汉新道家》，上海：上海人民出版社 2001 年版，第 174 页。

③ 骈宇骞：《中华经典名著全本全注全译丛书：贞观政要》，北京：中华书局 2011 年版，第 550 页。

纷致书诸葛亮“陈天命人事，欲使举国称藩”，造成蜀汉社会人心浮动。为稳定时局，诸葛亮及时地作《正议》陈述利弊，其中说：“纵使二三子多逞苏、张诡靡之说，奉进驩兜滔天之辞，欲以诬毁唐帝，讽解禹、稷，所谓徒丧文藻烦劳翰墨者矣！夫大人君子之所不为也。”[①] 应该说，诸葛亮为蜀国贡献了他的一生，如有学者赞誉说：“诸葛亮一生历尽坎坷，荆州之失、夷陵之败、刘备之死、南中之乱、北伐失败，等等，这些打击都没有动摇他的决心，反而使他更加矢志不渝、勇往直前，表现了中华民族自强不息、刚健有为的性格。”[②] 即是说，“危难之际”的蜀国为诸葛亮提供了政治舞台，同时也将其打磨成了“自我而作”的“君子”。

二、“择木而栖”的“卧龙”

诸葛亮自称本是“东方下士”（《三国志·李严传》，999 页），“布衣，躬耕于南阳”（《三国志·诸葛亮传》，920 页），以维持基本的生计。在流寓于襄阳的十余年中，诸葛亮通过博览群书、广交良友，给当地名士庞德公等人留下“卧龙”的印象。此后，“卧龙”这一称呼又通过其师友司马徽、徐庶等的推荐而得以流传，成为诸葛亮的代名词。庞德公等之所以以“卧龙”来称呼诸葛孔明，应是理解他虽然“藏器在身”[③] 却始终持“待价而沽”的心态。当然，从诸葛亮“每自比管仲、乐毅”“好为《梁父吟》”等言行中可知，其“择主”的首要标准应是君主具有“雄才大略”“知人善任”，并使本人得到“特殊重用”[④]，这也使得诸葛亮早已具备了“沽之哉”（《论语·子罕》）的儒者气象。

诸葛亮尽管隐居于“隆中”，但他却时刻洞悉天下，如有学者说：“在

① 张连科、管淑珍：《诸葛亮集校注》，天津：天津古籍出版社 2008 年版，第 68 页。

② 丁宝斋：《诸葛亮与中国传统文化》，《文史哲》，1993 第 3 期。

③《诸葛亮集·附录》，张连科、管淑珍：《诸葛亮集校注》，天津：天津古籍出版社 2008 年版，第 360 页。

④ 朱子彦：《试论诸葛亮的从政心理与丞相之路》，《史学集刊》，2004 年第 4 期。

半耕半读的同时，却能洞悉天下大势，明辨鱼龙于群雄纷争之时，妙算分合神机，规划鼎足三分于乱局未明之季。”[①] 由此可见，诸葛亮与中国传统社会的其他隐士、儒家学者基本相同，既持有“不求闻达于诸侯”的隐居心态，又时刻准备得到贤主的赏识而为其“鞠躬尽瘁”。当然，在刘备三顾其于茅庐之前，诸葛亮对当时数位豪杰及其实力已经有清晰的认识。如朱子彦教授说：“从《隆中对》中可知，诸葛亮对世之英雄早已洞若观火，一目了然。刘表、刘璋、张鲁等碌碌之辈，根本不在他考虑的范围之内，诸葛亮心目中的英主明君，唯有曹操、孙权、刘备三人。”[②] 应该说，这一评价是非常中肯的。

然而，诸葛亮何以不选择“拥百万之众，挟天子而令诸侯”的曹操？历来学者多依据裴松之“汉祚将倾，方将翊赞宗杰，以兴微继绝克复为己任”（《三国志·诸葛亮传》裴注，912 页）的说法，将诸葛亮塑造成为“宗本汉室”的恺悌君子。近年来，朱子彦教授则另辟蹊径，从诸葛亮本人衡量能否被“特殊重用”的角度，得出“地广兵众，人才济济”的吴国只能“贤”之，未必能“尽”之的观点，似乎是有道理的。[③] 此观点既有“汝、颍固多奇士”（《三国志·郭嘉传》，431 页）、“汝颍多奇士”[④] 等文献的佐证，也有诸葛亮本人的言语为依据。如为阻止好友孟建的思乡北归，诸葛亮曾说：“中国饶士大夫，遨游何必故乡邪？”当为友人徐庶、石韬仕途不畅而鸣不平时，他不无感慨地说：“魏殊多士邪，何彼二人不见用乎？”（《三国志·诸葛亮传》注引《魏略》，914、912 页）当然，以“待价而沽”自命的诸葛亮，既然“不求闻达于诸侯”，也不会主动“求仕”于曹操，更无所谓的“弃操”一说。

在诸葛亮的心目中，曹操并非“明君”，但刘备是否就是他的那棵“梧桐树”呢？传统学者据“先主遂诣亮，凡三往，乃见”“由是感激，遂许先

① 雍际春、邹轩：《汉末文化环境与诸葛亮成才》，《甘肃高师学报》，1999 年第 6 期。

② 朱子彦：《试论诸葛亮的从政心理与丞相之路》，《史学集刊》，2004 年第 4 期。

③ 朱子彦：《试论诸葛亮的从政心理与丞相之路》，《史学集刊》，2004 年第 4 期。

④《晋书·载记·姚兴下》，北京：中华书局 1974 年版，第 3000 页。

帝以驱驰”等记载（《三国志·诸葛亮传》，912、920页），认定诸葛亮是“被迫出山”的。然而，有学者则根据裴松之所引《魏略》“亮乃北行见备，备与亮非旧，又以其年少，以诸生意待之”（《三国志·诸葛亮传》注引《魏略》，913页），认为诸葛亮曾主动去见刘备却“未获重视”，进而将诸葛亮定位成奸诈“小人”：“利用自己已有的影响，以避为就地牵引年过半百的刘备屈尊三顾而后见，以抬高自己，引起重视，再抛出精心准备的《隆中对》，为自己一踏上政治舞台就取得一个鲜明的亮相，赢得刘备的钦佩和敬重，从而能够肩负重任，实现理想。”[①] 其实，这种观点并未注意时间的先后顺序，诸葛亮虽然受到“三顾”的礼遇，但前期仅仅是刘备所聚集人才中的一员而已。直至刘备接受其“令国中凡有游户，皆使自实，因录以益众”（《三国志·诸葛亮传》注引《魏略》，913页）的建议，收到“故众遂强”的效果后，诸葛亮才在刘备集团中逐渐受到重视。

以出山后的时间推算，从《隆中对》到“受命于危难之际”，诸葛亮至少用了十五年。虽然刘备生前曾“与亮情好日密”，建立“犹鱼之有水”的关系，但最初诸葛亮是远离于蜀汉政权最高决策层的，其平时的任务无非是“调其赋税，以充军需”，“常镇守成都，足食足兵”。（《三国志·诸葛亮传》，913、915—916页）如田余庆先生说：“刘备并未以《隆中对》的方略为念，孜孜以求其实现，当然也没有把诸葛亮放在运筹帷幄的贴身位置上，大事向他咨询。”[②] 如此看来，此种境遇下的刘备与“能贤亮而不能尽亮”（《三国志·诸葛亮传》注引《袁子》，916页）的孙权并没有本质上的区别，“长于巧思”的诸葛亮对此应早有准确的判断。然而，在刘备“凡三往”的前提下，诸葛亮似有孔子“吾岂匏瓜也哉”的气势，希望能借此建立如“管仲、乐毅”般的功业。

当然，诸葛亮之所以选择刘备，还应当与其少年时对刘备的“仁人”印

① 李殿元：《论“自强不息”精神对诸葛亮的影响》，《成都大学学报》（社会科学版），1995年第3期。

② 田余庆：《秦汉魏晋史探微》（重订本），北京：中华书局2011年版，第171页。

象有关。据《三国志·先主传》记载，曹操为替父报仇曾两次屠戮徐州区域，刘备则协助公孙瓒、陶谦等人顽强抵御杀戮，这多少会影响到幼年时期的诸葛亮。如有学者说：“虽然他还是一个十二三岁的少年……乡里父老对曹操的恶劣印象自然也会影响年幼的诸葛亮，他对曹操的敌视心情大约即始于此时。至于他对待刘备的态度，也大体上有了一个朦胧的认识。这一认识就是刘备能够帮助陶谦抵御曹操的凶残部队，应该算是一位‘仁义’之人吧！”[①]可见，虽然刘备并非诸葛亮出山投靠的“最佳选项”，但却是当时可供他实现理想与抱负的“唯一选项”。刘备“求贤若渴”，诸葛亮被其诚意打动，最终选择追随刘备驰骋于乱世，并以“鞠躬尽瘁，死而后已”的精神服务于偏居一隅的蜀汉王朝，最终赢得生前身后的无上荣耀，完成从隆中“卧龙”到在天“飞龙”的蜕变。

三、“泽及百世”的“贤相”

尽管最初诸葛亮并未像其出山前期望的那样得到刘备的重用，但是他仍竭其所能地完成主公交付的各项任务。如有学者说：“他在刘备交与他的工作岗位上，兢兢业业、效忠尽职地勤奋工作，不仅为之建立了巩固的后方根据地，而且保证了前方‘军实’的需要，终于获得了刘备的信任和依赖。”[②]而诸葛亮凭其强烈的责任感，不仅践履了儒家“事君以忠”（《论语·八佾》）的精神，而且更得到刘备“孤之有孔明，犹鱼之有水”的赞誉，为先主“托孤”及此后的“开府治事”奠定了基础。虽然诸葛亮独揽军政大权可能引起后主“政由葛氏，祭则寡人”（《三国志·后主传》注引《魏略》，894 页）的不满，也招致后世学者对其提出欲“受九锡”，进而实现“代蜀汉称帝”

---

① 余明侠：《诸葛亮评传》，南京：南京大学出版社 2011 年版，第 13 页。

② 李殿元：《论“自强不息”精神对诸葛亮的影响》，《成都大学学报》（社会科学版），1995 年第 3 期。

野心的批评[①]，但是，他虽然仅主政14年，却使得仅有益州一地、人口占全国不足1/7的蜀获得40余年的福泽，不能不说他是传统中国社会中"贤相"的典范。

在刘备去世后，如何治理处"多事之秋""危难之际"而又偏安一隅的蜀汉王朝，以使其摆脱内忧外患的困境，是摆在诸葛亮面前的首要问题。学者们多以诸葛亮北伐的失败，来印证陈寿"亮将略非长，无应敌之才"[②]的观点，而对陈寿"优于将略""抑亦管、萧之亚匹"等评价，却很少关注。其实，陈寿对诸葛亮治蜀是有中肯评价的，如他说："外连东吴，内平南越，立法施度，整理戎旅，工械技巧，物究其极，科教严明，赏罚必信，无恶不惩，无善不显，至于吏不容奸，人怀自厉，道不拾遗，强不侵弱，风化肃然也"（《三国志·诸葛亮传》，930页），使蜀国呈现"田畴辟，仓廪实，器械利，蓄积饶，朝会不华，路无醉人"（《三国志·诸葛亮传》注引《袁子》，935页）的景象。可以说，诸葛亮所坚守的"安民为本"原则，不仅"泽及当时"，而且为此后历代"德治"王朝所推崇，无疑是"泽及百世"的。

诸葛亮对"民为邦本，本固邦宁"有清醒的认识，而"安民"亦成为其治国的根本理念。如在内平南越初期，曾有人建议擒杀其首领孟获，对其地实现军事化的占领，但是诸葛亮却耐心地向人们陈述实施"以夷制夷"政策的缘由。他说："若留外人，则当留兵，兵留则无所食，一不易也；加夷新伤破，父兄死丧，留外人而无兵者，必成祸患，二不易也；又夷累有废杀之罪，自嫌衅重，若留外人，终不相信，三不易也；今吾欲使不留兵，不运粮，而纲纪粗定，夷、汉粗安故耳。"（《三国志·诸葛亮传》注引《汉晋春秋》，921页）正因如此，诸葛亮适时地制定《南征教》，采纳马谡"攻心为上，攻城为下"的策略，对首领孟获"七纵七禽（擒）"，最终"获止不去"，心甘情愿地"至滇池"，膺服于蜀汉政权的统治。这就达到了"军资所出，

① 朱子彦：《诸葛亮忠于蜀汉说再认识》，《文史哲》，2004年第5期。

②《晋书·陈寿传》，北京：中华书局1974年版，第2138页。

国以富饶”（《三国志·诸葛亮传》，919页）的效果，为此后的北伐奠定了稳定的大后方。

与“南抚诸夷”相比，诸葛亮推行“西和诸戎”民族政策的力度则相当有限，不仅“徙武都氐王苻健及氐民四百余户于广都”（《三国志·后主传》，897页），而且甚至不惜一切代价对不堪忍受战乱之苦而反叛的羌族等进行镇压。然而，“与曹魏在这一地区实行的民族政策比较起来，蜀汉的民族政策不知要温和多少”[①]。一方面，诸葛亮善于借助在氐、羌等部族中颇具威望的马超、姜维等将军的威信，争取当地少数民族的支持；另一方面，他委派马忠、张嶷等到此任职，积极推行较为温和的安抚政策。应该说，诸葛亮在处理民族关系时，“‘不以力制，而取其心服’（唐裴度碑语），尊重少数民族的习俗，根据民族地区特点进行治理，表现出政治上的魄力和非凡的政治才能”[②]。

发展农业是诸葛亮落实“安民为本”理念的另一举措。诸葛亮对连年征战给农业造成的灾难有清醒的认识，他说：“灾害并起，强弱相侵，躬耕者少，末作者多，民如浮云，手足不安。”[③]因此，诸葛亮提出“务农殖谷，闭关息民”（《三国志·后主传》，894页）的主张，以增强蜀国的国力，其措施主要有安抚流亡、打击豪强、轻徭薄赋、闭关息民及养育民物等[④]，而注重水利设施的修缮更是其得民心的重要措施之一。他不仅为心目中“国之所资”的都江堰，制定“征丁千二百人主护之”[⑤]、日夜巡视、随时监修的管理措施，而且还注重修缮存在安全隐患的河段，如《成都府志》中有诸葛亮修九里堤

① 唐建兵：《“西和诸戎，南抚夷越”——诸葛亮民族政策思想探析》，《西北民族研究》，2011年第3期。

② 陈翔华：《诸葛亮形象史研究》，杭州：浙江古籍出版社1990年版，第25页。

③〔三国〕诸葛亮著，段熙仲、闻旭初编校：《诸葛亮集》，北京：中华书局2014年版，第66页。

④ 余明侠：《诸葛亮评传》，南京：南京大学出版社2011年版，第386—388页。

⑤ 陈桥驿译注，王东补注：《水经注》，北京：中华书局2012年版，第267页。

的记载：“其地洼下，诸葛武侯筑堤九里，以防冲啮。”[①] 应该说，诸葛亮注重农业和修缮河段，增强了蜀国国力，稳定了民心，不仅泽及当世，而且造福百世。

此外，发展工商业也体现了诸葛亮“以民为本”的执政理念。依据蜀汉地区的特点，诸葛亮把发展盐铁、织棉、建筑及交通运输业等放在重要位置，如设立司盐校尉、司金中郎将等，取得“较盐铁之利，利入甚多，有裨国用”(《三国志·王连传》，1009 页）的效果。再如，设立锦官，将蜀锦的生产与销售视为“决敌之资”[②]。为扩大蜀锦生产，诸葛亮采取奖励农桑、加强管理、推行先进纺织技术等措施，使蜀锦较前代更为绚丽耀目而名噪全国，如《太平御览》引《丹阳记》中说：“江东历代尚未有锦，而成都独称妙。故三国时，魏则市于蜀，而吴亦资西道。”有学者评价说：“发展蚕桑事业不仅有利于国，且可改善人民的物质生活，这与孔明所提出的‘富国安民’的主张是一致的。”[③] 而诸葛亮的“好治官府、次舍、桥梁、道路”(《三国志·诸葛亮传》，935 页)，则又使得物资交流变得畅通无阻，不能不说这些举措使蜀国在向富国安民的道路上迈进了重要一步。

总之，诸葛亮在执政期间，实施“和抚怀柔”的民族政策、注重发展农业及工商业，其最终的目的都是为“北伐”争取稳定的大后方、提供必要的军资，在客观上却为长期深受战争之苦的百姓带来不少福泽，以至他刚刚去世，许多地方的百姓就纷纷上书为其建立祀庙。在未获得朝廷的批准后，民间则出现了中国乃至世界宗庙史上罕见的“百姓巷祭，戎夷野祀”（《三国志·诸葛亮传》注引《襄阳记》，929 页）的现象。究其原因，这应是由于诸葛亮忠实地践履孔子儒家“博施于民而能济众”（《论语·雍也》）、“修己以安百姓”（《论语·宪问》）等思想精髓。这更是后世学者说三国必称

① 转引自诸葛亮著，段熙仲、闻旭初编校：《诸葛亮集》，北京：中华书局 2014 年版，第 227 页。

②〔宋〕李昉等撰：《太平御览》，北京：中华书局 1960 年版，第 3624 页。

③ 余明侠：《诸葛亮评传》，南京：南京大学出版社 2011 年，第 412 页。

诸葛，“好似谈春秋言必称孔夫子一样，以至也将诸葛亮请进孔庙去，视他为儒家典范，和孔子及其弟子等一起供奉”[1]的原因所在。由此可见，即便没有后世的推崇与赞誉，诸葛亮也同样是践履儒家思想精髓的地道儒者。

（原载于《管子学刊》2016年第2期）

① 王晓林：《历代对诸葛亮的褒扬》，《文史杂志》，2007年第4期。

后 记

2000 年秋天，我来到曲阜师范大学历史系求学。2007 年秋天，我师从于杨朝明先生攻读专门史博士学位。2010 年秋天，我博士毕业，来到孔子研究院工作。掐指算来，我来到曲阜已有二十余年，差不多算是一个地道的曲阜人了。由于我的专业为孔子思想与中国文化，时常需要研读孔子之书，我闲暇之余就会到阙里孔庙去瞻仰圣人之像。不能不说这是我此生的一大幸事，我甚至感觉比两千多年前的大史学家司马迁要幸运得多。司马迁曾引用《诗经·小雅》中的“高山仰止，景行行止”一语，表达其对孔子“虽不能至，然心乡往之”的心情。

我才疏学浅，可能一生都无法达到司马迁之思想的高度和宽度，但是“读孔氏书，想见其为人”的思绪，同样会时常萦绕在我心头。而且，我还有司马迁所没有的优势与幸福，即不用辛劳奔波千里之遥，就能“观仲尼庙堂车服礼器”，就能时刻沐浴于圣人之域的阳光下。特别值得一提的是，我 2010 年刚到孔子研究院工作时，居住的地方就在曲阜半壁街的西侧，与阙里孔庙仅有一路之隔。我每天早上都能听到孔庙内鹭鸶清脆的鸣叫，都能感受到城门缓缓开启的律动。尽管在此处居住的时间并不长，但是就像我所住小区的名字——幸福村——一样，我感到十分幸福。

这本书之所以命名为“阙里论学”，或许就与我这么多年的“阙里”情结有关。这本书大体分为早期经典文献研究、古圣先贤思想研究以及儒学与社会治理研究三部分内容，这也是我十几年来学习和研究的三个非常重要的方向。尽管收录论文的质量和内容与“阙里论学”的名字还不相称，分类也还不是特别恰当，但我斗胆用这个名字来为本书命名，既算是对我此前治学成就的一种总结，也算是对我此后治学旨趣的一种期待。

由于学术能力有限，我原本规划的不少设想尚未来得及完成。希望以后还能有机会实现这些设想，为孔子儒家思想的“创造性转化、创新性发展”，为中华传统文化的传承、普及，贡献自己的微薄之力。

在这本书即将面世之际，我的心情可以说十分复杂。首先是要感谢孔子研究院领导的大力支持，感谢院人才办孟坡兄的用心，感谢儒学高端人才服务专员多年来的默默辛苦工作，同时也要感谢我的学术团队成员一直以来的积极配合。没有诸位先生的教诲，没有诸位良友的帮扶，这本书是不可能顺利出版的。感谢之情难以言表。聊作斯记，以永识之。

魏衍华

2021 年 8 月于圣城沂河畔寓所